23 years

轻松过关是起点，也是支点
是事业，更是使命！

1998-2020
轻松过关成长史

2020 **再跃…**

2020年“天猫双11”，东奥登顶教育行业榜首
成为淘宝教育行业历史
首个销量破亿的品牌

2016-2019 **驰名**

连续4年荣获“天猫双11”图书考试行业销售冠军
职业资格考试领域成交额冠军

2001-2007 **成名**

2001年《轻一》发行过千万册，考生几乎人手一本
2007年东奥网校上线，书、课受百万学员热追

1998 **诞生**

东奥诞生
“轻松过关”品牌图书面世

这本书是如何诞生的？

因为严苛，所以出色

150天
围绕真题，初稿编撰

从上考季结束之日起，名师围绕真题，重新梳理考点，开启为期150余天的初稿撰写。

300人
校对、探讨、修订

每份初稿，都会由300多人的教研团队帮助著书名师反复校对、探讨、修订。

6小时/题
夜以继日，融入变化

新考纲与教材下发后，教研团队逐字对比变化；名师夜以继日将新变化融入书稿；编写一道紧扣新大纲的优质题目，甚至会花费名师6小时以上的时间。

3+3流程
严格3审3校

融入最新考纲内容的书稿，将由教务团队经历严格的三审三校流程，终成定稿、印制出版。

来自编者的阅读指南

这本《轻三》如何助您制胜冲关？

1 历年试题，是最具价值的备考素材

初级考试采用全客观题机考模式，这使得近年试题有一定的**复考率**。掌握历年试题，就能掌握出题人的思路。

2 新政策、新改编

会计准则及法规政策变化频繁，这本书中的试题，均已根据21年**最新政策**进行修订与**改编**，确保准确，可安心演练。

3 四维度试题解析 行业首创

一道好题的价值，只有在被吃透、解透之后，方得彰显。东奥首创**4维度试题解析**法，让您对每一道有价值的历年试题及其相关知识点产生立体化的认知，从而以试题为轴，构建学习闭环。

轻松过关®3

23年,因为懂得备考艰辛,

我们从未停止创新。

尽情读她吧!

立即开启您的“轻松过关”之旅……

2021 年会计专业技术资格考试

历年试题多维度精析

经济法基础

东奥会计在线　编著

北京科学技术出版社

本书正版具有以下标识，请认真识别

1. 本书附有防伪标签一枚，上有二维码，激活即可获赠正版图书超值专享服务。
2. 本书防伪标签为正版标识，若无此标识即盗版，请广大读者拒绝购买。
3. 盗版举报电话：400-627-5566

轻松过关小程序

扫描右侧二维码进入轻松过关小程序，10套试题，轻松刷。

图书在版编目（CIP）数据

2021年会计专业技术资格考试历年试题多维度精析．经济法基础／东奥会计在线编著．—北京：北京科学技术出版社，2020.11

（轻松过关．3）

ISBN 978-7-5714-1084-1

Ⅰ．①2… Ⅱ．①东… Ⅲ．①经济法—中国—资格考试—习题集 Ⅳ．①F23-44

中国版本图书馆CIP数据核字（2020）第144159号

责任编辑：王 藏
责任校对：贾 荣
装帧设计：韩文静
责任印制：张 良
出 版 人：曾庆宇
出版发行：北京科学技术出版社
社 址：北京西直门南大街16号
邮政编码：100035

电 话：0431-87635566（编辑部）
010-66135495（总编室）
网 址：www.bkydw.cn
印 刷：保定市中画美凯印刷有限公司
开 本：787mm×1092mm 1/16
字 数：350千字
印 张：23
版 次：2020年11月第1版
印 次：2020年11月第1次印刷

ISBN 978-7-5714-1084-1

定 价：**64.00元**

编 委 会

（按姓氏笔画排序）

目 录

第一部分 近3年命题概况及规律分析

第二部分 历年试题机考试卷

第三部分 历年试题逐题精析

第一部分

近 3 年命题概况及规律分析

防伪标签使用说明：

第 1 步：刮开封面防伪码涂层

第 2 步：使用微信或【会计云课堂 App】扫描防伪码

第 3 步：注册/登录东奥个人账号，激活您的专属服务

第 4 步：打开【会计云课堂 App】，点击【学习】开始学习

要点提示：

本书在每套题配有一个二维码，您只需用会计云课堂 App 扫一扫或者进入东奥轻松过关小程序，就能轻松刷 10 套试题，方便快捷。

温馨提示：以上超值服务有效截止日期为 2021 年 11 月 30 日。

近3年命题概况及规律分析

一、近3年命题情况概览

章节	考点列示	考查题型、年份	考频
第一章 总论	法律事实	2020（1）单选题、2020（2）单选题、2020（3）多选题、2018（2）单选题	4次
	诉讼时效	2020（1）多选题、2020（3）单选题、2019（2）单选题、2018（1）多选题	4次
	行政复议	2020（1）判断题	1次
	我国法的主要形式	2020（2）单选题、2020（3）判断题、2020（4）判断题、2018（3）判断题	4次
	行政责任	2020（2）多选题、2019（1）单选题、2019（3）单选题、2018（1）单选题、2018（3）单选题	5次
	法律关系的主体 （2018年调整）	2020（2）判断题、2020（4）单选题、2019（1）多选题、2018（1）单选题、2018（3）单选题、2018（3）多选题	6次
	民事诉讼的地域管辖	2020（2）判断题、2019（1）判断题、2019（3）单选题	3次
	仲裁裁决	2020（3）多选题、2018（1）判断题	2次
	仲裁的适用范围	2020（4）单选题、2019（3）多选题、2018（3）多选题	3次
	行政诉讼管辖	2020（4）判断题	1次
	刑事责任	2019（2）多选题	1次
	行政诉讼	2019（2）判断题、2019（3）判断题	2次
	民事诉讼程序 （2020年调整）	2018（1）判断题、2018（2）多选题	2次
	法律关系的客体 （2018年调整） （2020年调整）	2018（3）多选题	1次

续表

章节	考点列示	考查题型、年份	考频
第二章　会计法律制度（2018 年全章内容新增）	总会计师（2020 年调整）	2020（1）单选题、2019（1）单选题、2018（2）多选题、2018（3）判断题	4 次
	会计档案的归档	2020（1）单选题	1 次
	单位内部控制制度	2020（1）多选题	1 次
	会计职业道德	2020（1）判断题、2019（3）多选题	2 次
	会计工作的单位内部监督（2020 年调整）	2020（1）判断题、2019（2）多选题	2 次
	违反会计法律制度的法律责任	2020（2）不定项选择题、2018（1）不定项选择题、2018（3）单选题	4 次
	会计工作岗位的设置	2020（2）不定项选择题、2020（4）不定项选择题、2019（3）多选题	3 次
	会计工作交接	2020（2）不定项选择题、2020（3）多选题、2020（4）不定项选择题、2018（1）不定项选择题	4 次
	会计工作的社会监督	2020（3）单选题、2019（1）单选题	2 次
	代理记账	2020（3）单选题、2019（1）判断题、2019（2）判断题	3 次
	账务核对	2020（3）判断题、2018（2）单选题	2 次
	会计凭证	2020（3）判断题、2020（4）不定项选择题、2019（3）判断题	3 次
	对会计人员的一般要求	2020（4）不定项选择题、2019（1）判断题、2019（3）单选题	3 次
	会计档案的移交和利用	2019（1）多选题	1 次
	财务会计报告（2021 年调整）	2019（1）多选题、2019（3）单选题、2018（1）不定项选择题、2018（2）单选题	4 次
	会计年度	2019（3）判断题	1 次
	会计档案的保管期限	2019（2）多选题、2019（3）单选题、2018（2）单选题、2018（3）单选题	4 次
	会计账簿	2019（2）判断题	1 次
	会计专业职务与会计专业技术资格	2019（3）多选题、2018（2）单选题	2 次
	会计工作的禁入规定	2019（3）判断题	1 次

续表

章节	考点列示	考查题型、年份	考频
第二章　会计法律制度（2018 年全章内容新增）	会计档案的鉴定和销毁	2019（2）单选题、2018（1）不定项选择题、2018（2）判断题	3 次
	特殊情况下的会计档案处置	2018（2）判断题	1 次
	会计核算	2018（3）多选题	1 次
	会计工作管理体制	2018（3）判断题	1 次
第三章　支付结算法律制度	国内信用证（2019 年调整）	2020（1）单选题、2018（2）判断题	2 次
	银行卡计息与收费	2020（1）单选题、2018（1）判断题	2 次
	支票的付款	2020（1）判断题、2020（3）不定项选择题、2019（1）单选题、2018（3）不定项选择题	5 次
	银行汇票	2020（1）判断题、2020（4）多选题、2018（3）单选题	3 次
	企业银行结算账户的开立（2020 年调整）	2020（1）不定项选择题、2020（3）单选题、2020（3）判断题、2019（1）多选题、2019（1）判断题、2019（2）不定项选择题、2018（1）单选题	8 次
	专用存款账户	2020（1）不定项选择题	1 次
	商业汇票的承兑（2021 年调整）	2020（1）不定项选择题	1 次
	商业汇票的贴现	2020（1）不定项选择题、2020（4）判断题、2018（1）单选题	3 次
	银行卡账户和交易	2020（2）单选题、2019（2）不定项选择题、2019（3）判断题	3 次
	企业银行结算账户的撤销	2020（2）单选题、2018（1）判断题	2 次
	支付结算概述	2020（2）单选题、2020（2）判断题、2018（1）多选题、2018（2）判断题、2018（3）不定项选择题	5 次
	票据的概念与特征	2020（2）多选题	1 次
	预付卡	2020（2）多选题、2020（4）判断题、2019（3）单选题	3 次
	第三方支付	2020（2）判断题	1 次
	商业汇票概述	2020（3）单选题、2018（1）单选题	2 次
	信用卡	2020（3）判断题、2020（4）单选题	2 次
	支票的出票	2020（3）不定项选择题、2019（1）多选题、2018（2）多选题、2018（3）不定项选择题	6 次
	基本存款账户	2020（4）单选题、2019（2）不定项选择题、2018（2）多选题、2018（3）判断题	4 次

续表

章节	考点列示	考查题型、年份	考频
第三章　支付结算法律制度	预算单位零余额账户	2020（4）单选题、2019（1）单选题	2 次
	汇兑	2020（4）多选题、2019（1）多选题、2018（1）多选题	3 次
	银行结算账户的概念和种类	2020（4）多选题、2019（2）判断题	2 次
	票据权利时效	2019（1）单选题、2019（2）多选题、2018（1）多选题	3 次
	商业汇票的提示付款	2019（1）单选题、2018（2）多选题	2 次
	个人银行结算账户 （2018 年调整） （2019 年调整）	2019（1）判断题	1 次
	银行本票	2019（2）单选题	1 次
	票据行为——背书	2019（2）单选题、2019（3）单选题、2018（3）判断题	3 次
	票据行为——承兑	2019（2）判断题、2019（3）单选题	2 次
	银行卡的概念和分类	2019（2）不定项选择题、2019（3）单选题	2 次
	票据行为——出票	2019（3）单选题	1 次
	票据行为——保证	2019（3）单选题	1 次
	临时存款账户	2019（3）单选题	1 次
	票据责任	2019（3）多选题、2018（3）单选题	2 次
	违反支付结算法律制度的法律责任	2018（2）多选题、2018（2）判断题	2 次
第四章　增值税、消费税法律制度	税法要素 （2018 年新增）	2020（1）单选题、2019（3）单选题	2 次
	现行税种与征收机关 （2018 年新增） （2019 年调整）	2019（2）多选题、2018（3）单选题	2 次
	增值税纳税人和扣缴义务人 （2019 年调整）	2018（2）判断题、2018（3）判断题	2 次
	增值税的征税范围	2020（4）不定项选择题、2019（1）多选题、2019（1）判断题、2019（1）不定项选择题、2019（2）单选题、2019（2）判断题、2019（3）单选题、2019（3）多选题、2018（1）不定项选择题、2018（2）单选题、2018（3）不定项选择题	12 次

续表

章节	考点列示	考查题型、年份	考频
第四章 增值税、消费税法律制度	增值税税率和征收率 （2018 年调整） （2019 年调整） （2020 年调整） （2021 年新增）	2018（2）判断题、2018（3）多选题	2 次
	增值税销项税额的计算	2020（1）单选题、2020（1）不定项选择题、2020（2）单选题、2020（2）不定项选择题、2020（3）单选题、2020（4）单选题、2019（1）单选题、2019（1）不定项选择题、2019（2）单选题、2019（2）不定项选择题、2019（3）单选题、2019（3）不定项选择题、2018（1）单选题、2018（1）不定项选择题、2018（2）单选题、2018（2）不定项选择题、2018（3）不定项选择题	22 次
	增值税应纳税额的计算	2020（3）不定项选择题	1 次
	进口环节应纳增值税的计算	2020（4）单选题、2019（1）单选题	2 次
	简易计税方法应纳增值税的计算	2019（1）不定项选择题、2019（2）不定项选择题、2019（3）不定项选择题	3 次
	特殊销售方式下增值税销售额的确定	2020（2）不定项选择题	1 次
	增值税专用发票开具范围	2020（1）多选题、2020（3）单选题	2 次
	增值税的税收优惠 （2020 年调整）	2020（1）判断题、2020（2）多选题、2020（4）判断题、2019（2）多选题、2019（3）判断题、2018（1）多选题、2018（1）判断题、2018（2）单选题	8 次
	不得从销项税额中抵扣的进项税额	2020（1）不定项选择题、2020（3）多选题、2019（3）不定项选择题	3 次
	准予从销项税额中抵扣的进项税额 （2018 年调整） （2020 年调整）	2020（1）不定项选择题、2020（2）判断题、2020（2）不定项选择题、2020（4）多选题、2019（1）不定项选择题、2019（2）不定项选择题、2018（1）不定项选择题、2018（2）不定项选择题、2018（3）不定项选择题	10 次
	进项税额合法扣税凭证	2018（1）多选题	1 次
	增值税扣缴计税方法	2020（1）不定项选择题	1 次

续表

章节	考点列示	考查题型、年份	考频
第四章 增值税、消费税法律制度	增值税征收管理 （2018 年调整） （2019 年调整）	2020（2）单选题、2018（1）单选题、2018（3）多选题	3 次
	兼营和混合销售	2020（2）不定项选择题	1 次
	可以选择适用简易计税方法的应税行为	2020（3）判断题、2019（3）多选题	2 次
	增值税专用发票使用规定	2018（2）多选题	1 次
	消费税纳税人	2019（3）多选题	1 次
	消费税税目 （2018 年调整）	2019（1）多选题、2018（2）单选题	3 次
	消费税税率	2020（2）单选题、2018（3）多选题	2 次
	消费税征税环节	2020（1）单选题	1 次
	消费税的征税范围 （2018 年调整）	2020（2）单选题、2020（3）单选题、2020（3）不定项选择题、2020（4）多选题、2019（2）多选题、2018（1）单选题、2018（1）多选题、2018（2）不定项选择题、2018（3）单选题	9 次
	消费税组成计税价格的计算	2020（4）单选题	1 次
	消费税应纳税额的计算	2020（1）单选题、2020（2）单选题、2020（3）不定项选择题、2020（4）不定项选择题、2019（1）单选题、2019（2）单选题、2019（3）单选题、2019（3）不定项选择题、2018（1）单选题、2018（2）单选题、2018（2）不定项选择题	15 次
	已纳消费税的扣除	2020（4）单选题、2019（3）单选题	2 次
	消费税销售额的确定	2020（1）多选题、2020（2）多选题、2020（3）多选题、2019（1）单选题、2018（2）多选题	5 次
	消费税的征税范围及应纳税额的计算	2020（3）单选题	1 次
	消费税纳税义务发生时间	2019（2）单选题、2018（3）单选题	2 次
第五章 企业所得税、个人所得税法律制度 （2019 年对个人所得税部分进行全面调整）	企业所得税税额抵免及应纳税额的计算	2020（1）单选题、2018（1）单选题	2 次
	企业所得税纳税人	2020（1）单选题、2019（3）多选题、2018（2）单选题	3 次
	企业所得税征税对象	2018（3）多选题、2018（3）判断题	2 次

续表

章节	考点列示	考查题型、年份	考频
第五章　企业所得税、个人所得税法律制度（2019 年对个人所得税部分进行全面调整）	企业所得税应纳税所得额的计算	2020（4）不定项选择题、2018（2）不定项选择题	2 次
	企业所得税税收优惠及应纳税额的计算	2020（1）单选题、2019（2）不定项选择题	3 次
	企业所得税税前扣除项目	2020（1）多选题、2020（2）不定项选择题、2019（2）判断题、2018（3）多选题	4 次
	企业所得税税前扣除标准（2019 年调整）（2020 年调整）	2020（2）不定项选择题、2020（3）单选题、2020（4）不定项选择题、2019（1）单选题、2018（2）不定项选择题、2018（3）不定项选择题	8 次
	企业所得税不得扣除项目	2019（1）多选题、2019（2）不定项选择题、2018（1）单选题、2018（2）不定项选择题、2018（3）不定项选择题	5 次
	企业所得税亏损弥补	2020（1）判断题	1 次
	企业所得税收入总额	2020（2）多选题、2020（4）不定项选择题、2019（1）判断题、2019（2）多选题、2019（2）不定项选择题、2019（3）单选题、2018（1）单选题、2018（2）多选题、2018（2）不定项选择题、2018（3）单选题、2018（3）不定项选择题	11 次
	资产的税务处理	2020（2）不定项选择题、2020（4）多选题、2019（1）单选题、2019（2）多选题、2019（3）多选题、2018（1）多选题、2018（2）单选题、2018（2）多选题	9 次
	企业所得税税收优惠（2018 年新增）（2019 年调整）（2020 年调整）	2020（3）单选题、2020（4）不定项选择题、2019（1）单选题、2019（1）多选题、2018（1）多选题、2018（3）单选题、2018（3）不定项选择题	8 次
	企业所得税不征税收入	2020（3）多选题、2018（2）单选题	2 次
	企业所得税征收管理	2020（3）判断题、2019（2）不定项选择题、2018（1）单选题	3 次
	个人所得税纳税人	2020（4）单选题、2018（1）判断题、2018（3）单选题	3 次
	个人所得税应税所得项目	2020（2）多选题、2020（4）单选题、2019（2）多选题、2019（3）多选题、2018（1）多选题、2018（1）不定项选择题、2018（2）判断题	7 次

续表

章节	考点列示	考查题型、年份	考频
第五章　企业所得税、个人所得税法律制度（2019年对个人所得税部分进行全面调整）	个人所得税所得来源地的确定	2020（1）多选题	1次
	工资、薪金所得预扣预缴个人所得税的计算（2020年新增）（2021年新增）	2020（1）不定项选择题、2020（2）单选题	2次
	劳务报酬所得预扣预缴个人所得税的计算（2020年新增）	2020（1）不定项选择题、2020（2）单选题、2020（3）不定项选择题	3次
	综合所得个人所得税的计算（2020年新增）	2020（1）不定项选择题、2020（3）不定项选择题、2019（1）不定项选择题、2019（3）不定项选择题	4次
	全年一次性奖金应纳个人所得税的计算（2020年调整）	2020（3）不定项选择题	1次
	个人所得税的税收优惠（2020年调整）	2020（1）不定项选择题、2020（3）多选题、2020（3）不定项选择题、2020（4）单选题、2019（1）不定项选择题、2019（2）单选题、2019（3）判断题、2019（3）不定项选择题、2018（3）单选题	9次
	个人所得税每次收入的确定	2020（2）单选题	1次
	个人所得税应纳税所得额的确定	2020（2）单选题、2020（4）判断题、2019（1）多选题、2019（3）单选题、2018（1）不定项选择题、2018（3）多选题	7次
	财产租赁所得应纳个人所得税的计算	2020（2）判断题、2019（2）单选题、2019（3）不定项选择题、2018（3）单选题	4次
	偶然所得应纳个人所得税的计算	2020（4）单选题、2019（3）不定项选择题	2次
	财产转让所得应纳个人所得税的计算	2019（1）不定项选择题、2019（3）单选题	2次
	利息、股息、红利所得应纳个人所得税的计算	2018（1）不定项选择题	1次
	个人所得税征收管理	2020（4）多选题、2019（2）单选题	2次
	偶然所得应纳税额的计算及公益性捐赠的扣除	2019（2）单选题	1次

续表

章节	考点列示	考查题型、年份	考频
第六章　其他税收法律制度	土地增值税应纳税额的计算	2020（1）单选题	1次
	土地增值税纳税人	2019（3）单选题	1次
	土地增值税征税范围	2020（2）判断题、2020（4）判断题、2019（2）多选题、2018（2）判断题	4次
	土地增值税计税依据	2020（3）多选题、2019（1）多选题、2018（3）单选题	3次
	土地增值税税收优惠	2018（1）判断题	1次
	车船税税目	2018（3）单选题	1次
	车船税征税范围	2020（1）单选题	1次
	车船税计税依据	2020（3）单选题、2019（1）单选题	2次
	房产税纳税人	2018（1）判断题	1次
	房产税税收优惠	2020（1）单选题、2019（1）单选题	2次
	房产税征税范围	2018（2）单选题	1次
	房产税计税依据	2020（2）判断题	1次
	房产税应纳税额的计算	2019（2）单选题、2019（3）单选题	2次
	房产税征收管理	2020（4）判断题、2019（3）判断题	2次
	关税应纳税额的计算	2019（3）单选题、2018（1）单选题	2次
	关税税率	2018（2）单选题	1次
	应纳教育费附加的计算	2020（1）单选题、2019（1）单选题、2019（2）单选题	3次
	契税的征税范围（2021年调整）	2020（1）判断题、2020（3）单选题、2019（2）判断题、2018（1）单选题、2018（3）多选题	5次
	契税应纳税额的计算	2020（4）单选题	1次
	契税税收优惠（2021年调整）	2018（3）判断题	1次
	契税纳税人	2019（1）单选题	1次
	印花税税率（2019年调整）	2020（2）单选题	1次
	印花税征税范围（2019年调整）	2020（3）单选题、2018（1）单选题	2次
	印花税税收优惠（2019年调整）	2019（2）单选题	1次
	印花税应纳税额的计算（2019年调整）	2019（3）单选题	1次

续表

章节	考点列示	考查题型、年份	考频
第六章　其他税收法律制度	城市维护建设税的计税依据（2019年调整）（2021年新增）	2020（2）单选题	1次
	城市维护建设税税收优惠（2021年新增）	2019（3）多选题	1次
	城市维护建设税征收管理（2019年调整）（2021年调整）	2018（2）多选题	1次
	城市维护建设税应纳税额的计算	2018（3）单选题	1次
	车辆购置税应纳税额的计算（2020年调整）	2020（2）单选题	1次
	车辆购置税税收优惠（2018年调整）	2019（1）单选题、2018（1）单选题	2次
	烟叶税纳税人	2018（2）单选题	1次
	烟叶税应纳税额的计算	2020（2）单选题、2020（4）单选题	2次
	烟叶税征税范围	2018（2）多选题	1次
	增值税、城建税及附加、印花税、房产税应纳税额的计算	2020（2）不定项选择题	1次
	城镇土地使用税税收优惠（2020年新增）	2019（2）单选题、2018（3）单选题	2次
	城镇土地使用税应纳税额的计算	2020（3）单选题、2019（3）单选题、2018（2）单选题	3次
	城镇土地使用税征收管理	2019（1）判断题	1次
	环境保护税征税范围（2018年新增）	2018（1）多选题	1次
	环境保护税纳税人（2018年新增）	2018（3）判断题	1次
	环境保护税计税依据	2018（2）多选题	1次
	环境保护税应纳税额的计算（2018年新增）	2020（4）单选题、2019（2）单选题	2次
	环境保护税征收管理（2018年新增）	2020（3）判断题	1次

续表

章节	考点列示	考查题型、年份	考频
第六章　其他税收法律制度	耕地占用税征税范围（2020年调整）	2020（4）单选题	1次
	资源税征税范围（2021年调整）	2018（1）单选题	1次
	资源税征收管理（2021年调整）	2018（3）单选题	1次
第七章　税收征收管理法律制度	税务行政复议的申请	2020（1）单选题、2020（2）判断题、2020（4）单选题、2019（1）单选题	4次
	税务行政复议受理	2019（3）多选题	1次
	税务行政复议范围（2018年调整）	2018（2）多选题	1次
	税务行政复议管辖	2019（2）单选题、2018（1）判断题	2次
	税款征收措施	2020（1）多选题、2020（2）单选题、2020（3）单选题、2019（1）单选题、2018（1）单选题、2018（1）多选题、2018（3）单选题	7次
	税款征收的方式	2018（1）单选题	1次
	应纳税额的核定	2020（1）判断题、2019（2）判断题	2次
	税务行政复议审查和决定	2019（2）多选题、2019（3）判断题、2018（3）多选题	3次
	发票的使用和保管	2020（2）多选题	1次
	纳税申报的方式	2020（3）判断题	1次
	纳税申报的其他要求	2019（2）单选题	1次
	纳税主体的权利和义务（2020年新增）	2020（4）多选题	1次
	发票的开具	2020（4）判断题	1次
	纳税申报	2019（1）多选题、2019（1）判断题、2018（2）判断题	3次
	账簿和凭证管理	2019（3）单选题	1次
	税务管理相对人实施税收违法行为的法律责任（2018年调整）（2020年调整）	2020（2）不定项选择题、2018（2）单选题	2次

续表

章节	考点列示	考查题型、年份	考频
第八章　劳动合同与社会保险法律制度	试用期	2020（1）单选题、2020（2）单选题、2020（3）单选题、2019（1）不定项选择题、2019（3）不定项选择题、2018（1）判断题	6 次
	医疗期	2020（1）单选题、2020（2）单选题、2019（2）单选题、2019（3）不定项选择题	5 次
	劳动合同的解除和终止 （2018 年调整）	2020（1）单选题、2020（1）多选题、2020（2）多选题、2020（3）多选题、2020（3）判断题、2020（4）单选题、2019（1）不定项选择题、2019（2）单选题、2019（2）多选题、2019（3）不定项选择题、2018（1）单选题、2018（1）多选题、2018（2）单选题、2018（2）不定项选择题、2018（3）单选题、2018（3）多选题	18 次
	劳动报酬	2020（1）单选题、2020（2）单选题、2019（1）单选题、2019（2）单选题	4 次
	劳动合同的效力	2020（1）多选题、2019（1）多选题、2018（1）多选题	3 次
	工伤保险待遇	2020（1）多选题、2020（3）单选题、2018（2）单选题	3 次
	劳动仲裁 （2018 年调整）	2020（1）判断题、2020（3）多选题、2019（1）不定项选择题、2018（1）单选题、2018（2）单选题、2018（3）判断题	6 次
	劳务派遣	2020（2）单选题、2018（2）不定项选择题	3 次
	职工基本养老保险的覆盖范围	2020（2）多选题	1 次
	集体合同	2020（2）判断题、2019（2）判断题	2 次
	劳动合同的订立	2020（3）单选题、2020（4）多选题、2018（3）单选题	3 次
	非全日制用工	2020（3）单选题、2019（2）单选题、2019（3）多选题、2018（3）多选题	4 次
	失业保险待遇 （2021 年调整）	2020（3）多选题、2020（4）单选题、2019（2）多选题	3 次
	服务期	2020（4）单选题、2019（1）单选题	2 次
	职工基本养老保险费的缴纳 （2019 年调整） （2020 年调整）	2020（4）单选题、2019（3）单选题	2 次

续表

章节	考点列示	考查题型、年份	考频
第八章　劳动合同与社会保险法律制度	保守商业秘密和竞业限制	2020（4）多选题、2019（3）不定项选择题、2018（3）单选题	4 次
	劳动合同的履行	2020（4）判断题	1 次
	职工基本养老保险享受条件与待遇	2019（1）判断题、2019（2）单选题、2018（1）单选题	3 次
	工伤认定	2019（3）多选题	1 次
	工伤保险费的缴纳	2019（3）判断题、2018（1）多选题、2018（2）多选题	3 次
	带薪年休假	2018（1）单选题、2018（2）单选题、2018（3）单选题	3 次
	社会保险费征缴与管理	2018（3）多选题	1 次

二、近 3 年命题规律分析

基于教材知识点范围固定、多批次考试对大量题目的需求以及我们对近 3 年试题的分析，发现如下规律：

1. 重者恒重

通过对近 3 年试题考频的分析，重要的考点考频很高，例如增值税销项税额的计算，在 10 套试卷中共考查 22 次；劳动合同的解除和终止，在 10 套试卷中共考查 18 次；消费税应纳税额的计算，在 10 套试卷中共考查 15 次。上述考点可以说“年年必考、场场不落”，一个考点在同一套试卷中甚至会出现考查 2 次以上的情况。

“上表”已经为您分析出各个考点的考查频次，请按照考查频次判断考点的重要程度并进行高效复习。

2. 逢“新、变”必考

初级考生多从事实务工作，这要求考生必须掌握最新政策，所以考试考查的方向也紧跟政策变化，“新、变”必考。例如根据 2019 年《企业银行结算账户管理办法》的规定，“企业开立基本存款账户及临时存款账户取消核准制，实行备案制”，这个最新调整的内容在 2020 年的考试题中就考查多次。另外个人所得税从 2019 年起正式全面改革，教材进行了相应的调整，据不完全统计，2020 年的 8 个批次中个人所得税共考查了 5 个不定项选择题。

根据“上表”标注，对于新增、变动的考点，考生务必全面掌握。

3. 多维度命题

全书近 300 个考点，很多考点可以从多角度考查，也可以考查各种题型。

例如企业所得税的扣除项目，即可能考查文字性的客观题，也可能考查计算性的单选题或者不定项选择题；例如个人所得税的税收优惠，在10套试卷中所有题型均有考查；例如商业汇票的贴现，既可以单独考查法律原文规定，也可以考查贴现金额的计算，甚至可以以案例的形式出现；例如劳动报酬，既可能考查文字性的客观题，也可能考查计算性的客观题。

因此，本书对大部分题目进行了多维度解析，帮助考生做完一题就能彻底掌握该题涉及考点及其关联考点，游刃有余的应对同一考点的不同考查方式。同时本书对于涉及政策及考点变更的各个题目根据2021年考试大纲进行了改编。

第二部分

历年试题机考试卷

2020 年会计专业技术资格考试
《经济法基础》试题（1）[!]

扫一扫　“码”上做题

本部分试题均配备二维码，使用“微信”或“会计云课堂”App 扫一扫上方二维码，即可在线做题，快捷方便，助您轻松过关。

【“会计云课堂”App 安装二维码详见封底页】

一、单项选择题（本类题共 23 小题，每小题 2 分，共 46 分。每小题备选答案中，只有一个符合题意的正确答案。错选、不选均不得分。）

1. 下列法律事实中，属于法律事件的是(　　)。

A. 火山喷发　　B. 书立遗嘱　　C. 赠与房屋　　D. 登记结婚

2. 根据会计法律制度的规定，下列各项工作中，不属于总会计师组织领导本单位会计工作职责的是(　　)。

A. 预算管理　　B. 财务管理　　C. 成本管理　　D. 产品质量管理

3. 根据会计法律制度的规定，单位会计管理机构临时保管会计档案最长不得超过一定期限，该期限为(　　)。

A. 4 年　　B. 2 年　　C. 5 年　　D. 3 年

4. 根据支付结算法律制度的规定，关于国内信用证的下列表述中，正确的是(　　)。

A. 可支取现金　　B. 以人民币计价、不可撤销

C. 可转让信用证允许多次转让　　D. 付款期限最长不超过 6 个月

5. 根据支付结算法律制度的规定，下列信用卡的相关款项中，发卡机构可向持卡人计收利息的是(　　)。

A. 货币兑换费　　B. 取现手续费　　C. 透支的款项　　D. 违约金

[!]【提示】2020 年初级《经济法基础》考试的题型题量相比较 2018 年和 2019 年有明显变化，共减少了 6 道题；其中单选题从 24 道减少到 23 道，多选题从 15 道减少到 10 道。

6. 下列税种中，采用超率累进税率的是(　　)。

A. 土地增值税　　B. 印花税

C. 个人所得税　　D. 城镇土地使用税

7. 甲商场为增值税一般纳税人，2019 年 7 月销售货物取得含增值税销售额 101.7 万元，销售餐饮服务取得含增值税销售额 21.2 万元。已知，销售货物增值税税率为 13%，销售餐饮服务增值税税率为 6%。计算甲商场当月增值税销项税额的下列算式中，正确的是(　　)。

A. 101.7÷（1+13%）×13%+21.2÷（1+6%）×6%＝12.9（万元）

B. 101.7÷（1+13%）×13%+21.2×6%＝12.972（万元）

C. 101.7×13%+21.2×6%＝14.493（万元）

D. 101.7×13%+21.2÷（1+6%）×6%＝14.421（万元）

8. 根据消费税法律制度的规定，下列应税消费品中，在零售环节征收消费税的是(　　)。

A. 金银首饰　　B. 实木地板

C. 高档手表　　D. 卷烟

9. 2019 年 5 月甲石化公司销售自产汽油 800 吨，办公用小汽车领用自产汽油 1 吨，向子公司无偿赠送自产汽油 0.5 吨。已知，汽油消费税定额税率为 1.52 元/升，汽油 1 吨＝1388 升。计算甲石化公司当月上述业务应缴纳消费税税额的下列算式中，正确的是(　　)。

A. （800+1+0.5）×1388×1.52＝1690972.64（元）

B. （800+1）×1388×1.52＝1689917.76（元）

C. 800×1388×1.52＝1687808（元）

D. （800+0.5）×1388×1.52＝1688862.88（元）

10. 2019 年 12 月甲公司进口一批红酒，海关审定关税完税价格 540000 元。已知，消费税税率为 10%，关税税率为 5%。计算甲公司当月该笔业务应缴纳消费税税额的下列算式中，正确的是(　　)。

A. 540000×（1−5%）÷（1−10%）×10%＝57000（元）

B. 540000×（1−5%）×（1+10%）×10%＝56430（元）

C. 540000×（1+5%）×（1+10%）×10%＝62370（元）

D. 540000×（1+5%）÷（1−10%）×10%＝63000（元）

11. 某公司 2019 年度企业所得税应纳税所得额 1000 万元，当年购置并实际使用一台符合《节能节水专用设备企业所得税优惠目录》规定的节能节水专用设备，该专用设备投资额 510 万元。已知，企业所得税税率为 25%。计算该公司 2019 年度应缴纳企业所得税税额的下列算式中，正确的是(　　)。

A. 1000×25%＝250（万元）

B. 1000×25%−510×10%＝199（万元）

C. （1000-510）×25%=122.5（万元）

D. （1000-510×10%）×25%=237.25（万元）

12. 根据企业所得税法律制度的规定，下列各项中，属于企业所得税纳税人的是(　　)。

A. 个人独资企业　　B. 合伙企业

C. 个体工商户　　D. 股份有限公司

13. 甲公司为居民企业，2019 年度取得境内所得 800 万元、境外所得 100 万元，已在境外缴纳企业所得税税款 20 万元。已知，企业所得税税率为 25%。计算甲公司 2019 年度应缴纳企业所得税税额的下列算式中，正确的是(　　)。

A. 800×25%=200（万元）

B. 800×25%-100×25%=175（万元）

C. （800+100）×25%=225（万元）

D. （800+100）×25%-20=205（万元）

14. 甲公司 2019 年度为符合条件的小型微利企业，当年企业所得税应纳税所得额 160 万元。已知，小型微利企业减按 20%的税率征收企业所得税。计算甲公司 2019 年度应缴纳企业所得税税额的下列算式中，正确的是(　　)。

A. 160×20%=32（万元）

B. 160×25%×20%=8（万元）

C. 160×50%×20%=16（万元）

D. 100×25%×20%+（160-100）×50%×20%=11（万元）

15. 2019 年 9 月甲房地产开发公司销售自行开发的一处住宅项目，取得不含增值税价款 8000 万元，扣除项目金额 5000 万元。已知，土地增值税税率为 40%，速算扣除系数为 5%。计算甲房地产开发公司销售该住宅项目应缴纳土地增值税税额的下列算式中，正确的是(　　)。

A. 8000×40%=3200（万元）

B. （8000-5000）×（40%-5%）=1050（万元）

C. （8000-5000）×40%×5%=60（万元）

D. （8000-5000）×40%-5000×5%=950（万元）

16. 根据车船税法律制度的规定，下列各项中，不属于车船税征税范围的是(　　)。

A. 自行车　　B. 摩托车

C. 乘用车　　D. 商用车

17. 根据房产税法律制度的规定，下列房屋中，不属于房产税免税项目的是(　　)。

A. 公园管理部门自用的办公用房

B. 居民个人出租的市区住房

C. 国家机关自用的房产

D. 军队自用的房产

18. 甲公司为增值税一般纳税人，2019年9月向税务机关实际缴纳增值税260000元、消费税750000元、城市维护建设税70700元。已知，教育费附加征收比率为3%。计算甲公司当月应缴纳教育费附加的下列算式中，正确的是(　　)。

A. (750000+70700)×3%=24621(元)

B. (260000+70700)×3%=9921(元)

C. (260000+750000)×3%=30300(元)

D. (260000+750000+70700)×3%=32421(元)

19. 根据税收征收管理法律制度的规定，申请人可以在知道税务机关作出具体行政行为之日起一定期限内提出行政复议申请。该期限为(　　)。

A. 90日　　B. 30日　　C. 15日　　D. 60日

20. 根据劳动合同法律制度的规定，下列劳动合同中，双方当事人可约定试用期的是(　　)。

A. 无固定期限劳动合同

B. 非全日制用工合同

C. 以完成一定工作任务为期限的劳动合同

D. 期限不满3个月的劳动合同

21. 甲公司职工夏某实际工作年限为8年，在甲公司工作年限为6年。因患病住院治疗，夏某可享受的医疗期最长不得超过法定期限，该期限为(　　)。

A. 9个月　　B. 12个月　　C. 6个月　　D. 3个月

22. 根据劳动合同法律制度的规定，下列情形中，劳动者可立即解除劳动合同，不需事先告知用人单位的是(　　)。

A. 用人单位未按照劳动合同约定提供劳动保护的

B. 用人单位违章指挥、强令冒险作业危及劳动者人身安全的

C. 用人单位未及时足额支付劳动报酬的

D. 用人单位在劳动合同中免除自己的法定责任、排除劳动者权利的

23. 甲公司职工王某因违章操作给公司造成了20000元的经济损失。甲公司按照劳动合同的约定要求王某赔偿，并每月从其工资中扣除。已知，王某月工资4800元，当地月最低工资标准2200元。甲公司每月可从王某工资中扣除的最高限额为(　　)。

A. 960元　　B. 4800元　　C. 2600元　　D. 440元

二、多项选择题（本类题共 10 小题，每小题 2 分，共 20 分。每小题备选答案中，有两个或两个以上符合题意的正确答案。请至少选择两个答案，全部选对得满分，少选得相应分值，多选、错选、不选均不得分。）

1. 根据民事法律制度的规定，在诉讼时效期间的最后 6 个月内，因特定情形不能行使请求权的，诉讼时效中止。下列各项中，属于该特定情形的有(　　)。

A. 无民事行为能力人没有法定代理人
B. 权利人向义务人提出履行请求
C. 继承开始后未确定继承人
D. 权利人提起诉讼或者申请仲裁

2. 根据会计法律制度的规定，下列职务中，属于不相容职务的有(　　)。

A. 业务经办与稽核检查　　B. 会计记录与财产保管
C. 授权批准与监督检查　　D. 业务经办与会计记录

3. 根据增值税法律制度的规定，一般纳税人发生的下列业务中，不得开具增值税专用发票的有(　　)。

A. 酒店向消费者个人提供餐饮服务
B. 百货公司向消费者个人销售家用电器
C. 装修公司向一般纳税人提供装修服务
D. 律师事务所向消费者个人提供咨询服务

4. 根据消费税法律制度的规定，下列情形中，应当以纳税人同类应税消费品的最高销售价格作为计税依据计缴消费税的有(　　)。

A. 以自产应税消费品抵偿债务
B. 以自产应税消费品投资入股
C. 以自产应税消费品换取消费资料
D. 以自产应税消费品换取生产资料

5. 根据企业所得税法律制度的规定，下列各项中，在计算企业所得税应纳税所得额时准予扣除的有(　　)。

A. 差旅费　　B. 诉讼费用
C. 企业之间支付的管理费　　D. 违约金

6. 根据个人所得税法律制度的规定，下列所得中，不论支付地点是否在中国境内，均为来源于中国境内所得的有(　　)。

A. 将财产出租给承租人在中国境内使用而取得的所得
B. 许可各种特许权在中国境内使用而取得的所得

C. 转让中国境内的不动产取得的所得
D. 因任职在中国境内提供劳务取得的所得

7. 税务机关拟对个体工商户业主王某采取税收保全措施，王某的下列财产中，可以采取税收保全措施的有(　　)。
A. 价值20万元的小汽车
B. 价值10万元的金银首饰
C. 价值2000元的电视机
D. 维持自己生活必需的唯一普通住房

8. 根据劳动合同法律制度的规定，下列情形中，可导致劳动合同无效或部分无效的有(　　)。
A. 劳动合同条款违反法律、行政法规强制性规定的
B. 劳动合同欠缺必备条款的
C. 一方当事人以胁迫的手段，使对方在违背真实意思的情况下订立的
D. 劳动合同签订后，用人单位发生分立的

9. 根据社会保险法律制度的规定，参保职工因工伤发生的下列费用中，应从工伤保险基金中支付的有(　　)。
A. 治疗工伤的医疗费用
B. 住院伙食补助费
C. 劳动能力鉴定费
D. 治疗工伤的康复费用

10. 根据劳动合同法律制度的规定，用人单位进行经济性裁员时，应优先留用具有法定情形的人员。下列各项中，属于该法定情形的有(　　)。
A. 家庭无其他就业人员，有需要扶养的未成年人的
B. 与本单位订立较长期限的固定期限劳动合同的
C. 家庭无其他就业人员，有需要扶养的老人的
D. 与本单位订立无固定期限劳动合同的

三、判断题（本类题共10小题，每小题1分，共10分。请判断每小题的表述是否正确。每小题答题正确的得1分，错答、不答均不得分，也不扣分。）

1. 行政复议的举证责任，由申请人承担。(　　)
2. 会计的职业道德是对会计法律制度的最低要求。(　　)
3. 单位内部会计监督的对象是本单位的经济活动。(　　)
4. 现金支票持票人为个人的，提示付款时应向银行交验本人有效身份证件。(　　)
5. 未填写实际结算金额的银行汇票不得背书转让。(　　)
6. 学生勤工俭学提供的服务免征增值税。(　　)

7. 居民企业在汇总计算缴纳企业所得税时，其境外营业机构的亏损可以抵减境内营业机构的盈利。（　　）

8. 房屋出租不属于契税征税范围。（　　）

9. 纳税人申报的计税依据明显偏低，又无正当理由的，税务机关有权核定其应纳税额。（　　）

10. 用人单位和劳动者分别向用人单位所在地和劳动合同履行地的劳动争议仲裁委员会申请劳动仲裁的，由用人单位所在地的仲裁委员会管辖。（　　）

四、不定项选择题（本类题共 12 小题，每小题 2 分，共 24 分。每小题备选答案中，有一个或一个以上符合题意的正确答案。每小题全部选对得满分，少选得相应分值，多选、错选、不选均不得分。）

（一）

2020 年 1 月 8 日，甲公司成立，张某为法定代表人，李某为财务人员。1 月 10 日，李某携带资料到 P 银行申请开立了基本存款账户。1 月 15 日，甲公司在 Q 银行申请开立了基本建设资金专户。1 月 20 日，甲公司签发一张金额为 360 万元、由 P 银行承兑的电子商业汇票交付乙公司。乙公司因急需资金，于 5 月 6 日向 M 银行申请办理了汇票贴现。

要求：

根据上述资料，不考虑其他因素，分析回答下列小题。

1. 关于甲公司在 P 银行开立账户的下列表述中，正确的是(　　)。

A. 甲公司应填制开立银行结算账户申请书

B. P 银行应报经当地中国人民银行分支机构核准

C. 该账户 2020 年 1 月 10 日不能办理对外付款业务

D. 甲公司与 P 银行应签订银行结算账户管理协议

2. 关于甲公司在 Q 银行开立账户的下列表述中，正确的是(　　)。

A. 甲公司应向 Q 银行出具主管部门批文

B. 甲公司应向 Q 银行出具基本存款账户开户许可证

C. Q 银行应向中国人民银行当地分支机构备案

D. 该账户支取现金应在开户时报经中国人民银行当地分支机构批准

3. P 银行承兑该汇票应当办理的手续是(　　)。

A. 审查甲公司的资格与资信

B. 与甲公司签订承兑协议

C. 收取甲公司承兑手续费

D. 对汇票真实交易关系进行在线审核

4. 乙公司到M银行办理贴现必须记载的事项是(　　)。

A. 贴出人乙公司签章　　B. 实付金额

C. 贴现利率　　D. 贴入人M银行名称

(二)

中国公民王某为境内甲公司研发人员，其独生子正在读小学。2019年王某有关收支情况如下：

(1) 每月工资、薪金所得20000元，每月缴纳的基本养老保险费、基本医疗保险费、失业保险费、住房公积金3900元。1~11月工资、薪金所得累计已预扣预缴个人所得税税额8590元。

(2) 为乙公司提供技术服务，取得一次性劳务报酬5000元。

(3) 购买福利彩票，取得一次中奖收入3000元。

(4) 网约车充值获赠价值2500元的返券。

(5) 储蓄存款利息收入1750元。

(6) 将一套住房出租，全年租金收入37200元。

已知：工资、薪金所得预扣预缴个人所得税减除费用为5000元/月；综合所得减除费用为60000元；子女教育专项附加扣除标准为1000元/月，由王某按扣除标准的100%扣除；劳务报酬所得个人所得税预扣率为20%，每次收入4000元以上的，减除费用按20%计算；劳务报酬所得以收入减除20%的费用后的余额为收入额。

个人所得税预扣率表

(居民个人工资、薪金所得预扣预缴适用)

级数	累计预扣预缴应纳税所得额	预扣率(%)	速算扣除数(元)
1	不超过36000元的部分	3	0
2	超过36000元至144000元的部分	10	2520
3	超过144000元至300000元的部分	20	16920
……	……	……	……

个人所得税税率表

(综合所得适用)

级数	全年应纳税所得额	税率(%)	速算扣除数(元)
1	不超过36000元的部分	3	0
2	超过36000元至144000元的部分	10	2520
3	超过144000元至300000元的部分	20	16920
4	超过300000元至420000元的部分	25	31920
……	……	……	……

要求：

根据上述资料，不考虑其他因素，分析回答下列小题。

1. 计算王某12月份工资、薪金所得应预扣预缴个人所得税税额的下列算式中，正确的是(　　)。

A. （20000－5000－3900－1000）×3%＝303（元）

B. （20000－5000）×3%＝450（元）

C. （20000－5000－3900）×3%＝333（元）

D. （20000×12－5000×12－3900×12－1000×12）×10%－2520－8590＝1010（元）

2. 计算王某一次性劳务报酬应预扣预缴个人所得税税额的下列算式中，正确的是(　　)。

A. 5000×（1－20%）×20%＝800（元）

B. 5000÷（1－20%）×20%＝1250（元）

C. 5000×20%＝1000（元）

D. 5000×20%×20%＝200（元）

3. 计算王某2019年综合所得应缴纳个人所得税税额的下列算式中，正确的是(　　)。

A. （20000×12+5000－60000－3900×12）×10%－2520＝11300（元）

B. [20000×12+5000×（1－20%）－60000－3900×12－1000×12]×10%－2520＝10000（元）

C. （20000×12+5000－60000－3900×12－1000×12）×10%－2520＝10100（元）

D. [20000×12+5000×（1－20%）－60000]×20%－16920＝19880（元）

4. 王某下列所得中，不需要缴纳个人所得税的是(　　)。

A. 储蓄存款利息收入1750元

B. 出租住房全年租金收入37200元

C. 网约车充值获赠价值2500元的返券

D. 购买福利彩票一次中奖收入3000元

（三）

甲公司为增值税一般纳税人，主要从事大型机械设备制造和销售业务。2019年10月有关经营情况如下：

（1）购入原材料取得增值税专用发票注明税额39万元；进口检测仪器取得海关进口增值税专用缴款书注明税额26万元。

（2）报销销售人员国内差旅费，取得网约车费增值税电子普通发票注明税额0.09万元；取得住宿费增值税普通发票注明税额0.6万元；取得注明销售人员身份信息的铁路车票，票面金额合计10.9万元；取得注明销售人员身份信息的公路客票，票面金额合计5.15万元。

（3）采取分期收款方式销售W型大型机械设备一台，含增值税价款226万元，合同约定当月收取50%价款，次年4月再收取50%价款；采取预收货款方式销售Y型大型机械设备一台，设备生产工期18个月，合同约定本月应预收含增值税价款960.5万元，甲公司当月实际收到该笔预收款。

（4）支付境外乙公司专利技术使用费，合同约定含增值税价款99.64万元，乙公司在境内未设有经营机构且无代理人。

已知：销售货物增值税税率为13%；销售无形资产增值税税率为6%；铁路旅客运输服务按照9%计算进项税额；公路旅客运输服务按照3%计算进项税额；取得的扣税凭证均符合抵扣规定。

要求：

根据上述资料，不考虑其他因素，分析回答下列小题。

1. 甲公司当月下列进项税额中，准予从销项税额中抵扣的是(　　)。

A. 网约车费的进项税额0.09万元

B. 住宿费的进项税额0.6万元

C. 原材料的进项税额39万元

D. 检测仪器的进项税额26万元

2. 计算甲公司当月铁路车票和公路客票准予抵扣进项税额的下列算式中，正确的是(　　)。

A. 10.9÷（1+9%）×9%+5.15×3%＝1.0545（万元）

B. 10.9÷（1+9%）×9%+5.15÷（1+3%）×3%＝1.05（万元）

C. 10.9×9%+5.15×3%＝1.1355（万元）

D. 10.9×9%+5.15÷（1+3%）×3%＝1.131（万元）

3. 计算甲公司当月销售大型机械设备增值税销项税额的下列算式中，正确的是(　　)。

A. （226×50%+960.5）÷（1+13%）×13%＝123.5（万元）

B. 960.5×13%＝124.865（万元）

C. （226+960.5）÷（1+13%）×13%＝136.5（万元）

D. 226÷（1+13%）×13%＝26（万元）

4. 计算甲公司支付专利技术使用费应代扣代缴增值税税额的下列算式中，正确的是(　　)。

A. 99.64×6%＝5.9784（万元）

B. 99.64÷（1+6%）×6%＝5.64（万元）

C. 99.64÷（1−6%）×（1+6%）×6%＝6.7416（万元）

D. 99.64÷（1−6%）×6%＝6.36（万元）

2020 年会计专业技术资格考试《经济法基础》试题（2）

一、单项选择题（本类题共 23 小题，每小题 2 分，共 46 分。每小题备选答案中，只有一个符合题意的正确答案。错选、不选均不得分。）

1. 下列规范性文件中，法律效力最高的是(　　)。

A. 全国人民代表大会常务委员会通过的《中华人民共和国劳动合同法》
B. 财政部发布的《会计基础工作规范》
C. 国务院发布的《中华人民共和国个人所得税法实施条例》
D. 全国人民代表大会通过的《中华人民共和国宪法》

2. 下列法律事实中，属于法律行为的是(　　)。

A. 突发地震　　B. 书立遗嘱
C. 火山喷发　　D. 台风登陆

3. 根据支付结算法律制度的规定，关于银行卡账户管理的下列表述中，正确的是(　　)。

A. 单位人民币卡账户内资金可由其一般存款账户转入
B. 单位外币卡账户可以在境内存取外币现钞
C. 单位款项不得转入个人卡账户存储
D. 单位人民币卡账户可以存取现金

4. 甲公司因长期经营不善被宣告破产，撤销在银行开立的结算账户时，其应当最后撤销的是(　　)。

A. 临时存款账户　　B. 专用存款账户
C. 一般存款账户　　D. 基本存款账户

5. 下列票据中，不属于我国《票据法》所称票据的是(　　)。

A. 本票　　B. 支票
C. 汇票　　D. 股票

6. 甲公司为增值税一般纳税人，2019 年 12 月将新研制的产品 1000 件赠送给顾客试用，生产成本为 113 元/件，无同类产品销售价格。已知，增值税税率为 13%，成本利润率为 10%。计算甲公司当月该笔业务增值税销项税额的下列算式中，正确的是(　　)。

A. 1000×113×（1+10%）×13%＝16159（元）

B. 1000×113×13%=14690（元）

C. 1000×113×（1+10%）÷（1+13%）×13%=14300（元）

D. 1000×113÷（1+13%）×13%=13000（元）

7. 2019年8月甲公司采用直接收款方式销售货物给乙公司，9日签订合同，13日开具发票，20日发出货物，28日收到货款。甲公司该笔业务的增值税纳税义务发生时间为(　　)。

A. 8月13日

B. 8月20日

C. 8月9日

D. 8月28日

8. 根据消费税法律制度的规定，下列应税消费品中，实行从量计征办法计缴消费税的是(　　)。

A. 啤酒

B. 葡萄酒

C. 药酒

D. 果木酒

9. 根据消费税法律制度的规定，下列情形中，应缴纳消费税的是(　　)。

A. 汽车厂销售自产电动汽车

B. 超市零售白酒

C. 化妆品厂销售自产高档化妆品

D. 珠宝店进口钻石饰品

10. 甲筷子厂为增值税一般纳税人，2019年12月销售自产竹制筷子取得不含增值税价款15万元。销售自产木制一次性筷子取得不含增值税价款12万元。逾期不予退还的木制一次性筷子包装物押金0.226万元。已知，增值税税率为13%；消费税税率为5%。计算甲筷子厂当月上述业务应缴纳消费税税额的下列算式中，正确的是(　　)。

A. [15+12+0.226÷（1+13%）]×5%=1.36（万元）

B. [12+0.226÷（1+13%）]×5%=0.61（万元）

C. 12×5%=0.6（万元）

D. [15+0.226÷（1+13%）]×5%=0.76（万元）

11. 中国公民张某2019年1月取得工资10000元，缴纳基本养老保险费、基本医疗保险费、失业保险费、住房公积金2000元，支付首套住房贷款本息2500元。已知，工资、薪金所得个人所得税预扣率为3%，减除费用为5000元/月，住房贷款利息专项附加扣除标准为1000元/月，由张某按扣除标准的100%扣除。计算张某当月工资应预扣预缴个人所得税税额的下列算式中，正确的是(　　)。

A. （10000−5000−2000−1000）×3%=60（元）

B. （10000−5000−2000−2500）×3%=15（元）

C. （10000−5000−2000）×3%=90（元）

D. （10000−2500）×3%=225（元）

12. 中国公民李某 2019 年 10 月提供咨询服务，取得劳务报酬 5200 元，支付交通费 200 元。已知，劳务报酬所得个人所得税预扣率为 20%；每次收入 4000 元以上的，减除费用按 20% 计算。计算李某当月该笔劳务报酬应预扣预缴个人所得税税额的下列算式中，正确的是(　　)。

A. （5200−200）×20%＝1000（元）

B. 5200×20%＝1040（元）

C. 5200×（1−20%）×20%＝832（元）

D. （5200−200）×（1−20%）×20%＝800（元）

13. 根据个人所得税法律制度的规定，关于非居民个人每次收入确定的下列表述中，不正确的是(　　)。

A. 劳务报酬所得，属于一次性收入的，以取得该项收入为一次

B. 偶然所得，以每次取得该项收入为一次

C. 利息、股息、红利所得，以支付利息、股息、红利时取得的收入为一次

D. 财产租赁所得，以一个纳税年度内取得的收入为一次

14. 根据个人所得税法律制度的规定，下列各项中，属于专项扣除的是(　　)。

A. 个人购买符合国家规定的商业健康保险

B. 个人缴付符合国家规定的企业年金

C. 个人缴付符合国家规定的职业年金

D. 个人缴付符合国家规定的基本养老保险

15. 根据印花税法律制度的规定，下列各项中，按件贴花的是(　　)。

A. 运输合同

B. 产权转移书据

C. 借款合同

D. 不动产权证书

16. 根据城市维护建设税法律制度的规定，纳税人向税务机关实际缴纳的下列税款中，应作为城市维护建设税计税依据的是(　　)。

A. 房产税税款

B. 消费税税款

C. 土地增值税税款

D. 车船税税款

17. 甲公司 2019 年 8 月进口自用小汽车一辆，海关审定关税完税价格 120 万元，缴纳关税 30 万元、消费税 50 万元。已知，车辆购置税税率为 10%。计算甲公司进口自用该小汽车应缴纳车辆购置税税额的下列算式中，正确的是(　　)。

A. （120+30）×10%＝15（万元）

B. （120+50）×10%＝17（万元）

C. 120×10%＝12（万元）

D. （120+30+50）×10%＝20（万元）

18. 2019 年 9 月甲公司向烟农收购烟叶一批，支付收购价款 1000000 元，支付价外补贴 100000 元，已开具农产品收购发票。已知，烟叶税税率为 20%。计算甲公司当月该笔业务应缴纳烟叶税税额的下列算式中，正确的是(　　)。

A. （1000000−100000）×20%＝180000（元）

B. （1000000+100000）×20%＝220000（元）

C. 100000×（1+20%）×20%＝24000（元）

D. 1000000×20%＝200000（元）

19. 根据税收征收管理法律制度的规定，下列各项中，属于税收保全措施的是(　　)。

A. 扣押纳税人价值相当于应纳税款的货物

B. 变卖纳税人价值相当于应纳税款的货物，以变卖所得抵缴税款

C. 向纳税人加收滞纳金

D. 责令纳税人提供纳税担保

20. 根据劳动合同法律制度的规定，用工单位应当严格控制劳务派遣用工数量，使用的被派遣劳动者数量不得超过其用工总量的一定比例，该比例为(　　)。

A. 15%　　B. 10%　　C. 30%　　D. 20%

21. 2019 年 5 月甲公司安排职工李某于 10 日（周五）延长工作 2 小时，于 11 日（周六）加班 1 天，之后安排其补休 1 天。已知，甲公司实行标准工时制，李某的日工资为 480 元。计算甲公司应支付李某 5 月份最低加班工资的下列算式中，正确的是(　　)。

A. 480÷8×150%×2+480×150%×1＝900（元）

B. 480÷8×200%×2＝240（元）

C. 480÷8×200%×2+480×200%×1＝1200（元）

D. 480÷8×150%×2＝180（元）

22. 甲公司与林某签订 3 年期限劳动合同，并约定试用期。根据劳动合同法律制度的规定，该试用期期限最长不得超过(　　)。

A. 3 个月　　B. 1 个月　　C. 6 个月　　D. 2 个月

23. 根据社会保险法律制度的规定，下列关于企业职工医疗期待遇的表述中，不正确的是(　　)。

A. 医疗期满职工尚未痊愈而被解除劳动合同的，用人单位应支付经济补偿

B. 病假工资或疾病救济费不得低于当地最低工资标准支付

C. 医疗期内，用人单位不得解除或者终止无过错职工的劳动合同

D. 病休期间，公休、假日和法定节日包括在内

二、多项选择题（本类题共 10 小题，每小题 2 分，共 20 分。每小题备选答案中，有两个或两个以上符合题意的正确答案。请至少选择两个答案，全部选对得满分，少选得相应分值，多选、错选、不选均不得分。）

1. 下列法律责任形式中，属于行政责任的有（　　）。

A. 没收违法所得　　B. 吊销许可证

C. 剥夺政治权利　　D. 恢复原状

2. 根据支付结算法律制度的规定，下列票据中，出票人是银行的有（　　）。

A. 商业汇票　　B. 银行汇票

C. 本票　　D. 支票

3. 根据支付结算法律制度的规定，下列关于预付卡发卡机构的表述中，正确的有（　　）。

A. 应防止泄露购卡人和持卡人的信息

B. 应将客户备付金存放在商业银行

C. 必须取得《支付业务许可证》

D. 应按规定开具发票

4. 根据增值税法律制度的规定，下列各项中，免征增值税的有（　　）。

A. 福利彩票发行单位发行福利彩票取得的收入

B. 在校大学生勤工俭学提供服务取得的收入

C. 养老机构提供养老服务取得的收入

D. 幼儿园提供保育服务取得的收入

5. 根据消费税法律制度的规定，下列各项中，应当以纳税人同类应税消费品的最高销售价格作为计税依据计缴消费税的有（　　）。

A. 乙化妆品厂将自产的高档化妆品赠送客户

B. 丙首饰店将购进的金项链奖励优秀员工

C. 丁汽车厂将自产的小汽车用于投资入股

D. 甲酒厂将自产的白酒用于抵偿债务

6. 根据企业所得税法律制度的规定，纳税人发生的下列行为中，应视同销售确认收入的有（　　）。

A. 将货物用于偿还债务

B. 将货物用于赞助

C. 将货物用于捐赠

D. 将货物用于换入设备

7. 根据个人所得税法律制度的规定，下列各项中，应按照“财产转让所得”项目计缴个人所得税的有(　　)。

A. 个人通过网络收购玩家的虚拟货币，加价后向他人出售取得的所得

B. 个人转让新三板挂牌公司原始股取得的所得

C. 个人通过竞拍购置债权后，通过司法程序主张债权而取得的所得

D. 个人取得专利赔偿所得

8. 根据税收征收管理法律制度的规定，下列各项中，不符合发票使用规定的有(　　)。

A. 拆本使用发票

B. 扩大发票使用范围

C. 转借发票监制章

D. 以其他凭证代替发票使用

9. 甲公司与刘某签订了2年期限劳动合同。合同履行1年时，刘某因自主创业而向甲公司提出解除劳动合同。下列关于刘某单方解除劳动合同方式及后果的表述中，正确的有(　　)。

A. 刘某应向甲公司支付违约金

B. 刘某应提前3日以书面形式通知甲公司

C. 刘某应提前30日以书面形式通知甲公司

D. 甲公司不需向刘某支付经济补偿

10. 根据社会保险法律制度的规定，下列各项中，属于职工基本养老保险费征缴范围的有(　　)。

A. 国有企业及其职工

B. 实行企业化管理的事业单位及其职工

C. 外商投资企业及其职工

D. 城镇私营企业及其职工

三、判断题（本类题共10小题，每小题1分，共10分。请判断每小题的表述是否正确。每小题答题正确的得1分，错答、不答均不得分，也不扣分。）

1. 合伙企业具有法人资格。(　　)
2. 纳税人对税务机关作出的征税行为不服的，可以直接向人民法院提起行政诉讼。(　　)
3. 因票据纠纷提起的民事诉讼，由原告住所地人民法院管辖。(　　)
4. 非银行支付机构不得为单位开立支付账户。(　　)
5. 个人在票据和结算凭证上的签章，应为该个人本人的签名或盖章。(　　)
6. 甲公司为增值税一般纳税人，2019年12月销售人员因公出差购进国内旅客运输服务，取得的注明员工身份信息铁路车票，可以作为进项税额的抵扣凭证。(　　)

7. 个人转租房屋的，其向房屋出租方支付的租金及增值税额，在计算个人所得税财产租赁所得时，准予扣除。（　）
8. 房产所有人将房屋产权赠与直系亲属的行为，不征收土地增值税。（　）
9. 对以房产投资联营，投资者参与投资利润分红、共担风险的，按房产余值作为计税依据计缴房产税。（　）
10. 用人单位与劳动者订立的劳动合同中劳动报酬和劳动条件等标准不得低于集体合同规定的标准。（　）

四、不定项选择题（本类题共12小题，每小题2分，共24分。每小题备选答案中，有一个或一个以上符合题意的正确答案。每小题全部选对得满分，少选得相应分值，多选、错选、不选均不得分。）

（一）

甲电器公司为居民企业。主要从事热水器的生产和销售业务，2019年度有关经营情况如下：

（1）将一处仓库对外出租，与承租方签订房屋租赁合同。合同约定当年租金总额18.9万元，未分别列明租金与增值税税款。甲电器公司选择简易计税方法计算增值税。

（2）“财务费用”账户中列支两笔利息费用。向W金融企业借入生产用资金400万元。借款期限6个月，支付借款利息10.32万元。向本公司职工借入生产用资金120万元，并与职工签订了借款合同，借款期限4个月，支付利息3.2万元，金融企业同期同类贷款年利率为5.16%。

（3）8月购入一台价值576万元的机器设备并于当月投入使用，会计上按直线法计提折旧，会计折旧年限为10年，预计净残值为零。税法规定的最低折旧年限及预计净残值与会计规定相同。甲电器公司税务处理上选择享受固定资产加速折旧优惠政策，折旧年限为税法规定的最低折旧年限的60%。

已知：增值税征收率为5%；城市维护建设税税率为7%；教育费附加征收比率为3%；房产税税率为12%；租赁合同印花税税率为1‰。

要求：

根据上述资料，不考虑其他因素，分析回答下列小题。

1. 关于甲电器公司2019年度对外出租仓库应缴纳税费的下列表述中，正确的是(　　)。

A. 应缴纳印花税税额=18.9×1‰=0.0189（万元）

B. 应缴纳城市维护建设税税额和教育费附加=18.9÷（1+5%）×5%×（7%+3%）=0.09（万元）

C. 应缴纳增值税税额=18.9÷（1+5%）×5%=0.9（万元）

D. 应缴纳房产税税额=18.9÷（1+5%）×12%=2.16（万元）

2. 甲电器公司出租仓库缴纳的下列税费中，在计算2019年度企业所得税应纳税所得额时，准予扣除的是(　　)。

A. 房产税

B. 印花税

C. 增值税

D. 城市维护建设税和教育费附加

3. 在计算甲电器公司 2019 年度企业所得税应纳税所得额时，准予扣除的利息费用金额是(　　)万元。

A. 10.32　　B. 12.384

C. 13.52　　D. 3.2

4. 在计算甲电器公司 2019 年度企业所得税应纳税所得额时，购入机器设备计提的折旧费应纳税调减金额的下列算式中，正确的是(　　)。

A. 576÷（10×60%）−576÷10÷12×4=76.8（万元）

B. 576÷（10×60%）÷12×4=32（万元）

C. 576÷（10×60%）÷12×4−576÷10÷12×4=12.8（万元）

D. 576÷（10×60%）−576÷10=38.4（万元）

（二）

甲建筑公司为增值税一般纳税人，主要从事建筑工程施工及活动板房的生产和安装业务。2019 年 10 月有关经营情况如下：

（1）承建的 P 酒店项目当月竣工结算，取得含增值税工程款 2180 万元，另取得奖励款 21.8 万元。P 酒店项目适用一般计税方法计税。

（2）承建的 Q 住宅项目当月竣工结算，取得含增值税工程款 5150 万元；支付含增值税分包款 1030 万元，取得增值税普通发票注明税额 30 万元。Q 住宅项目选择简易计税方法计税。

（3）购进 P 酒店项目用工程材料，取得增值税专用发票注明税额 130 万元。

（4）支付 Q 住宅项目的劳务派遣服务费，取得增值税专用发票注明税额 0.36 万元。

（5）进口专用设备共用于 P 酒店项目和 Q 住宅项目，取得海关进口增值税专用缴款书注明税额 52 万元。

（6）销售自产活动板房同时提供安装服务，取得活动板房含增值税价款 147.804 万元、安装服务含增值税价款 43.1095 万元。

已知：销售货物增值税税率为 13%，销售建筑服务增值税税率为 9%、增值税征收率为 3%，取得的扣税凭证均符合抵扣规定。

要求：

根据上述资料，不考虑其他因素，分析回答下列小题。

1. 计算甲建筑公司当月 P 酒店项目增值税销项税额的下列算式中，正确的是(　　)。

A. （2180+21.8）×9%=198.162（万元）

B. （2180+21.8）÷（1+9%）×9%=181.8（万元）

C. 2180×9%＝196.2（万元）

D. 2180÷（1+9%）×9%＝180（万元）

2. 计算甲建筑公司当月 Q 住宅项目应缴纳增值税税额的下列算式中，正确的是(　　)。

A. （5150−1030）÷（1+3%）×3%＝120（万元）

B. （5150−1030）×3%＝123.6（万元）

C. 5150×3%＝154.5（万元）

D. 5150÷（1+3%）×3%＝150（万元）

3. 甲建筑公司的下列进项税额中，准予从销项税额中抵扣的是(　　)。

A. 购进 P 酒店项目用工程材料的进项税额 130 万元

B. 进口专用设备的进项税额 52 万元

C. 支付分包款的进项税额 30 万元

D. 支付 Q 住宅项目劳务派遣服务费的进项税额 0.36 万元

4. 计算甲建筑公司当月销售自产活动板房同时提供安装服务增值税销项税额的下列算式中，正确的是(　　)。

A. （147.804+43.1095）÷（1+9%）×9%＝15.7635（万元）

B. 147.804÷（1+13%）×13%+43.1095÷（1+9%）×9%＝20.5635（万元）

C. （147.804+43.1095）÷（1+13%）×13%＝21.9635（万元）

D. 147.804÷（1+13%）×13%＝17.004（万元）

（三）

2019 年年底，甲公司会计机构负责人赵某按照公司董事长王某的要求，让会计人员孙某通过伪造原始凭证、变造会计账簿等手段少列收入以少缴税款。孙某对此拒绝，赵某另安排会计人员李某完成上述工作并据此编制了虚假财务会计报告。

王某听取了赵某的工作汇报，要求对孙某作出处理。甲公司以不服从工作安排为由将孙某调离会计工作岗位，指定出纳人员陈某兼管孙某的全部工作，包括营业收入明细账、固定资产明细账、无形资产明细账的登记和会计档案保管。双方办理了工作交接。

孙某认为公司将其调离会计工作岗位是对其实行打击报复，于是向当地财政部门和税务机关举报甲公司。财政部门和税务机关根据举报线索进行调查后，认定甲公司存在会计违法行为和逃税行为，分别进行了处罚。

要求：

根据上述资料，不考虑其他因素，分析回答下列小题。

1. 甲公司的下列行为中，属于违反会计法律制度的是(　　)。

A. 变造会计账簿

B. 编制虚假财务会计报告

C. 以不服从工作安排为由将孙某调离会计工作岗位

D. 伪造原始凭证

2. 孙某的下列工作中，不得由陈某兼管的是(　　)。

A. 营业收入明细账的登记

B. 固定资产明细账的登记

C. 会计档案保管

D. 无形资产明细账的登记

3. 关于孙某和陈某工作交接的下列表述中，正确的是(　　)。

A. 移交清册仅需孙某和陈某签名或盖章

B. 陈某应按照移交清册逐项核对点收

C. 陈某应当继续使用移交的会计账簿，不得自行另立新账

D. 应由赵某负责监交

4. 对甲公司及相关责任人的违法行为，财政部门和税务机关可采取的处罚措施是(　　)。

A. 财政部门对甲公司的违法行为予以通报

B. 税务机关对甲公司处以罚款

C. 税务机关向甲公司追缴少缴的税款

D. 财政部门对甲公司及相关责任人处以罚款

2020年会计专业技术资格考试
《经济法基础》试题（3）

一、单项选择题（本类题共23小题，每小题2分，共46分。每小题备选答案中，只有一个符合题意的正确答案。错选、不选均不得分。）

1. 根据民事法律制度的规定，向人民法院请求保护民事权利的普通诉讼时效期间为(　　)。

A. 2年　　B. 20年　　C. 3年　　D. 1年

2. 对M市甲公司实施的下列会计监督中，属于社会监督的是(　　)。

A. 市财政局对甲公司开展会计信息质量检查
B. 甲公司的审计部门审核本公司会计账簿
C. 市税务局对甲公司开展增值税专项税务检查
D. 乙会计师事务所接受委托审计甲公司的年度财务会计报告

3. 根据会计法律制度的规定，下列各项中，不属于代理记账业务范围的是(　　)。

A. 出具审计报告　　B. 填制记账凭证
C. 编制财务会计报告　　D. 登记会计账簿

4. 下列存款人中，于2020年1月在银行开立基本存款账户，无须核发开户许可证的是(　　)。

A. 丁居民委员会　　B. 丙市人民医院
C. 乙公司　　D. 甲市场监督管理局

5. 下列单位中，可以作为电子银行承兑汇票承兑人的是(　　)。

A. 丙财务公司　　B. 乙房地产开发公司
C. 甲路桥公司　　D. 丁航空公司

6. 甲酒厂为增值税一般纳税人，2019年10月销售啤酒取得含增值税价款791000元，另收取包装物押金22600元。已知，增值税税率为13%，计算甲酒厂当月销售啤酒增值税销项税额的下列算式中，正确的是(　　)。

A. 791000÷（1+13%）×13%＝91000（元）
B. （791000+22600）×13%＝105768（元）
C. 791000×13%＝102830（元）
D. （791000+22600）÷（1+13%）×13%＝93600（元）

7. 根据增值税法律制度的规定，一般纳税人的下列行为中，允许开具增值税专用发票的是(　　)。

A. 汽车租赁公司向租赁者个人出租车辆

B. 装修公司向消费者个人提供装修服务

C. 专利代理公司向一般纳税人提供专利代理服务

D. 超市向一般纳税人零售食品

8. 甲公司为增值税一般纳税人，2019年10月转让金融商品卖出价为106万元，所转让金融商品买入价为90.1万元，上一纳税期转让金融商品出现负差6.36万元。已知，增值税税率为6%。计算甲公司当月金融商品转让增值税销项税额的下列算式中，正确的是(　　)。

A. 106÷（1+6%）×6%=6（万元）

B. （106−90.1−6.36）÷（1+6%）×6%=0.54（万元）

C. （106−90.1）×6%=0.954（万元）

D. 106×6%=6.36（万元）

9. 2019年12月，甲公司销售自产的高尔夫球杆3000支，不含增值税单价1500元/支；销售自产的高尔夫球包500个，不含增值税单价1000元/个；销售自产的高尔夫球帽100顶，不含增值税单价150元/顶。已知，高尔夫球及球具消费税税率为10%。计算甲公司当月上述业务应缴纳消费税税额的下列算式中，正确的是(　　)。

A. （3000×1500+100×150）×10%=451500（元）

B. （3000×1500+500×1000）×10%=500000（元）

C. （3000×1500+500×1000+100×150）×10%=501500（元）

D. 3000×1500×10%=450000（元）

10. 根据消费税法律制度的规定，下列应税消费品中，在零售环节征收消费税的是(　　)。

A. 卷烟　　B. 金银首饰　　C. 白酒　　D. 玉石手镯

11. 2019年8月，甲公司向金融企业借入流动资金借款900万元，期限3个月，年利率为6%；向非关联企业乙公司借入同类借款1800万元，期限3个月，年利率为12%。已知，金融企业同期同类贷款年利率为6%。计算甲公司2019年度企业所得税应纳税所得额时准予扣除的利息费用的下列算式中，正确的是(　　)。

A. 1800×12%÷12×3=54（万元）

B. 900×6%÷12×3+1800×12%÷12×3=67.5（万元）

C. 900×6%÷12×3=13.5（万元）

D. 900×6%÷12×3+1800×6%÷12×3=40.5（万元）

12. 甲公司2019年度发生合理的工资薪金支出1000万元，发生职工福利费支出150万元，拨缴工会经费21万元，发生职工教育经费支出75万元，上年度结转未扣除的职工教育经费支出13万元。已知企业发生的职工福利费支出、拨缴的工会经费、发生的职工教育经费支出分别在不超过工资薪金总额14%、2%、8%的部分，准予扣除。在计算甲公司2019年度企业所得税应纳税所得额时，准予扣除的职工福利费支出、工会经费和职工教育经费支出合计金额为(　　)万元。

A. 235　　B. 259　　C. 240　　D. 250

13. 甲公司2019年度利润总额500万元，通过当地乡政府向文化事业捐款55万元，通过公益性社会组织向教育事业捐款10万元。已知，公益性捐赠支出不超过年度利润总额12%的部分，准予扣除。计算甲公司2019年度企业所得税应纳税所得额时，准予扣除的公益性捐赠支出是(　　)万元。

A. 10　　B. 60　　C. 65　　D. 55

14. 甲机械厂2019年度利润总额500万元，实际发生未形成无形资产计入当期损益的研究开发费用100万元，无其他纳税调整项目。计算甲机械厂2019年度企业所得税应纳税所得额的下列算式中，正确的是(　　)。

A. 500−100×75%＝425（万元）

B. 500−100＝400（万元）

C. 500−100×50%＝450（万元）

D. 500+100＝600（万元）

15. 根据车船税法律制度的规定，下列车船中，以“净吨位数”为计税依据的是(　　)。

A. 机动船舶　　B. 轮式专用机械车

C. 挂车　　D. 商用客车

16. 甲公园位于市郊，2019年实际占用土地面积4500000平方米，其中索道公司经营用地30000平方米。已知，城镇土地使用税适用税率每平方米年税额为5元。计算甲公园2019年度应缴纳城镇土地使用税税额的下列算式中，正确的是(　　)。

A. 30000×5＝150000（元）

B. 4500000×5＝22500000（元）

C. （4500000+30000）×5＝22650000（元）

D. （4500000−30000）×5＝22350000（元）

17. 根据契税法律制度的规定，下列行为中，属于契税征税范围的是(　　)。

A. 房屋出租　　B. 房屋典当　　C. 房屋赠与　　D. 房屋抵押

18. 根据印花税法律制度的规定，下列合同中，应征收印花税的是(　　)。

A. 会计咨询合同　　B. 审计咨询合同

C. 法律咨询合同　　D. 技术咨询合同

19. 根据税收征收管理法律制度的规定，下列各项中，属于税款征收措施的是(　　)。

A. 查账征收　　B. 税务行政复议

C. 税收保全　　D. 自行申报

20. 2018年6月1日，刘某到甲公司上班。2019年6月1日，甲公司尚未与刘某签订劳动合同，下列关于甲公司未与刘某签订书面劳动合同法律后果的表述中，正确的是(　　)。

A. 视为双方自2019年6月1日起已经订立无固定期限劳动合同

B. 甲公司应向刘某支付2018年6月1日至2019年5月31日期间的2倍工资

C. 双方尚未建立劳动关系

D. 视为2018年6月1日至2019年5月31日为试用期

21. 甲公司与冯某拟签订4年期限劳动合同，则约定的试用期最长不得超过(　　)。

A. 1个月　　B. 4个月

C. 2个月　　D. 6个月

22. 根据劳动合同法律制度的规定，下列关于非全日制用工形式的表述中，正确的是(　　)。

A. 小时计酬标准不得低于用人单位所在地最低小时工资标准

B. 双方当事人任何一方终止用工均应提前3天通知对方

C. 劳动报酬可按月结算

D. 双方当事人可以约定试用期

23. 根据社会保险法律制度的规定，参保职工因工伤事故发生的下列费用中，应由用人单位支付的是(　　)。

A. 治疗工伤的医疗费用　　B. 一次性伤残补助金

C. 住院伙食补助费　　D. 停工留薪期工资福利待遇

二、多项选择题（本类题共10小题，每小题2分，共20分。每小题备选答案中，有两个或两个以上符合题意的正确答案。请至少选择两个答案，全部选对得满分，少选得相应分值，多选、错选、不选均不得分。）

1. 下列法律事实中，属于法律行为的有(　　)。

A. 爆发洪水　　B. 台风登陆

C. 书立遗嘱　　D. 买卖房屋

2. 根据会计法律制度的规定，下列关于会计工作交接的表述中，正确的有(　　)。

A. 会计人员办理交接手续的，无须监交

B. 会计人员没有办清交接手续的，不得离职

C. 移交人员因病不能亲自办理移交的，经单位领导人批准，可由移交人员委托他人代办移交

D. 移交人员在办理移交时，要按移交清册逐项移交

3. 根据增值税法律制度的规定，一般纳税人购进的下列服务中，不得抵扣进项税额的有（　　）。

A. 娱乐服务　　B. 美容服务

C. 贷款服务　　D. 餐饮服务

4. 根据消费税法律制度的规定，纳税人自产应税消费品的下列用途中，应以同类消费品最高销售价格作为计税依据的有（　　）。

A. 用于投资入股　　B. 用于抵偿债务

C. 用于换取生产资料　　D. 用于换取消费资料

5. 根据企业所得税法律制度的规定，下列各项中，属于不征税收入的有（　　）。

A. 依法收取并纳入财政管理的政府性基金

B. 各级人民政府对纳入预算管理的事业单位拨付的财政资金

C. 外国政府向中国政府提供贷款取得的利息所得

D. 依法收取并纳入财政管理的行政事业性收费

6. 根据个人所得税法律制度的规定，下列各项中，（暂）免征个人所得税的有（　　）。

A. 银行储蓄存款利息

B. 保险佣金

C. 按照国务院规定发给的政府特殊津贴

D. 退休工资

7. 根据土地增值税法律制度的规定，下列各项中，在计算土地增值税时，应计入房地产开发成本的有（　　）。

A. 公共配套设施费

B. 建筑安装工程费

C. 取得土地使用权所支付的地价款

D. 土地征用及拆迁补偿费

8. 根据社会保险法律制度的规定，失业人员在领取失业保险金期间发生特定情形时，停止领取失业保险金，并同时停止享受其他失业保险待遇。下列各项中，属于该特定情形的有（　　）。

A. 重新就业的　　B. 享受基本养老保险待遇的

C. 被判刑收监执行的　　D. 应征服兵役的

9. 下列关于仲裁与劳动仲裁相同点的表述中，正确的有(　　)。

A. 均实行回避制度

B. 仲裁裁决作出后，双方当事人均不得向人民法院提起诉讼

C. 均以双方当事人达成的书面仲裁协议为前提

D. 仲裁机构均不按行政区划层层设立

10. 根据劳动合同法律制度的规定，下列情形中，用人单位应向劳动者支付经济补偿的有(　　)。

A. 劳动者提前 30 日以书面形式通知用人单位解除劳动合同的

B. 用人单位提出并与劳动者协商一致而解除劳动合同的

C. 劳动者不能胜任工作，经过培训仍不能胜任工作而被解除劳动合同的

D. 劳动者在试用期内被证明不符合录用条件而被解除劳动合同的

三、判断题（本类题共 10 小题，每小题 1 分，共 10 分。请判断每小题的表述是否正确。每小题答题正确的得 1 分，错答、不答均不得分，也不扣分。）

1. 宪法具有最高法律效力。(　　)
2. 会计账簿记录与记账凭证记录核对属于账账核对。(　　)
3. 不同内容和类别的原始凭证可以汇总填制在一张记账凭证上。(　　)
4. 企业银行结算账户自开立之日即可办理收付款业务。(　　)
5. 发卡机构调整信用卡利率可不通知持卡人。(　　)
6. 增值税一般纳税人提供长途客运服务，可选择适用简易计税方法计缴增值税。(　　)
7. 在中国境内未设立机构、场所的非居民企业取得来源于中国境内的所得，以扣缴义务人所在地为企业所得税纳税地点。(　　)
8. 环境保护税纳税义务发生时间为纳税人排放应税污染物的当日。(　　)
9. 纳税人办理纳税申报采用邮寄方式的，以到达的邮戳日期为实际申报日期。(　　)
10. 用人单位裁减人员后，在 6 个月内重新招用人员的，应当通知被裁减的人员，并在同等条件下优先招用。(　　)

四、不定项选择题（本类题共 12 小题，每小题 2 分，共 24 分。每小题备选答案中，有一个或一个以上符合题意的正确答案。每小题全部选对得满分，少选得相应分值，多选、错选、不选均不得分。）

（一）

甲公司为增值税一般纳税人，主要从事化妆品生产和销售业务，2019 年 6 月有关经营情况如下：

（1）销售自产高档美容类化妆品，取得不含增值税销售额 3000000 元。

（2）将 100 套自产高档美容类化妆品无偿赠送给客户，当月同类化妆品不含增值税单价 1000 元/套。

（3）将 40 套自产高档护肤类化妆品奖励给公司优秀员工，当月同类化妆品不含增值税单价 500 元/套。

（4）以银行存款 5000000 元投资乙商场。

（5）受托为丙公司加工一批高档修饰类化妆品，收取加工费开具增值税专用发票，注明金额 250000 元、税额 32500 元，丙公司提供材料成本 600000 元，甲公司无同类化妆品销售价格。

（6）进口一批成套化妆品，海关审定关税完税价格 935000 元，取得海关进口增值税专用缴款书。

已知：销售高档化妆品增值税税率为 13%，消费税税率为 15%，关税税率为 5%，取得的扣税凭证符合抵扣规定。

要求：

根据上述资料，不考虑其他因素，分析回答下列小题。

1. 甲公司当月下列业务中，应缴纳消费税的是(　　)。

A. 将自产高档护肤类化妆品奖励给公司优秀员工

B. 将自产高档美容类化妆品无偿赠送给客户

C. 以银行存款投资乙商场

D. 销售自产高档美容类化妆品

2. 计算甲公司当月受托加工高档修饰类化妆品应代收代缴消费税税额的下列算式中，正确的是(　　)。

A. （600000+250000+32500）×15%＝132375（元）

B. 600000×15%＝90000（元）

C. （600000+250000）×15%＝127500（元）

D. （600000+250000）÷（1−15%）×15%＝150000（元）

3. 计算甲公司当月进口成套化妆品应缴纳消费税税额的下列算式中，正确的是(　　)。

A. 935000÷（1−15%）×15%＝165000（元）

B. 935000×15%＝140250（元）

C. （935000+935000×5%）÷（1−15%）×15%＝173250（元）

D. （935000+935000×5%）×15%＝147262.5（元）

4. 计算甲公司当月应向税务机关缴纳增值税税额的下列算式中，正确的是(　　)。

A. 3000000×13%+32500＝422500（元）

B. （3000000+100×1000+40×500）×13%+32500−（935000+935000×5%）÷（1−15%）×13%＝287950（元）

C. （3000000+100×1000+40×500+5000000）×13%+32500-（935000+935000×5%）÷（1-15%）×13%=937950（元）

D. 3000000×13%-（935000+935000×5%）×13%=262372.5（元）

（二）

2019 年 12 月 12 日，甲公司为支付劳务费向李某签发并交付一张金额为 5 万元的现金支票。在提示付款期内，李某向 P 银行提示付款时，甲公司存款余额为 1 万元。

已知，甲公司开户银行为 P 银行，预留 P 银行签章为财务专用章和法定代表人张某的个人名章。

要求：

根据上述资料，不考虑其他因素，分析回答下列小题。

1. 甲公司签发支票必须记载的事项是(　　)。

A. 出票日期

B. 出票金额

C. 加盖财务专用章和张某的个人名章

D. 付款人 P 银行名称

2. 下列日期中，属于该支票提示付款期限内的是(　　)。

A. 2020 年 1 月 12 日　　B. 2020 年 2 月 12 日

C. 2019 年 12 月 29 日　　D. 2019 年 12 月 13 日

3. 李某提示付款应当办理的手续是(　　)。

A. 在支票上签章

B. 向 P 银行交验本人身份证件

C. 在支票背面注明李某的身份证件名称、号码和发证机关

D. 填制进账单交 P 银行

4. 关于提示付款时甲公司存款余额为 1 万元的下列表述中，正确的是(　　)。

A. 该支票为空头支票

B. P 银行应向李某支付款项 1 万元

C. 李某有权要求甲公司给予赔偿

D. P 银行应拒绝付款并出具拒绝付款证明

（三）

中国公民陈某任职于国内甲公司，其独生子正在接受全日制硕士研究生教育。2019 年陈某有关收支情况如下：

（1）全年工资、薪金 150000 元，缴纳的基本养老保险费、基本医疗保险费、失业保险费、住房公积金 33750 元。

（2）为乙公司提供一次法律咨询服务，取得劳务报酬 3000 元。

（3）取得全年一次性奖金 51000 元，选择不并入当年综合所得计算纳税。

（4）因持有境内丙上市公司股票，取得股息 6000 元，该股票系陈某 2 年前从公开发行和转让市场购入。

（5）取得国债利息 4000 元。

（6）在商场购买冰箱，获赠一台价值 180 元的豆浆机。

（7）继承一套房产，价值 1600000 元。

已知：综合所得减除费用 60000 元/年。劳务报酬所得以收入减除 20% 的费用后的余额为收入额；劳务报酬所得个人所得税预扣率为 20%，每次收入不超过 4000 元的，减除费用按 800 元计算；子女教育专项附加扣除标准为 1000 元/月，陈某夫妻选择由双方分别按扣除标准的 50% 扣除。

全年一次性奖金适用按月换算后的综合所得税率表

级数	应纳税所得额	税率（%）	速算扣除数（元）
1	不超过 3000 元的部分	3	0
2	超过 3000 元至 12000 元的部分	10	210
3	超过 12000 元至 25000 元的部分	20	1410
4	超过 25000 元至 35000 元的部分	25	2660
5	超过 35000 元至 55000 元的部分	30	4410
……	……	……	……

要求：

根据上述资料，不考虑其他因素，分析回答下列小题。

1. 计算陈某提供法律咨询服务应预扣预缴个人所得税税额的下列算式中，正确的是（　　）。

A. （3000−800）×（1−20%）×20% = 352（元）

B. （3000−800）×20% = 440（元）

C. 3000÷（1−20%）×20% = 750（元）

D. 3000×（1−20%）×20% = 480（元）

2. 计算陈某 2019 年度综合所得应缴纳个人所得税税额的下列算式中，正确的是（　　）。

A. [150000+3000×（1−20%）−60000−12×1000×2]×10%−2520 = 4320（元）

B. [150000+（3000−800）−60000 12×1000]×10%−2520 = 5500（元）

C. [150000+（3000−800）−60000−33750−12×1000]×10%−2520 = 2125（元）

D. [150000+3000×（1−20%）−60000−33750−12×1000×50%]×10%−2520 = 2745（元）

3. 计算陈某 2019 年取得全年一次性奖金应缴纳个人所得税税额的下列算式中，正确的是(　　)。

A. （51000÷12×10%−210）×12＝2580（元）

B. 51000÷12×10%−210＝215（元）

C. 51000×30%−4410＝10890（元）

D. 51000×10%−210＝4890（元）

4. 陈某取得的下列收入中，不缴纳个人所得税的是(　　)。

A. 境内丙上市公司股息 6000 元

B. 继承价值 1600000 元的房产

C. 获赠价值 180 元的豆浆机

D. 国债利息 4000 元

2020 年会计专业技术资格考试《经济法基础》试题（4）

一、单项选择题（本类题共 23 小题，每小题 2 分，共 46 分。每小题备选答案中，只有一个符合题意的正确答案。错选、不选均不得分。）

1. 甲公司和乙公司签订购买 20 台办公电脑的买卖合同，总价款为 20 万元。该法律关系的主体是(　　)。

A. 甲公司和乙公司　　B. 20 台办公电脑

C. 20 万元价款　　D. 买卖合同

2. 下列纠纷中，可以适用《仲裁法》解决的是(　　)。

A. 韩某与杨某的确认收养关系纠纷　　B. 潘某与李某的监护权纠纷

C. 孙某与郑某的离婚纠纷　　D. 张某与王某的网络购物合同纠纷

3. 根据税收征收管理法律制度的规定，下列关于纳税人对税务机关作出的征税行为不服时的解决措施的表述中，正确的是(　　)。

A. 只能向复议机关申请行政复议，不能向人民法院提起行政诉讼

B. 应当先向复议机关申请行政复议，对行政复议决定不服的，可以再向人民法院提起行政诉讼

C. 可以向复议机关申请行政复议，也可以直接向人民法院提起行政诉讼

D. 可以向复议机关申请行政复议，但对行政复议决定不服的，不能再向人民法院提起行政诉讼

4. 根据支付结算法律制度的规定，下列业务中，信用卡持卡人使用预借现金额度内资金不得办理的是(　　)。

A. 划转到本人银行结算账户　　B. 在银行柜面提取现金

C. 在银行 ATM 机上提取现金　　D. 划转到其他信用卡

5. 下列首次申请开立单位银行结算账户的存款人中，不应开立基本存款账户的是(　　)。

A. 丙学校　　B. 甲电影公司临时摄制组

C. 丁居民委员会　　D. 乙公司

6. 根据支付结算法律制度的规定，下列各项业务中，不得通过预算单位零余额账户办理的是(　　)。

A. 划拨本单位工会经费　　B. 向所属下级单位账户划拨资金

C. 转账　　D. 提取现金

7. 根据增值税法律制度的规定，一般纳税人销售货物向购买方收取的下列款项中，不计入销售额计算销项税额的是(　　)。

A. 代办保险收取的保险费　　B. 包装费

C. 违约金　　D. 手续费

8. 甲公司为增值税一般纳税人，2019年5月提供设计服务取得含增值税价款636万元，另收取奖励费10.6万元。已知，增值税税率为6%，计算甲公司当月该笔业务增值税销项税额的下列算式中，正确的是(　　)。

A. ［636+10.6÷（1+6%）］×6%=38.76（万元）

B. 636÷（1+6%）×6%=36（万元）

C. 636×6%=38.16（万元）

D. （636+10.6）÷（1+6%）×6%=36.6（万元）

9. 甲外贸公司为增值税一般纳税人，2019年9月进口一批高档手表，海关审定关税完税价格100万元，已缴纳关税10万元。已知，增值税税率为13%，消费税税率为20%。计算甲外贸公司当月该笔业务应缴纳增值税税额的下列算式中，正确的是(　　)。

A. （100+10）÷（1−20%）×13%=17.875（万元）

B. 100÷（1−20%）×13%=16.25（万元）

C. 100×13%=13（万元）

D. （100+10）×13%=14.3（万元）

10. 2019年12月，甲酒厂将新研制的白酒2吨发给员工作为福利，该批白酒生产成本30000元，无同类白酒销售价格。已知，消费税比例税率为20%，定额税率为0.5元/500克，成本利润率为5%。计算甲酒厂当月该笔业务消费税组成计税价格的下列算式中，正确的是(　　)。

A. ［30000×（1+5%）+2×2000×0.5］÷（1−20%）=41875（元）

B. 30000×（1+5%）+2×2000×0.5=33500（元）

C. ［30000×（1+5%）+2×2000×0.5］×（1−20%）=26800（元）

D. （30000+2×2000×0.5）×（1+5%）÷（1−20%）=42000（元）

11. 根据消费税法律制度的规定，企业发生的下列经营行为中，外购应税消费品已纳消费税税额准予从应纳消费税税额中扣除的是(　　)。

A. 外购已税蒸馏酒生产配制酒

B. 外购已税溶剂油为原料生产成品油

C. 外购已税烟丝生产卷烟

D. 外购已税电池生产应税摩托车

12. 2019 年 5 月，张某购买福利彩票一次中奖收入 100000 元，购买彩票支出 1000 元。已知，偶然所得个人所得税税率为 20%。计算张某当月该笔中奖收入应缴纳的所得税税额的下列算式中，正确的是(　　)。

A. 100000×20% = 20000（元）

B.（100000−1000）×20% = 19800（元）

C.（100000−1000）×（1−20%）×20% = 15840（元）

D. 100000×（1−20%）×20% = 16000（元）

13. 根据个人所得税法律制度的规定，下列各项中，属于劳务报酬所得的是(　　)。

A. 作家李某取得的剧本使用费

B. 演员孙某从其所属单位领取的工资

C. 律师赵某出租房屋取得的租金

D. 教师王某在校外兼职讲课取得的课酬

14. 根据个人所得税法律制度的规定，下列情形中，免征个人所得税的是(　　)。

A. 吴某取得所在单位发放的年终奖

B. 周某获得省政府颁发的科学方面的奖金

C. 王某取得所在公司发放的销售业绩奖金

D. 郑某获得县教育部门颁发的教育方面的奖金

15. 根据个人所得税法律制度的规定，下列在中国境内无住所的外籍人员中，属于 2019 年度居民个人的是(　　)。

A. 马丁 2019 年 8 月 1 日来到中国，2019 年 10 月 31 日离开中国

B. 亨利 2019 年 7 月 5 日来到中国，2020 年 1 月 5 日离开中国

C. 琼斯 2019 年 3 月 1 日来到中国，2019 年 12 月 1 日离开中国

D. 路易 2018 年 9 月 1 日来到中国，2019 年 5 月 1 日离开中国

16. 根据耕地占用税法律制度的规定，下列情形中，不缴纳耕地占用税的是(　　)。

A. 占用渔业水域滩涂建设海上乐园的

B. 占用林地修建木材集材道的

C. 占用养殖水面建设城市公园的

D. 占用耕地建设经济技术开发区的

17. 2019 年 10 月，甲广告公司从乙公司购入一处写字楼，支付不含增值税价款 500 万元。该写字楼乙公司账面原值 300 万元，已提折旧 75 万元。已知，契税税率为 4%。计算甲广告公司当月该笔业务应缴纳契税税额的下列算式中，正确的是(　　)。

A. 300×4% = 12（万元）

B. 500×4% = 20（万元）

C. [500-(300-75)]×4%=11(万元)

D. (300-75)×4%=9(万元)

18. 2019 年 10 月，甲卷烟厂向烟农收购烟叶一批，支付收购价款 800000 元、价外补贴 80000 元，已开具农产品收购发票。已知，烟叶税税率为 20%。计算甲卷烟厂当月该笔业务应缴纳烟叶税税额的下列算式中，正确的是(　　)。

A. 800000×20%=160000(元)

B. (800000+80000)×20%=176000(元)

C. (800000+80000)×(1+20%)=1056000(元)

D. (800000-80000)×20%=144000(元)

19. 2019 年 7 月，甲公司产生炉渣 400 吨，其中 80 吨贮存在符合国家和地方环境保护标准的设施中，100 吨综合利用且符合国家和地方环境保护标准，其余的直接倒弃于周边空地。已知，炉渣环境保护税税率为 25 元/吨。计算甲公司当月所产生炉渣应缴纳环境保护税税额的下列算式中，正确的是(　　)。

A. (400-80-100)×25=5500(元)

B. 400×25=10000(元)

C. (400-100)×25=7500(元)

D. (400-80)×25=8000(元)

20. 甲公司与刘某订立了 1 年期限劳动合同，刘某上班 2 个月后，不能胜任工作，经甲公司培训后仍不能胜任，甲公司欲解除与刘某的劳动合同，此时刘某已怀孕。下列关于甲公司解除与刘某劳动合同的表述中，正确的是(　　)。

A. 甲公司提前 30 日以书面形式通知刘某可解除劳动合同

B. 甲公司不得解除劳动合同

C. 甲公司可随时通知刘某而解除劳动合同

D. 甲公司额外支付刘某 1 个月工资后可解除劳动合同

21. 根据劳动合同法律制度的规定，下列情形中，用人单位可在劳动合同中约定由劳动者承担违约金的是(　　)。

A. 劳动者同时与其他用人单位建立劳动关系，对完成本单位的工作任务造成严重影响的

B. 劳动者严重失职，营私舞弊，给用人单位造成重大损害的

C. 劳动者违反服务期约定的

D. 劳动者不能胜任工作的

22. 根据社会保险法律制度的规定，参保人员跨统筹地区就业的，职工基本养老保险关系随本人转移，其缴费年限(　　)。

A. 中止计算　　B. 重新计算　　C. 累计计算　　D. 分段计算

23. 2018 年 2 月，张某首次就业到甲公司工作，并与甲公司共同缴纳失业保险费。2019 年 8 月，张某因甲公司解除其劳动合同失业，随即办理了失业登记和失业保险金领取手续。张某领取失业保险金的期限自办理失业登记之日起不得超过一定期限。该期限为(　　)。

A. 24 个月　　B. 6 个月　　C. 12 个月　　D. 18 个月

二、多项选择题（本类题共 10 小题，每小题 2 分，共 20 分。每小题备选答案中，有两个或两个以上符合题意的正确答案。请至少选择两个答案，全部选对得满分，少选得相应分值，多选、错选、不选均不得分。）

1. 郑某为支付甲公司货款，向银行申请签发了一张金额为 60 万元的银行汇票。甲公司受理该汇票应当审查的内容有(　　)。

A. 银行汇票和解讫通知是否齐全

B. 该银行汇票是否在提示付款期内

C. 收款人是否确为甲公司

D. 必须记载的事项是否齐全

2. 根据支付结算法律制度的规定，关于汇兑结算方式的下列表述中，正确的有(　　)。

A. 汇款人在银行开立存款账户的，在汇兑凭证上必须记载其账号

B. 汇款人对汇出银行尚未汇出的款项不得申请撤销

C. 单位和个人的款项结算，均可使用

D. 收款人在银行开立存款账户的，在汇兑凭证上必须记载其账号

3. 根据支付结算法律制度的规定，下列单位银行结算账户中，属于按用途分类的有(　　)。

A. 一般存款账户

B. 预算单位零余额账户

C. 专用存款账户

D. 基本存款账户

4. 根据增值税法律制度的规定，一般纳税人购进货物、服务取得的下列合法凭证中，属于增值税扣税凭证的有(　　)。

A. 农产品销售发票

B. 增值税专用发票

C. 注明旅客身份信息的国内航空运输电子客票行程单

D. 海关进口增值税专用缴款书

5. 根据消费税法律制度的规定，下列各项中，应缴纳消费税的有(　　)。

A. 批发销售外购的涂料　　B. 进口实木地板

C. 零售外购的珍珠饰品　　D. 销售自产鞭炮

6. 根据企业所得税法律制度的规定，下列各项中，属于长期待摊费用的有(　　)。

A. 固定资产的大修理支出

B. 融资租入固定资产的租赁费支出

C. 已足额提取折旧固定资产的改建支出

D. 经营租入固定资产的改建支出

7. 根据个人所得税法律制度的规定，下列情形中，纳税人应当依法办理纳税申报的有(　　)。

A. 取得应税所得，扣缴义务人未扣缴税款的

B. 因移居境外注销中国户籍的

C. 取得境外所得的

D. 取得应税所得没有扣缴义务人的

8. 根据税收征收管理法律制度的规定，下列各项中，属于纳税人权利的有(　　)。

A. 陈述权

B. 核定税款权

C. 税收监督权

D. 税收法律救济权

9. 根据劳动合同法律制度的规定，下列关于竞业限制的表述中，正确的有(　　)。

A. 竞业限制的人员限于用人单位的高级管理人员、高级技术人员和其他负有保密义务的人员

B. 竞业限制期限不得超过 2 年

C. 在竞业限制期限内用人单位应给予劳动者经济补偿

D. 劳动者违反竞业限制约定的，应当按照约定向用人单位支付违约金

10. 2019 年 11 月 1 日，甲公司向张某发出录用通知，11 月 6 日，张某到甲公司上班，截至 2019 年 12 月 31 日，甲公司一直未与张某签订劳动合同。关于甲公司未与张某签订书面劳动合同法律后果的下列表述中，正确的有(　　)。

A. 甲公司与张某之间视为自 2019 年 12 月 6 日起已订立无固定期限劳动合同

B. 甲公司应当与张某补订书面劳动合同

C. 甲公司与张某之间未建立劳动关系

D. 甲公司与张某之间的劳动关系自 2019 年 11 月 6 日起建立

三、判断题（本类题共 10 小题，每小题 1 分，共 10 分。请判断每小题的表述是否正确。每小题答题正确的得 1 分，错答、不答均不得分，也不扣分。）

1. 国务院发布的《企业财务会计报告条例》属于行政法规。(　　)

2. 对限制人身自由的行政强制措施不服提起的行政诉讼，由被告所在地或者原告所在地人民法院管辖。(　　)

3. 持票人申请办理商业汇票贴现，汇票必须未到期。(　　)

4. 单位一次性购买 1 万元以上的不记名预付卡，应当使用实名。（　　）
5. 职业培训机构开办考前培训班取得的收入，免征增值税。（　　）
6. 个体工商户业主的工资薪金支出，在计算个人所得税经营所得应纳税所得额时，准予扣除。（　　）
7. 转让国有土地使用权的行为，应征收土地增值税。（　　）
8. 甲公司委托施工企业建设一栋办公楼，从该办公楼建成之次月起缴纳房产税。（　　）
9. 收购单位支付个人款项时，由付款方向收款方开具发票。（　　）
10. 用人单位发生合并或者分立，原劳动合同自动终止。（　　）

四、不定项选择题（本类题共 12 小题，每小题 2 分，共 24 分。每小题备选答案中，有一个或一个以上符合题意的正确答案。每小题全部选对得满分，少选得相应分值，多选、错选、不选均不得分。）

（一）

甲鞋业公司为居民企业，主要从事运动鞋的生产和销售业务，2019 年度有关经营情况如下：

（1）取得运动鞋销售收入 8000 万元。

（2）转让一项制鞋技术的所有权，取得符合税收优惠条件的技术所有权转让收入 700 万元，发生与之相关的转让成本及税费 100 万元。

（3）取得国债利息收入 135 万元、W 石化公司债券利息收入 180 万元。

（4）直接向 Y 小学捐赠 10 万元；支付 Q 公司违约金 3 万元。

（5）发生符合条件的广告费和业务宣传费支出 1500 万元。

已知：广告费和业务宣传费支出，不超过当年销售（营业）收入 15%的部分，在计算企业所得税应纳税所得额时准予扣除。

要求：

根据上述资料，不考虑其他因素，分析回答下列小题。

1. 在计算甲鞋业公司 2019 年度企业所得税应纳税所得额时，下列收入中，应计入收入总额的是（　　）。

A. W 石化公司债券利息收入 180 万元

B. 国债利息收入 135 万元

C. 制鞋技术所有权转让收入 700 万元

D. 运动鞋销售收入 8000 万元

2. 在计算甲鞋业公司 2019 年度企业所得税应纳税所得额时，制鞋技术所有权转让所得应纳税调减的金额是（　　）万元。

A. 700　　B. 550

C. 100　　D. 500

3. 在计算甲鞋业公司 2019 年度企业所得税应纳税所得额时，下列收支中，应纳税调减的是(　　)。

A. 支付 Q 公司违约金 3 万元

B. 直接向 Y 小学捐赠 10 万元

C. W 石化公司债券利息收入 180 万元

D. 国债利息收入 135 万元

4. 在计算甲鞋业公司 2019 年度企业所得税应纳税所得额时，准予扣除的广告费和业务宣传费支出金额是(　　)万元。

A. 1247.25　　B. 1332　　C. 1352.25　　D. 1200

（二）

2019 年 9 月甲公司会计机构负责人张某因故离职，甲公司聘用王某担任会计机构负责人，与张某交接会计工作。

王某任职后，发现公司会计人员吴某负责出纳和会计档案保管；周某负责财产物资核算和成本费用核算；郑某负责财务成果核算和总账报表编制；李某负责往来核算和稽核。王某依照企业内部控制要求对相关人员进行了岗位调整，并向单位负责人孙某进行了汇报。

2019 年 11 月 5 日，周某依据职责对下列原始凭证进行了审核，并作出了相应处理：

序号	凭证类型	开具单位	项目	审核情况
1	限额领料单	甲公司仓储部门	领用材料	记载内容不准确
2	增值税专用发票	乙公司	购进办公用品	品名及金额错误
3	入库单	甲公司仓储部门	材料入库	记载内容不完整
4	火车票	中国国家铁路集团有限公司	交通费	审核无误

要求：

根据上述资料，不考虑其他因素，分析回答下列小题。

1. 关于张某和王某工作交接的下列表述中，正确的是(　　)。

A. 张某和王某交接工作应由孙某监交

B. 张某、王某和监交人应在移交清册上签名或者盖章

C. 张某对需要移交的遗留问题，应当写出书面材料

D. 王某应按移交清册逐项核对点收

2. 王某的下列资历中，符合会计机构负责人任职资格要求的是(　　)。

A. 具有 2 年会计工作经历

B. 具有经济师专业技术职务资格

C. 具有税务师职业资格

D. 具有会计师专业技术职务资格

3. 甲公司会计人员的下列岗位设置中，王某应予以调整的是(　　)。

A. 郑某兼任财务成果核算和总账报表编制

B. 吴某兼任出纳和会计档案保管

C. 周某兼任财产物资核算和成本费用核算

D. 李某兼任往来核算和稽核

4. 周某对原始凭证作出的下列处理措施中，正确的是(　　)。

A. 将3号凭证退回经办人，要求补充

B. 对4号凭证予以受理

C. 将2号凭证退回经办人，要求乙公司重开

D. 对1号凭证予以接受，对不准确的项目自行更正，并在更正处加盖印章

（三）

W县甲葡萄酒公司为增值税一般纳税人，主要从事葡萄酒的生产和销售业务。2019年10月有关经营情况如下：

（1）以自产100箱M品牌葡萄酒换入酿酒设备，该M品牌葡萄酒生产成本1130元/箱，含增值税平均单价2034元/箱，含增值税最高单价2486元/箱。

（2）向W县自设非独立核算门市部移送500箱自产N品牌葡萄酒，该N品牌葡萄酒含增值税出厂价1695元/箱；该门市部对外销售400箱，含增值税单价3390元/箱。

（3）受托为乙公司加工Z品牌葡萄酒，收取含增值税加工费40680元；乙公司提供原材料成本720000元，甲葡萄酒公司无同类葡萄酒销售价格。

已知：销售葡萄酒增值税税率为13%，消费税税率为10%；销售劳务增值税税率为13%。

要求：

根据上述资料，不考虑其他因素，分析回答下列小题。

1. 计算甲葡萄酒公司当月以自产M品牌葡萄酒换入酿酒设备应缴纳消费税税额的下列算式中，正确的是(　　)。

A. 100×1130×10%＝11300（元）

B. 100×1130×（1+10%）×10%＝12430（元）

C. 100×2034÷（1+13%）×10%＝18000（元）

D. 100×2486÷（1+13%）×10%＝22000（元）

2. 计算甲葡萄酒公司当月N品牌葡萄酒应缴纳消费税税额的下列算式中，正确的是(　　)。

A. 500×3390÷（1+13%）×10%＝150000（元）

B. 400×3390÷（1+13%）×10%＝120000（元）

C. （500×1695+400×3390）×10%＝220350（元）

D. 500×1695×10%＝84750（元）

3. 计算甲葡萄酒公司当月受托加工 Z 品牌葡萄酒应代收代缴消费税税额的下列算式中，正确的是(　　)。

A. （720000+40680）÷（1−10%）×10%＝84520（元）

B. ［720000×（1+10%）+40680÷（1+13%）］×10%＝82800（元）

C. ［720000+40680÷（1+13%）］÷（1−10%）×10%＝84000（元）

D. ［720000+40680÷（1+13%）］×10%＝75600（元）

4. 甲葡萄酒公司当月发生的下列业务中，应缴纳增值税的是(　　)。

A. 受托加工 Z 品牌葡萄酒

B. 以自产 M 品牌葡萄酒换入酿酒设备

C. 门市部对外销售 N 品牌葡萄酒

D. 向 W 县自设非独立核算门市部移送自产 N 品牌葡萄酒

2019 年会计专业技术资格考试
《经济法基础》试题（1）

一、单项选择题（本类题共 24 小题，每小题 1.5 分，共 36 分。每小题备选答案中，只有一个符合题意的正确答案。多选、错选、不选均不得分。）

1. 根据税收征收管理法律制度的规定，纳税人申请税务行政复议的法定期限是(　　)。

A. 在税务机关作出具体行政行为之日起 60 日内

B. 在知道税务机关作出具体行政行为之日起 60 日内

C. 在知道税务机关作出具体行政行为之日起 3 个月内

D. 在税务机关作出具体行政行为之日起 3 个月内

2. 2020 年 10 月甲企业向税务机关应缴纳增值税 30 万元，实际缴纳 20 万元，向税务机关应缴纳消费税 28 万元，实际缴纳 12 万元。已知教育费附加征收比率为 3%。计算甲企业当月应缴纳教育费附加的下列算式中，正确的是(　　)。

A. （30+28）×3%＝1.74（万元）

B. （20+12）×3%＝0.96（万元）

C. 30×3%＝0.9（万元）

D. 28×3%＝0.84（万元）

3. 甲公司为增值税一般纳税人，2019 年 9 月进口货物一批，海关审定的关税完税价格为 113 万元。已知，增值税税率为 13%，关税税率为 10%。计算甲公司当月该笔业务应缴纳增值税税额的下列算式中，正确的是(　　)。

A. 113÷（1+13%）×13%＝13（万元）

B. 113×（1+10%）÷（1+13%）×13%＝14.3（万元）

C. 113×13%＝14.69（万元）

D. 113×（1+10%）×13%＝16.159（万元）

4. 根据支付结算法律制度的规定，下列关于支票提示付款的表述中，正确的是(　　)。

A. 转账支票的提示付款期限为出票日起 1 个月

B. 出票人记载自己为收款人的，提示付款不予受理

C. 支票未记载收款人名称，可以提示付款

D. 现金支票仅限于收款人向付款人提示付款

5. 根据车船税法律制度的规定，下列各项中，属于非机动驳船计税依据的是(　　)。

A. 艇身长度　　B. 整备质量吨位数

C. 辆数　　D. 净吨位数

6. 甲公司职工吴某因违章操作给公司造成了8000元的经济损失，甲公司按照双方劳动合同的约定要求吴某赔偿，并每月从其工资中扣除。已知吴某月工资2600元，当地月最低工资标准2200元，甲公司每月可以从吴某工资中扣除的法定最高限额为(　　)。

A. 440元　　B. 2600元　　C. 400元　　D. 520元

7. 甲公司通过签订服务期协议，提供10万元专项培训费用将尚有4年劳动合同期限的职工刘某派出参加6个月的专业技术培训。双方约定，刘某培训结束后须在甲公司工作满5年，否则应向公司支付违约金，刘某培训结束工作2年时因个人原因向公司提出解除劳动合同。下列关于刘某服务期约定及劳动合同解除的表述中，正确的是(　　)。

A. 服务期约定因限制了刘某的自主择业权而无效

B. 双方不得在服务期协议中约定违约金

C. 刘某可以解除劳动合同，但甲公司有权要求其支付违约金

D. 5年服务期的约定因超过劳动合同剩余期限而无效

8. 根据会计法律制度的规定，注册会计师已经获取被审计单位充分、适当的审计证据作为形成审计意见的基础。但认为未发现的错报（如存在）对财务报表可能产生的影响重大且具有广泛性时，应发表的审计意见是(　　)。

A. 否定意见　　B. 无法表示意见

C. 无保留意见　　D. 保留意见

9. 根据支付结算法律制度的规定，下列关于票据权利时效的表述中，正确的是(　　)。

A. 持票人对银行汇票出票人的权利自出票日起2年

B. 持票人对前手的追索权自被拒绝承兑或拒绝付款之日起2年

C. 持票人对商业汇票承兑人的权利自到期日起1年

D. 持票人对支票出票人的权利自出票日起1年

10. 根据车辆购置税法律制度的规定，下列车辆中，不属于车辆购置税免税项目的是(　　)。

A. 外国驻华使馆的自用小汽车

B. 设有固定装置的非运输专用作业车辆

C. 城市公交企业购置的公共汽电车辆

D. 个人购买的经营用小汽车

11. 下列法律责任形式中，属于行政处罚的是(　　)。

A. 记过　　B. 罚款　　C. 降级　　D. 开除

12. 根据会计法律制度的规定，下列企业中，必须设置总会计师的是(　　)。

A. 国有大、中型企业　　B. 个人独资企业

C. 外商独资企业　　D. 普通合伙企业

13. 未在银行开立账户的 W 市退役军人事务局经批准在 P 银行开立了预算单位零余额账户。下列账户种类中，该零余额账户应按其管理的是(　　)。

A. 基本存款账户　　B. 一般存款账户

C. 临时存款账户　　D. 专用存款账户

14. 根据企业所得税法律制度的规定，符合条件的企业可以采取缩短折旧年限的方式计提固定资产折旧，但最低折旧年限不得低于税法规定折旧年限的一定比例，该比例为(　　)。

A. 30%　　B. 40%　　C. 50%　　D. 60%

15. 根据消费税法律制度的规定，下列应税消费品中，应当以纳税人同类应税消费品的最高销售价格作为计税依据计缴消费税的是(　　)。

A. 用于职工福利的自产高档化妆品

B. 用于广告宣传的自产白酒

C. 用于运输车队的自产柴油

D. 用于抵偿债务的自产小汽车

16. 甲企业为增值税一般纳税人，2020 年 8 月销售空调取得含增值税价款 610.2 万元，另收取包装物押金 5.65 万元，约定 3 个月内返还，当月确认逾期不予退还的包装物押金为 11.3 万元。已知增值税税率为 13%。计算甲企业当月上述业务增值税销项税额的下列算式中，正确的是(　　)。

A. （610.2+11.3）÷（1+13%）×13%=71.5（万元）

B. （610.2+5.65+11.3）÷（1+13%）×13%=72.15（万元）

C. （610.2+5.65+11.3）×13%=81.5295（万元）

D. （610.2+11.3）×13%=80.795（万元）

17. 根据支付结算法律制度的规定，下列关于银行承兑汇票通过票据市场基础设施提示付款的表述中，不正确的是(　　)。

A. 承兑人已于到期前进行付款确认的，票据市场基础设施应当根据承兑人的委托于提示付款日代承兑人发送指令划付资金至持票人资金账户

B. 持票人在提示付款期限内提示付款的，承兑人应在提示付款当日应答

C. 承兑人存在合法抗辩事由拒绝付款的，须在提示付款当日出具拒绝付款证明，并通过票据市场基础设施通知持票人

D. 承兑人在持票人提示付款后未在规定时间内应答的，视为同意付款

18. 根据企业所得税法律制度的规定，下列固定资产中，在计算企业所得税应纳税所得额时，准予计算折旧扣除的是(　　)。

A. 未投入使用的机器设备

B. 以经营租赁方式租入的机器设备

C. 已足额提取折旧仍继续使用的机器设备

D. 以融资租赁方式租入的机器设备

19. 2018年甲企业实现利润总额600万元，发生公益性捐赠支出62万元。上年度未在税前扣除完的符合条件的公益性捐赠支出12万元。已知公益性捐赠支出在年度利润总额12%以内的部分，准予扣除。计算甲企业2018年度企业所得税应纳税所得额时，准予扣除的公益性捐赠支出是(　　)万元。

A. 74　　B. 60　　C. 84　　D. 72

20. 根据房产税法律制度的规定，下列各项中，应缴纳房产税的是(　　)。

A. 国家机关自用的房产

B. 个人拥有的市区经营性用房

C. 名胜古迹自用的办公用房

D. 老年服务机构自用的房产

21. 根据企业所得税法律制度的规定，企业从事下列项目的所得，减半征收企业所得税的是(　　)。

A. 花卉种植　　B. 中药材种植

C. 谷物种植　　D. 蔬菜种植

22. 根据税收征收管理法律制度的规定，下列情形中，税务机关可以责令纳税人提供纳税担保的是(　　)。

A. 纳税人同税务机关在纳税上发生争议而未缴清税款，需要申请行政复议的

B. 纳税人按照规定应设置账簿而未设置

C. 纳税人开具与实际经营业务情况不符的发票

D. 纳税人对税务机关作出逾期不缴纳罚款加处罚款的决定不服，需要申请行政复议的

23. 根据契税法律制度的规定，下列各项中，属于契税纳税人的是(　　)。

A. 受让土地使用权的单位

B. 出租房屋的个人

C. 转让土地使用权的单位

D. 承租房屋的个人

24. 甲公司为增值税小规模纳税人，2020年10月销售自产葡萄酒，取得含增值税销售额

150174 元。已知，该增值税小规模纳税人减按 1% 征收率征收增值税，葡萄酒消费税税率为 10%。计算甲公司当月该笔业务应缴纳消费税税额的下列算式中，正确的是(　　)。

A. 150174÷（1+1%）×10%＝14868.71（元）

B. 150174×（1−10%）×10%＝13515.66（元）

C. 150174×10%＝15017.4（元）

D. 150174÷（1−10%）×10%＝16686（元）

二、多项选择题（本类题共 15 小题，每小题 2 分，共 30 分。每小题备选答案中，有两个或两个以上符合题意的正确答案。每小题全部选对得满分，多选、少选、错选、不选均不得分。）

1. 根据支付结算法律制度的规定，下列关于支票出票的表述中，正确的有(　　)。

A. 出票人不得在支票上记载自己为收款人

B. 出票人不得签发与其预留银行签章不符的支票

C. 支票上未记载付款行名称的，支票无效

D. 出票人签发的支票金额不得超过其付款时在付款人处实有的存款金额

2. 根据税收征收管理法律制度的规定，下列各项中，属于纳税申报方式的有(　　)。

A. 邮寄申报　　B. 数据电文申报

C. 自行申报　　D. 简易申报

3. 根据企业所得税法律制度的规定，下列行业中，不适用研究开发费用税前加计扣除政策的有(　　)。

A. 住宿和餐饮业　　B. 烟草制造业

C. 租赁和商务服务业　　D. 批发和零售业

4. 单位档案管理机构在接收电子会计档案时，应当对电子档案进行检测。下列各项中，属于应检测的内容有(　　)。

A. 安全性　　B. 准确性

C. 可用性　　D. 完整性

5. 根据土地增值税法律制度的规定，下列各项中，在计算土地增值税计税依据时，应列入房地产开发成本的有(　　)。

A. 前期工程费　　B. 公共配套设施费

C. 土地出让金　　D. 耕地占用税

6. 根据支付结算法律制度的规定，关于开立企业银行结算账户办理事项的下列表述中，正确的有(　　)。

A. 银行为企业开通非柜面转账业务，应当约定通过非柜面渠道向非同名银行账户转账的日累计限额

B. 注册地和经营地均在异地的企业申请开户，法定代表人可授权他人代理签订银行结算账户管理协议

C. 企业预留银行的签章可以为其财务专用章加其法定代表人的签名

D. 银企双方应当签订银行结算账户管理协议，明确双方的权利与义务

7. 根据个人所得税法律制度的规定，下列各项中，属于专项附加扣除的有（　　）。

A. 继续教育　　B. 子女抚养　　C. 赡养老人　　D. 子女教育

8. 根据增值税法律制度的规定，下列各项中，不征收增值税的有（　　）。

A. 物业管理单位代收的住宅专项维修资金

B. 被保险人获得的医疗保险赔付

C. 保险人取得的财产保险费收入

D. 物业管理单位收取的物业费

9. 根据增值税法律制度的规定，下列各项中，应按照“交通运输服务”税目计缴增值税的有（　　）。

A. 道路通行服务　　B. 湿租业务

C. 程租业务　　D. 期租业务

10. 根据会计法律制度的规定，下列各项中，属于会计报表的有（　　）。

A. 现金流量表　　B. 利润表　　C. 资产负债表　　D. 审计报告

11. 下列自然人中，属于限制民事行为能力人的有（　　）。

A. 杨某，13周岁，系大学少年班在校大学生

B. 范某，20周岁，有精神障碍，不能辨认自己的行为

C. 孙某，7周岁，不能辨认自己的行为

D. 周某，15周岁，系体操队专业运动员

12. 根据劳动合同法律制度的规定，下列关于无效劳动合同的表述中，正确的有（　　）。

A. 无效劳动合同，从订立时起就没有法律约束力

B. 劳动合同部分无效，不影响其他部分效力的，其他部分仍然有效

C. 劳动合同被确认无效，劳动者已付出劳动的，用人单位应当向劳动者支付劳动报酬

D. 劳动合同被确认无效，给对方造成损害的，有过错的一方应当承担赔偿责任

13. 根据支付结算法律制度的规定，下列事项中，签发汇兑凭证必须记载的有（　　）。

A. 委托日期　　B. 收款人名称

C. 汇款人签章　　D. 确定的金额

14. 根据企业所得税法律制度的规定，下列各项中，在计算企业所得税应纳税所得额时，不得扣除的有（　　）。

A. 诉讼费用　　B. 罚金　　C. 税收滞纳金　　D. 罚款

15. 根据消费税法律制度的规定，下列各项中，属于消费税征税范围的有（　　）。

A. 黄酒　　B. 调味料酒　　C. 白酒　　D. 啤酒

三、判断题（本类题共 10 小题，每小题 1 分，共 10 分。请判断每小题的表述是否正确。每小题答题正确的得 1 分，答题错误的扣 0.5 分，不答题的不得分也不扣分。本类题最低得分为零分。）

1. 没有字号的个体工商户开立银行结算账户，其预留银行签章中公章或财务专用章应是“个体户”字样加营业执照上载明的经营者的签字或盖章。（　　）
2. 新入学大学生开立用于缴纳学费的个人银行结算账户，可由所在大学代理办理。（　　）
3. 纳税人购置新建商品房，自房屋交付使用当月起，缴纳城镇土地使用税。（　　）
4. 从事会计工作 2 年且具有助理会计师专业技术职务资格人员，可担任单位会计机构负责人。（　　）
5. 以货币资金投资收取的固定利润或者保底利润，应按照“租赁服务”税目计缴增值税。（　　）
6. 民事诉讼中，被告住所地与经常居住地不一致的，由被告住所地人民法院管辖。（　　）
7. 个体工商户享受减税、免税待遇的，在减税、免税期间应当按照规定办理纳税申报。（　　）
8. 参加基本养老保险的个人，在未达到法定退休年龄时因病或非因工致残完全丧失劳动能力的，可以领取病残津贴。（　　）
9. 在计算企业所得税应纳税所得额时，利息收入按照债务人实际支付利息的日期确认收入的实现。（　　）
10. 代理记账机构可以接受委托人的委托对外提供财务会计报告。（　　）

四、不定项选择题（本类题共 12 小题，每小题 2 分，共 24 分。每小题备选答案中，有一个或一个以上符合题意的正确答案。每小题全部选对得满分，少选得相应分值，多选、错选、不选均不得分。）

（一）

中国公民陈某为国内某大学教授，2019 年 1~4 月有关收支情况如下：

（1）1 月转让一套住房，取得含增值税销售收入 945000 元，该套住房原值 840000 元，系陈某 2018 年 8 月购入，本次转让过程中，发生合理费用 5000 元。

（2）2 月获得当地教育部门颁发的区（县）级教育方面的奖金 10000 元。

（3）3 月转让从公开发行市场购入的上市公司股票 6000 股，取得股票转让所得 120000 元。

（4）4 月在甲电信公司购话费获赠价值 390 元的手机一部；获得乙保险公司给付的保险赔款 30000 元。

假设陈某 2019 年其他收入及相关情况如下：

（1）工资、薪金所得 190000 元，专项扣除 40000 元。

（2）劳务报酬所得 8000 元，稿酬所得 5000 元。

已知：财产转让所得个人所得税税率为 20%；个人将购买不足 2 年的住房对外销售的，按照 5% 的征收率全额缴纳增值税。综合所得，每一纳税年度减除费用 60000 元；劳务报酬所得、稿酬所得以收入减除 20% 的费用后的余额为收入额；稿酬所得的收入额减按 70% 计算。

个人所得税税率表

（综合所得适用）

级数	全年应纳税所得额	税率（%）	速算扣除数（元）
1	不超过 36000 元的部分	3	0
2	超过 36000 元至 144000 元的部分	10	2520
3	超过 144000 元至 300000 元的部分	20	16920
4	超过 300000 元至 420000 元的部分	25	31920
……	……	……	……

要求：

根据上述资料，不考虑其他因素，分析回答下列小题。

1. 计算陈某 1 月转让住房应缴纳增值税税额的下列算式中，正确的是(　　)。

A. 945000÷（1+5%）×5%＝45000（元）

B. 945000×5%＝47250（元）

C.（945000−840000）÷（1+5%）×5%＝5000（元）

D.（945000−840000）×5%＝5250（元）

2. 计算陈某 1 月转让住房应缴纳个人所得税税额的下列算式中，正确的是(　　)。

A.（945000−840000）×20%＝21000（元）

B.［945000÷（1+5%）−840000−5000］×20%＝11000（元）

C.（945000−840000−5000）×20%＝20000（元）

D.［945000÷（1+5%）−840000］×20%＝12000（元）

3. 陈某的下列所得中，不缴纳个人所得税的是(　　)。

A. 获得的保险赔款 30000 元

B. 获赠价值 390 元的手机

C. 区（县）级教育方面的奖金 10000 元

D. 股票转让所得 120000 元

4. 计算陈某 2019 年综合所得应缴纳个人所得税税额的下列算式中，正确的是(　　)。

A. （190000－60000－40000）×10%－2520＋8000×（1－20%）×3%＋5000×70%×3%＝6777（元）

B. （190000－60000－40000）×10%－2520+8000×（1－20%）×3%+5000×（1－20%）×70%×3%＝6756（元）

C. ［190000+8000×（1－20%）+5000×（1－20%）×70%－60000－40000］×10%－2520＝7400（元）

D. （190000+8000+5000×70%－60000－40000）×10%－2520＝7630（元）

（二）

甲公司为增值税一般纳税人，主要从事彩电的生产与销售业务。2019 年 8 月有关经营情况如下：

（1）销售 M 型彩电，取得含增值税价款 6780000 元，另收取包装物租金 56500 元。

（2）采取以旧换新方式销售 N 型彩电 500 台，N 型彩电同期含增值税销售单价 4520 元/台，旧彩电每台折价 316.4 元。

（3）购进生产用液晶面板，取得增值税专用发票注明税额 390000 元。

（4）购进劳保用品，取得增值税普通发票注明税额 300 元。

（5）购进一辆销售部门和职工食堂混用的货车，取得税控机动车销售统一发票注明税额 78000 元。

（6）组织职工夏季旅游，支付住宿费，取得增值税专用发票注明税额 1200 元。

（7）将自产 Z 型彩电无偿赠送给某医院 150 台，委托某商场代销 800 台，作为投资提供给某培训机构 400 台；购进 50 台电脑奖励给业绩突出的职工。

已知：增值税税率为 13%。

要求：

根据上述资料，不考虑其他因素，分析回答下列小题。

1. 计算甲公司当月销售 M 型彩电增值税销项税额的下列算式中，正确的是(　　)。

A. （6780000+56500）÷（1+13%）×13%＝786500（元）

B. 6780000÷（1+13%）×13%＝780000（元）

C. 6780000×13%＝881400（元）

D. （6780000+56500）×13%＝888745（元）

2. 计算甲公司当月采取以旧换新方式销售 N 型彩电增值税销项税额的下列算式中，正确的是(　　)。

A. 500×［4520÷（1+13%）－316.4］×13%＝239434（元）

B. 500×（4520－316.4）÷（1+13%）×13%＝241800（元）

C. 500×4520÷（1+13%）×13%＝260000（元）

D. 500×（4520－316.4）×13%＝273234（元）

3. 甲公司的下列进项税额中，准予从销项税额中抵扣的是(　　)。

A. 支付住宿费的进项税额 1200 元

B. 购进货车的进项税额 78000 元

C. 购进劳保用品的进项税额 300 元

D. 购进生产用液晶面板的进项税额 390000 元

4. 甲公司的下列业务中，属于增值税视同销售货物行为的是(　　)。

A. 将自产的 800 台 Z 型彩电委托某商场代销

B. 将自产的 400 台 Z 型彩电作为投资提供给某培训机构

C. 将购进的 50 台电脑奖励给业绩突出的职工

D. 将自产的 150 台 Z 型彩电无偿赠送给某医院

（三）

2017 年 7 月 31 日，甲公司录用周某担任出纳，双方口头约定了 2 年期劳动合同，试用期 2 个月，月工资 3500 元，公司在试用期间可随时解除合同；试用期满考核合格，月工资提高至 4000 元，如考核不合格，再延长试用期 1 个月。2017 年 9 月 15 日，双方签订了书面劳动合同。2017 年 9 月 30 日，因未通过公司考核，周某试用期延长 1 个月。

因甲公司连续 2 个月无故拖欠劳动报酬，2018 年 6 月 1 日，周某单方面解除了劳动合同并向当地劳动争议仲裁机构申请仲裁，该机构作出终局裁决。

已知：甲公司实行标准工时制，当地月最低工资标准为 2000 元。

要求：

根据上述资料，不考虑其他因素，分析回答下列小题。

1. 甲公司与周某对试用期的下列约定中，符合法律规定的是(　　)。

A. 试用期 2 个月

B. 试用期满周某考核不合格，再延长 1 个月试用期

C. 试用期月工资 3500 元

D. 试用期内甲公司可随时解除劳动合同

2. 因甲公司无故拖欠劳动报酬，周某单方面解除劳动合同采取的方式是(　　)。

A. 应提前 30 日书面通知甲公司而解除

B. 可随时通知甲公司而解除

C. 应提前 3 日通知甲公司而解除

D. 不需通知甲公司即可解除

3. 周某申请劳动仲裁要求甲公司支付的下列各项款项中，符合法律规定的是(　　)。

A. 未及时签订书面劳动合同的 2 倍工资

B. 拖欠的劳动报酬

C. 解除劳动合同的经济补偿

D. 试用期赔偿金

4. 对该劳动争议终局裁决的下列表述中，正确的是(　　)。

A. 对该终局裁决不服，甲公司和周某均不得提起诉讼

B. 该终局裁决自作出之日起生效

C. 对该终局裁决不服，甲公司有权提起诉讼

D. 对该终局裁决不服，周某有权提起诉讼

2019 年会计专业技术资格考试《经济法基础》试题（2）

一、单项选择题（本类题共 24 小题，每小题 1.5 分，共 36 分。每小题备选答案中，只有一个符合题意的正确答案。多选、错选、不选均不得分。）

1. 根据民事法律制度的规定，下列情形中，能够引起诉讼时效中止的是(　　)。

A. 权利人申请仲裁的

B. 权利人向义务人提出履行请求的

C. 不可抗力

D. 义务人同意履行义务的

2. 根据税收征收管理法律制度的规定，下列关于纳税申报的表述中，正确的是(　　)。

A. 纳税人享受减税待遇的，在减税期间无须办理纳税申报

B. 纳税人在纳税期内没有应纳税款的，也应当按照规定办理纳税申报

C. 纳税人享受免税待遇的，在免税期间无须办理纳税申报

D. 经核准延期办理纳税申报的，在纳税期内无须预缴税款

3. 2019 年 3 月张某购买福利彩票取得一次中奖收入 20000 元，将其中 5000 元通过国家机关向农村义务教育捐赠。已知，偶然所得个人所得税税率为 20%。计算张某中奖收入应缴纳个人所得税税额的下列算式中，正确的是(　　)。

A. （20000−5000）×20%＝3000（元）

B. 20000×20%＝4000（元）

C. 20000×（1−20%）×20%＝3200（元）

D. （20000−5000）×（1−20%）×20%＝2400（元）

4. 2018 年 12 月 31 日，甲公司与孙某的劳动合同期满，甲公司不再与其续订。已知孙某在甲公司工作年限为 5 年，劳动合同终止前 12 个月的平均工资为 13000 元，甲公司所在地上年度职工月平均工资为 4000 元，当地月最低工资标准为 2000 元。劳动合同终止时，甲公司依法应向孙某支付的经济补偿数额为(　　)。

A. 10000 元　　B. 65000 元　　C. 20000 元　　D. 60000 元

5. 根据消费税法律制度的规定，下列关于消费税纳税义务发生时间的表述中，正确的是(　　)。

A. 采取托收承付方式的，为合同约定的收款日期的当天

B. 采取分期收款结算方式的，为收讫销售款的当天

C. 采取预收货款结算方式的，为收到预收款的当天

D. 委托加工应税消费品的，为纳税人提货的当天

6. 2018 年甲公司房产原值 8000 万元，已提折旧 5000 万元。已知房产税从价计征税率为 1.2%；房产原值的减除比例为 30%。计算甲公司 2018 年应缴纳房产税税额的下列算式中，正确的是(　　)。

A. 8000×1.2%＝96（万元）

B. （8000−5000）×（1−30%）×1.2%＝25.2（万元）

C. 8000×（1−30%）×1.2%＝67.2（万元）

D. （8000−5000）×1.2%＝36（万元）

7. 根据增值税法律制度的规定，下列行为中，属于视同销售货物行为的是(　　)。

A. 甲商贸公司将外购的矿泉水用于交际应酬

B. 乙超市将外购的洗衣粉作为集体福利发给员工

C. 丙玩具厂将自产的玩具无偿赠送给福利院

D. 丁服装厂将外购的面料用于生产服装

8. 根据支付结算法律制度的规定，下列关于银行本票的表述中，正确的是(　　)。

A. 银行本票见票即付

B. 超过提示付款期限，持票人向出票银行提示付款的，出票银行不受理

C. 银行本票一律不得用于支取现金

D. 银行本票一律不得背书转让

9. 税务机关认定甲公司存在逃税行为，甲公司按照规定补缴了增值税 100000 元、消费税 60000 元，同时缴纳罚款 80000 元、滞纳金 20000 元。已知教育费附加征收比率为 3%。计算甲公司应补缴教育费附加的下列算式中，正确的是(　　)。

A. （80000+20000）×3%＝3000（元）

B. （100000+60000+80000+20000）×3%＝7800（元）

C. （100000+60000）×3%＝4800（元）

D. （100000+60000+80000）×3%＝7200（元）

10. 甲公司依法安排职工吴某于 2018 年 11 月 9 日（周五）延长工作 2 小时，11 月 10 日（周六）加班 1 天，事后未安排其补休。已知甲公司实行标准工时制，吴某日工资 200 元。计算甲公司依法应支付吴某 11 月最低加班工资的下列算式中，正确的是(　　)。

A. 200÷8×150%×2+200×150%×1＝375（元）

B. 200÷8×200%×2+200×200%×1＝500（元）

C. 200÷8×200%×2+200×300%×1=700（元）

D. 200÷8×150%×2+200×200%×1=475（元）

11. 根据增值税法律制度的规定，一般纳税人发生应税销售行为向购买方收取的下列款项中，不并入销售额计算销项税额的是(　　)。

A. 返还利润　　B. 补贴

C. 代收代缴的消费税　　D. 手续费

12. 2019年1月，张某出租一套住房，取得当月租金收入3800元，财产租赁过程中缴纳的税费152元，发生修缮费600元。已知个人出租住房暂减按10%的税率征收个人所得税；财产租赁所得，每次收入不超过4000元的，减除费用800元。计算张某当月租金收入应缴纳个人所得税税额的下列算式中，正确的是(　　)。

A. （3800−152−600−800）×10%=224.8（元）

B. （3800−800）×10%=300（元）

C. 3800×10%=380（元）

D. （3800−152−600）×10%=304.8（元）

13. 根据社会保险法律制度的规定，参加职工基本养老保险的个人，达到法定退休年龄时累计缴费满一定年限的，可按月领取基本养老金。该年限为(　　)。

A. 10年　　B. 15年　　C. 5年　　D. 12年

14. 会计档案的鉴定工作应由(　　)牵头组织进行。

A. 单位档案管理机构　　B. 单位会计管理机构

C. 单位审计机构　　D. 单位纪检监察机构

15. 2020年10月甲钢铁厂产生炉渣200吨，其中60吨贮存在符合国家和地方环境保护标准的设施中，100吨综合利用且符合国家和地方环境保护标准，其余的直接倒弃于周边空地。已知炉渣环境保护税税率为25元/吨。计算甲钢铁厂当月所产生炉渣应缴纳环境保护税税额的下列算式中，正确的是(　　)。

A. 200×25=5000（元）

B. （200−60−100）×25=1000（元）

C. （200−100）×25=2500（元）

D. （200−60）×25=3500（元）

16. 根据税收征收管理法律制度的规定，下列关于税务行政复议管辖的表述中，不正确的是(　　)。

A. 对税务局的稽查局的具体行政行为不服的，向其所属税务局申请行政复议

B. 对计划单列市税务局的具体行政行为不服的，向其所在省的省税务局申请行政复议

C. 对市辖区税务局的具体行政行为不服的，向市税务局申请行政复议

D. 对国家税务总局的具体行政行为不服的，向国家税务总局申请行政复议

17. 根据城镇土地使用税法律制度的规定，下列土地中，免征城镇土地使用税的是（　　）。

A. 市区公园内附设照相馆使用的土地

B. 县城水电站的发电厂房用地

C. 市政街道的公共用地

D. 盐场的生产厂房用地

18. 根据个人所得税法律制度的规定，纳税人取得经营所得，应在取得所得的次年一定日期前办理汇算清缴。该日期为（　　）。

A. 5 月 31 日　　B. 6 月 30 日

C. 3 月 31 日　　D. 4 月 15 日

19. 2019 年 8 月甲化妆品厂将一批自产的新型高档化妆品作为福利发放给员工，该批高档化妆品生产成本 34000 元，无同类高档化妆品销售价格。已知高档化妆品消费税税率为 15%，成本利润率为 5%。计算甲化妆品厂当月该笔业务应缴纳消费税税额的下列算式中，正确的是（　　）。

A. 34000×（1+5%）÷（1−15%）×15%＝6300（元）

B. 34000÷（1−15%）×15%＝6000（元）

C. 34000×15%＝5100（元）

D. 34000×（1+5%）×15%＝5355（元）

20. 根据支付结算法律制度的规定，下列关于票据背书效力的表述中，正确的是（　　）。

A. 背书人可以将票据金额部分背书转让给被背书人

B. 出票人记载“不得转让”字样的，票据不得背书转让

C. 背书人可以将票据金额转让给两个被背书人

D. 背书附有条件的，所附条件具有票据上的效力

21. 根据个人所得税法律制度的规定，下列各项中，应缴纳个人所得税的是（　　）。

A. 公务员王某取得的国债利息

B. 退役士兵张某取得的退役金

C. 退休职工林某取得的按国家统一规定发放的基本养老金

D. 教师李某获得的县人民政府为其颁发的优秀教师奖金

22. 根据劳动合同法律制度的规定，下列关于非全日制用工的表述中，不正确的是（　　）。

A. 非全日制用工劳动报酬结算支付周期最长不得超过 15 日

B. 非全日制用工小时计酬标准不得低于用人单位所在地最低小时工资标准

C. 用人单位终止非全日制用工，应向劳动者支付经济补偿

D. 非全日制用工双方当事人不得约定试用期

23. 根据印花税法律制度的规定，下列合同中，应征收印花税的是(　　)。

A. 金融机构与小型微型企业订立的借款合同

B. 农民销售自产农产品订立的买卖合同

C. 发电厂与电网之间签订的购售电合同

D. 代理单位与委托单位之间签订的委托代理合同

24. 甲公司职工赵某实际工作年限为6年，在甲公司工作年限为2年。根据社会保险法律制度的规定，赵某因患病住院治疗，其依法可享受的医疗期限为(　　)。

A. 3个月　　B. 6个月　　C. 9个月　　D. 12个月

二、多项选择题（本类题共15小题，每小题2分，共30分。每小题备选答案中，有两个或两个以上符合题意的正确答案。每小题全部选对得满分，多选、少选、错选、不选均不得分。）

1. 下列税种中，由税务局负责征收和管理的有(　　)。

A. 土地增值税　　B. 关税

C. 资源税　　D. 企业所得税

2. 根据会计法律制度的规定，企业和其他组织的下列会计档案中，应永久保管的有(　　)。

A. 年度财务报告　　B. 纳税申报表

C. 半年度财务报告　　D. 会计档案销毁清册

3. 根据社会保险法律制度的规定，失业人员在领取失业保险金期间，出现法定情形时，应停止领取失业保险金，并同时停止享受其他失业保险待遇。下列各项中，属于该法定情形的有(　　)。

A. 应征服兵役的　　B. 移居境外的

C. 重新就业的　　D. 享受基本养老保险待遇的

4. 根据劳动合同法律制度的规定，下列关于用人单位违法解除劳动合同法律后果的表述中，正确的有(　　)。

A. 用人单位支付了赔偿金的，不再支付经济补偿

B. 违法解除劳动合同赔偿金的计算年限自用工之日起计算

C. 劳动者要求继续履行且劳动合同可以继续履行的，用人单位应当继续履行

D. 劳动者不要求继续履行劳动合同的，用人单位应按经济补偿标准的2倍向劳动者支付赔偿金

5. 根据土地增值税法律制度的规定，下列行为中，应征收土地增值税的有（　　）。

A. 企业转让国有土地使用权

B. 政府出让国有土地使用权

C. 企业出售不动产

D. 个人出租不动产

6. 根据支付结算法律制度的规定，下列关于票据权利时效的表述中，正确的有（　　）。

A. 持票人对前手的追索权自被拒绝承兑或者拒绝付款之日起6个月

B. 持票人对商业汇票承兑人的权利自票据到期日起1年

C. 持票人对银行汇票出票人的权利自出票日起1年

D. 持票人对支票出票人的权利自出票日起6个月

7. 根据税收征收管理法律制度的规定，税务行政复议机构认为被审查的具体行政行为符合法定情形时，可以决定撤销、变更或者确认该具体行政行为违法，该法定情形有（　　）。

A. 主要事实不清，证据不足的

B. 适用依据错误的

C. 滥用职权的

D. 违反法定程序的

8. 根据个人所得税法律制度的规定，下列各项中，属于劳务报酬所得的有（　　）。

A. 个人因其作品以图书形式出版而取得的所得

B. 个人因任职受雇从上市公司取得的股票增值权所得

C. 证券经纪人从证券公司取得的佣金收入

D. 学生假期兼职取得的收入

9. 根据增值税法律制度的规定，下列各项中，免征增值税的有（　　）。

A. 婚姻介绍所提供婚姻介绍服务

B. 电信公司提供语音通话服务

C. 科研机构进口直接用于科学研究的仪器

D. 医疗机构提供医疗服务

10. 根据消费税法律制度的规定，下列情形中，属于消费税征税范围的有（　　）。

A. 甲服装厂生产销售服装

B. 乙汽车贸易公司进口小汽车

C. 丙烟草批发企业将卷烟销售给其他烟草批发企业

D. 丁商场零售金银首饰

11. 下列刑事责任形式中，属于主刑的有(　　)。

A. 拘役　　B. 驱逐出境

C. 无期徒刑　　D. 罚金

12. 根据劳动合同法律制度的规定，下列职工中，属于用人单位经济性裁员应优先留用的有(　　)。

A. 与本单位订立较短期限的固定期限劳动合同的

B. 家庭无其他就业人员，有需要扶养的老人或者未成年人的

C. 与本单位订立无固定期限劳动合同的

D. 与本单位订立较长期限的固定期限劳动合同的

13. 根据企业所得税法律制度的规定，下列固定资产中，在计算企业所得税应纳税所得额时不得计算折旧扣除的有(　　)。

A. 与经营活动无关的固定资产

B. 已足额提取折旧仍继续使用的固定资产

C. 未投入使用的房屋

D. 以融资租赁方式租出的固定资产

14. 下列各项中，属于甲公司内部会计监督主体的有(　　)。

A. 甲公司债权人　　B. 甲公司纪检部门

C. 甲公司会计机构　　D. 甲公司会计人员

15. 根据企业所得税法律制度的规定，企业取得的下列收入中，属于货币形式的有(　　)。

A. 存货　　B. 债务的豁免

C. 应收账款　　D. 现金

三、判断题（本类题共10小题，每小题1分，共10分。请判断每小题的表述是否正确。每小题答题正确的得1分，答题错误的扣0.5分，不答题的不得分也不扣分。本类题最低得分为零分。）

1. 会计账簿应当按照连续编号的页码顺序登记。(　　)
2. 土地承包经营权和土地经营权的转移应征收契税。(　　)
3. 根据国家指令无偿提供用于公益事业的铁路运输服务，应征收增值税。(　　)
4. 付款人承兑汇票可以附有条件。(　　)
5. 企业职工因公出差乘坐交通工具发生的人身意外保险费支出，准予企业在计算企业所得税应纳税所得额时扣除。(　　)
6. 集体合同中劳动报酬和劳动条件等标准不得低于当地人民政府规定的最低标准。(　　)
7. 银行结算账户分为活期存款账户和定期存款账户两类。(　　)

8. 代理记账机构可以接受委托人的委托向税务机关提供税务资料。（　　）

9. 行政机关工作人员对本单位作出的奖惩决定不服提起行政诉讼，人民法院不予受理。（　　）

10. 依照法律、行政法规的规定纳税人可以不设置账簿的，税务机关有权核定其应纳税额。（　　）

四、不定项选择题（本类题共 12 小题，每小题 2 分，共 24 分。每小题备选答案中，有一个或一个以上符合题意的正确答案。每小题全部选对得满分，少选得相应分值，多选、错选、不选均不得分。）

（一）

甲商业银行为增值税一般纳税人，2018 年第二季度经营情况如下：

（1）提供贷款服务取得含增值税利息收入 6360 万元，支付存款利息 2862 万元，提供直接收费金融服务取得含增值税销售额 1272 万元。

（2）发生金融商品转让业务，金融商品卖出价 2289.6 万元，相关金融商品买入价 2120 万元；第一季度金融商品转让出现负差 58.3 万元。

（3）购进各分支行经营用设备一批，取得增值税专用发票注明税额 80 万元；购进办公用品，取得增值税专用发票注明税额 16 万元；购进办公用小汽车一辆，取得增值税专用发票注明税额 3.52 万元；购进用于职工福利的货物一批，取得增值税专用发票注明税额 0.32 万元。

（4）销售自己使用过的一批办公设备，取得含增值税销售额 10.506 万元；该批办公设备 2003 年购入，按固定资产核算。

已知：金融服务增值税税率为 6%；销售自己使用过的依法不得抵扣且未抵扣进项税额的固定资产，按照简易办法依照 3%征收率减按 2%征收增值税。

要求：

根据上述资料，不考虑其他因素，分析回答下列小题。

1. 计算甲商业银行第二季度贷款服务和直接收费金融服务增值税销项税额的下列算式中，正确的是（　　）。

A. （6360+1272）×6%＝457.92（万元）

B. （6360+1272）÷（1+6%）×6%＝432（万元）

C. （6360−2862+1272）÷（1+6%）×6%＝270（万元）

D. （6360−2862）÷（1+6%）×6%+1272×6%＝274.32（万元）

2. 计算甲商业银行第二季度金融商品转让增值税销项税额的下列算式中，正确的是（　　）。

A. （2289.6−58.3）÷（1+6%）×6%＝126.3（万元）

B. （2289.6−2120−58.3）÷（1+6%）×6%＝6.3（万元）

C. （2289.6−2120）×6%＝10.176（万元）

D. 2289.6÷（1+6%）×6%＝129.6（万元）

3. 甲商业银行的下列进项税额中，准予从销项税额中抵扣的是(　　)。

A. 购进各分支行经营用设备的进项税额 80 万元

B. 购进办公用品的进项税额 16 万元

C. 购进办公用小汽车的进项税额 3.52 万元

D. 购进用于职工福利的货物的进项税额 0.32 万元

4. 计算甲商业银行销售自己使用过的办公设备应缴纳增值税税额的下列算式中，正确的是(　　)。

A. 10.506÷（1+2%）×2%＝0.206（万元）

B. 10.506×2%＝0.21012（万元）

C. 10.506÷（1+3%）×2%＝0.204（万元）

D. 10.506÷（1+2%）×3%＝0.309（万元）

（二）

甲公司为居民企业，登记注册地在 W 市，企业所得税按季预缴。主要从事建筑材料生产和销售业务。2020 年有关经营情况如下：

（1）建筑材料销售收入 5000 万元，生产设备出租收入 60 万元，国债利息收入 1.5 万元，存款利息收入 0.8 万元，存货盘盈 0.2 万元。

（2）发生的合理的劳动保护费支出 2 万元，因生产经营需要向金融企业借款利息支出 3 万元，直接向某大学捐赠 1 万元，缴纳诉讼费用 1.7 万元。

（3）购置符合规定的安全生产专用设备一台，该设备投资额 600 万元，当年即投入使用。

（4）全年利润总额为 2800 万元。

已知：企业所得税税率为 25%。符合规定的安全生产专用设备的投资额的 10%可以从企业当年的应纳税额中抵免。

要求：

根据上述资料，不考虑其他因素，分析回答下列小题。

1. 甲公司的下列收入中，在计算 2020 年度企业所得税应纳税所得额时，应计入收入总额的是(　　)。

A. 存货盘盈 0.2 万元

B. 生产设备出租收入 60 万元

C. 国债利息收入 1.5 万元

D. 存款利息收入 0.8 万元

2. 甲公司的下列支出中，在计算 2020 年度企业所得税应纳税所得额时，不得扣除的是(　　)。

A. 直接向某大学捐赠 1 万元

B. 合理的劳动保护费支出 2 万元

C. 向金融企业借款利息支出 3 万元

D. 诉讼费用 1.7 万元

3. 计算甲公司 2020 年度企业所得税应纳税额的下列算式中，正确的是(　　)。

A. （2800-60-0.8+2+3-600）×25%×（1-10%）

B. （2800-1.5-0.2+1+1.7-600×10%）×25%

C. （2800-1.5+1）×25%-600×10%

D. （2800-1.5-0.8-0.2+3+1.7）×25%-600÷（1-10%）×10%

4. 下列关于甲公司 2020 年度企业所得税征收管理的表述中，正确的是(　　)。

A. 甲公司应向 W 市税务机关办理企业所得税纳税申报

B. 甲公司企业所得税 2020 纳税年度自 2020 年 6 月 1 日起至 2021 年 5 月 31 日止

C. 甲公司应当自 2020 年度终了之日起 5 个月内，向税务机关报送年度企业所得税纳税申报表，并汇算清缴，结清应缴应退税款

D. 甲公司按季预缴企业所得税，应当在每季度最后 15 日内办理纳税申报，预缴税款

（三）

2018 年 10 月，甲公司法定代表人王某在 P 银行为本公司开立了基本存款账户，同时本人在 P 银行申领一张借记卡。2018 年 11 月，甲公司在 Q 银行开立单位人民币卡账户并转入资金。2018 年 12 月，甲公司发生 4 笔业务，收到现金货款 2 万元、支付原材料采购款 6 万元、支付劳务费 4 万元、提取周转现金 1 万元。

已知：各账户存款余额充足。

要求：

根据上述资料，不考虑其他因素，分析回答下列小题。

1. 王某在 P 银行申请开立甲公司基本存款账户的下列事项中，正确的是(　　)。

A. 代表甲公司与 P 银行签订银行结算账户管理协议

B. 填写开户申请书

C. 在开户申请书上加盖甲公司公章

D. 向 P 银行出具甲公司营业执照

2. 甲公司通过 P 银行存款账户可以办理的业务是(　　)。

A. 提取现金 1 万元

B. 支付原材料采购款 6 万元

C. 存入现金货款 2 万元

D. 支付劳务费 4 万元

3. 王某使用其个人借记卡可以办理的业务是(　　)。

A. 在 ATM 机上一次性提取现金 5 万元

B. 购买 P 银行理财产品 10 万元

C. 存入甲公司的现金货款 2 万元

D. 在商场刷卡消费 1 万元

4. 下列关于甲公司 Q 银行账户的表述中，正确的是(　　)。

A. 可以从甲公司 P 银行存款账户转入资金 10 万元

B. 可以存入现金货款 2 万元

C. 可以转账支付劳务费 4 万元

D. 可以提取周转现金 1 万元

2019 年会计专业技术资格考试《经济法基础》试题（3）

一、单项选择题（本类题共 24 小题，每小题 1.5 分，共 36 分。每小题备选答案中，只有一个符合题意的正确答案。多选、错选、不选均不得分。）

1. 下列法律责任形式中，属于行政责任的是（　　）。

A. 吊销许可证　　B. 管制、拘役
C. 剥夺政治权利　　D. 驱逐出境

2. 根据民事诉讼法律制度的规定，下列法院中，对因港口作业纠纷提起的诉讼享有管辖权的是（　　）。

A. 原告与被告协议选择的人民法院　　B. 港口所在地人民法院
C. 被告住所地人民法院　　D. 原告住所地人民法院

3. 下列人员中，可以担任企业会计机构负责人的是（　　）。

A. 取得中级会计专业技术资格并从事会计工作 1 年 6 个月的张某
B. 中专毕业并从事会计工作 2 年 6 个月的刘某
C. 研究生毕业并从事会计工作 1 年的李某
D. 取得初级会计专业技术资格并从事会计工作 2 年的王某

4. 根据会计法律制度的规定，下列企业会计档案中，最低保管期限为 10 年的是（　　）。

A. 原始凭证　　B. 日记账
C. 总账　　D. 银行对账单

5. 根据会计法律制度的规定，下列各项中，不属于企业财务会计报告组成部分的是（　　）。

A. 年度财务预算　　B. 财务情况说明书
C. 会计报表附注　　D. 会计报表

6. 根据支付结算法律制度的规定，下列表述中，正确的是（　　）。

A. 背书未记载背书日期，背书无效　　B. 承兑未记载承兑日期，承兑无效
C. 保证未记载保证日期，保证无效　　D. 出票人未记载出票日期，票据无效

7. 根据支付结算法律制度的规定，下列关于银行卡分类的表述中，不正确的是（　　）。

A. 按是否具有透支功能分为信用卡和贷记卡

B. 按发行对象分为单位卡和个人卡

C. 按币种分为人民币卡和外币卡

D. 按信息载体分为磁条卡和芯片卡

8. 下列在发卡机构一次性购买预付卡的情形中，符合法律规定的是(　　)。

A. 李某未出示有效身份证件购买不记名预付卡5000元

B. 孙某使用现金购买记名预付卡60000元

C. 陈某使用POS机刷信用卡购买记名预付卡30000元

D. 赵某借用王某的身份证购买不记名预付卡20000元

9. 根据支付结算法律制度的规定，临时存款账户的有效期最长不得超过一定期限，该期限为(　　)。

A. 1年　　B. 10年　　C. 5年　　D. 2年

10. 根据社会保险法律制度的规定，下列关于职工基本养老保险个人账户的表述中，不正确的是(　　)。

A. 个人账户记账利息计征利息税

B. 参保职工死亡后，其个人账户中的余额可以全部依法继承

C. 个人账户不得提前支取

D. 职工按照国家规定缴纳的基本养老保险费记入个人账户

11. 根据消费税法律制度的规定，下列项目中不可以抵扣已纳税款的是(　　)。

A. 用外购已税烟丝继续加工成卷烟

B. 用自制的高档化妆品继续加工高档化妆品

C. 委托加工收回的已税木制一次性筷子继续加工木制一次性筷子

D. 委托加工收回的已税鞭炮继续加工鞭炮

12. 甲卷烟厂为增值税一般纳税人，2019年10月销售M型卷烟1000标准条，取得含增值税销售额90400元。已知卷烟增值税税率为13%，消费税比例税率为56%，定额税率为0.003元/支，每标准条200支卷烟。计算甲卷烟厂当月销售M型卷烟应缴纳消费税税额的下列算式中，正确的是(　　)。

A. 90400÷（1+13%）×56%=44800（元）

B. 90400÷（1+13%）×56%+1000×200×0.003=45400（元）

C. 90400×56%+1000×200×0.003=51224（元）

D. （90400+1000×200×0.003）×56%=50960（元）

13. 根据增值税法律制度的规定，下列各项中，应按照“现代服务”税目计缴增值税的是(　　)。

A. 经营租赁服务　　B. 融资性售后回租

C. 保险服务　　D. 文化体育服务

14. 甲公司向乙公司租赁2台起重机并签订租赁合同，合同注明起重机总价值为80万元，租期为2个月，每台每月租金2万元。已知租赁合同适用印花税税率为1‰，根据印花税法律制度的规定，甲公司和乙公司签订该租赁合同共计应缴纳印花税(　　)元。

A. 40　　B. 80　　C. 160　　D. 800

15. 2020年甲公司的房产原值为1000万元，已提折旧400万元。已知，从价计征房产税税率为1.2%，当地规定的房产原值扣除比例为30%。甲公司当年应缴纳房产税税额的下列算式中，正确的是(　　)。

A. （1000−400）×（1−30%）×1.2%=5.04（万元）

B. （1000−400）×1.2%=7.2（万元）

C. 1000×（1−30%）×1.2%=8.4（万元）

D. 1000×1.2%=12（万元）

16. 2020年9月甲公司进口一批货物，海关审定的成交价格为1100万元，货物运抵我国境内输入地点起卸前的运费96万元、保险费4万元。已知关税税率为10%。计算甲公司该笔业务应缴纳的关税税额的下列算式中，正确的是(　　)。

A. （1100+96+4）×10%=120（万元）　　B. （1100+4）×10%=110.4（万元）

C. 1100×10%=110（万元）　　D. （1100+96）×10%=119.6（万元）

17. 某居民个人卖房取得不含增值税收入160万元，该房产买入时的价格为120万元，转让时发生合理的税费0.5万元。已知，财产转让所得个人所得税税率为20%。下列计算个人所得税的算式正确的是(　　)。

A. （160−0.5）×20%　　B. 160×（1−20%）×20%

C. （160−120）×20%　　D. （160−120−0.5）×20%

18. 根据土地增值税法律制度的规定，下列各项中，属于土地增值税纳税人的是(　　)。

A. 出售房屋的企业　　B. 购买房屋的个人

C. 出租房屋的个人　　D. 购买房屋的企业

19. 根据个人所得税法律制度的规定，下列各项中，在计算个体工商户经营所得应纳税所得额时，可以从其收入总额中减除的是(　　)。

A. 税收滞纳金　　B. 非广告性赞助支出

C. 个人所得税税款　　D. 允许弥补的以前年度亏损

20. A洗衣机生产企业是增值税一般纳税人，2019年10月向某商场销售1000台A型洗衣机，出厂不含增值税单价为3500元/台，由于商场采购量大，给予其9%的商业折扣，并将销售额和折扣额在同一张发票（的金额栏）分别注明。已知，增值税税率为 13%。A 洗衣机生产企业当月该笔业务增值税销项税额的下列计算列式中，正确的是(　　)。

A. 3500×1000×13%

B. 3500×1000×（1−9%）×13%

C. 3500×1000×（1−9%）÷（1+13%）×13%

D. 3500×1000÷（1+13%）×13%

21. 甲商贸公司位于市区，实际占地面积为 5000 平方米，其中办公区占地 4000 平方米，生活区占地 1000 平方米。甲商贸公司还有一处位于农村的仓库，租给公安局使用，实际占地面积为 1500 平方米。已知城镇土地使用税适用税率为每平方米年税额 5 元。甲商贸公司全年应缴纳城镇土地使用税税额的下列算式中，正确的是(　　)。

A. 5000×5＝25000（元）　　B. （5000+1500）×5＝32500（元）

C. （4000+1500）×5＝27500（元）　　D. 4000×5＝20000（元）

22. 区别不同税种的重要标志是(　　)。

A. 纳税环节　　B. 税目　　C. 税率　　D. 征税对象

23. 根据税收征收管理法律制度的规定，从事生产、经营的纳税人应当自领取营业执照或者发生纳税义务之日起一定期限内，按照国家有关规定设置账簿，该期限是(　　)。

A. 10 日　　B. 15 日　　C. 7 日　　D. 30 日

24. 根据企业所得税法律制度的规定，下列关于收入确认时间的说法中，不正确的是(　　)。

A. 销售商品采用托收承付方式的，在办妥托收手续时确认收入

B. 销售商品采用预收款方式的，在发出商品时确认收入

C. 销售商品需要安装和检验的，在发出商品时确认收入

D. 销售商品采用支付手续费方式委托代销的，在收到代销清单时确认收入

二、多项选择题（本类题共 15 小题，每小题 2 分，共 30 分。每小题备选答案中，有两个或两个以上符合题意的正确答案。每小题全部选对得满分，多选、少选、错选、不选均不得分。）

1. 下列各项纠纷中，可以提请仲裁的有(　　)。

A. 合同纠纷　　B. 财产权益纠纷

C. 关于继承的纠纷　　D. 关于收养的纠纷

2. 下列各项工作中，出纳不得兼任的有(　　)。

A. 会计档案保管　　B. 稽核

C. 收入费用账目的登记工作　　D. 债权债务账目的登记工作

3. 根据会计法律制度的规定，下列各项中，属于会计专业职务的有（　　）。

A. 初级会计师　　B. 中级会计师

C. 高级会计师　　D. 注册会计师

4. 根据会计法律制度的规定，下列各项中，属于会计职业道德内容的有（　　）。

A. 坚持准则　　B. 客观公正　　C. 参与管理　　D. 廉洁自律

5. 根据支付结算法律制度的规定，下列关于票据提示付款期限的表述中，正确的有（　　）。

A. 银行本票的提示付款期限自出票日起最长 10 日

B. 银行汇票的提示付款期限自出票日起 10 日

C. 远期商业汇票的提示付款期限自到期日起 10 日

D. 支票的提示付款期限自出票日起 10 日

6. 根据劳动合同法律制度的规定，下列关于非全日制用工的表述中，正确的有（　　）。

A. 双方当事人任何一方都可以随时通知对方终止用工

B. 双方当事人可以约定试用期

C. 劳动报酬结算支付周期最长不得超过 15 日

D. 双方当事人可以订立口头协议

7. 根据社会保险法律制度的规定，职工出现伤亡的下列情形中，视同工伤的有（　　）。

A. 在工作时间和工作岗位，突发疾病在 48 小时内经抢救无效死亡的

B. 在抢险救灾等维护国家利益、公共利益活动中受到伤害的

C. 在工作时间和工作场所内，因履行工作职责受到暴力伤害的

D. 在工作时间和工作岗位，突发疾病死亡

8. 根据企业所得税法律制度的规定，下列依照中国法律在中国境内设立的企业，属于企业所得税纳税人的有（　　）。

A. 股份有限公司　　B. 有限责任公司

C. 国有独资公司　　D. 个人独资公司

9. 下列属于消费税纳税人的有（　　）。

A. 委托加工白酒的超市　　B. 进口白酒的贸易商

C. 商场销售白酒　　D. 生产白酒厂商

10. 根据增值税法律制度的规定，下列各项中，应按照“金融服务”税目计算缴纳增值税的有（　　）。

A. 转让外汇　　B. 融资性售后回租

C. 货币兑换服务　　D. 财产保险服务

11. 根据企业所得税法律制度的规定，下列各项不得计算折旧扣除的有(　　)。

A. 未投入使用的房屋、建筑物

B. 以经营租赁方式租入的固定资产

C. 以融资租赁方式租出的固定资产

D. 房屋、建筑物以外未投入使用的固定资产

12. 根据增值税法律制度的规定，下列各项中，符合条件的一般纳税人，可以选择简易计税方式的有(　　)。

A. 装卸搬运服务　　B. 公共交通运输服务

C. 文化体育服务　　D. 电影放映服务

13. 根据城市维护建设税法律制度的规定，下列关于城市维护建设税税收优惠的表述中，正确的有(　　)。

A. 对出口货物退还增值税、消费税的，应退还已缴纳的城市维护建设税

B. 对进口货物缴纳的增值税、消费税税额，不征收城市维护建设税

C. 对境外个人向境内销售服务缴纳的增值税税额，不征收城市维护建设税

D. 对境外单位向境内销售无形资产缴纳的增值税税额，不征收城市维护建设税

14. 根据个人所得税法律制度的规定，下列属于综合所得的有(　　)。

A. 工资、薪金所得　　B. 财产租赁所得

C. 劳务报酬所得　　D. 财产转让所得

15. 行政复议期间具体行政行为不停止执行，但是有(　　)的情形可以停止执行。

A. 复议机关认为需要停止执行的　　B. 申请人需要停止执行的

C. 被申请人认为需要停止执行的　　D. 法律规定停止执行的

三、判断题（本类题共10小题，每小题1分，共10分。请判断每小题的表述是否正确。每小题答题正确的得1分，答题错误的扣0.5分，不答题的不得分也不扣分。本类题最低得分为零分。）

1. 行政机关工作人员对本单位作出的行政处分决定不服向人民法院提起诉讼的，人民法院不予受理。(　　)
2. 因故意销毁会计凭证被依法追究刑事责任的会计人员，不得再从事会计工作。(　　)
3. 我国会计年度为每年公历的1月1日起至12月31日止。(　　)
4. 单位外币卡账户可以在境内存取外币现钞。(　　)
5. 原始凭证记载的各项内容均不得涂改。(　　)
6. 职工参加工伤保险，由用人单位和职工本人共同缴纳工伤保险费。(　　)
7. 居住在M市的李某将位于Y市的一处自有住房对外出租，李某应向M市税务机关申报缴纳

该处住房的房产税。（　　）

8. 个人销售自建自用住房，应缴纳增值税。（　　）

9. 企业按照国家有关法律规定宣告破产，企业职工从该破产企业取得的一次性安置费收入，免予征收个人所得税。（　　）

10. 行政复议决定书一经送达即发生法律效力。（　　）

四、不定项选择题（本类题共 12 小题，每小题 2 分，共 24 分。每小题备选答案中，有一个或一个以上符合题意的正确答案。每小题全部选对得满分，少选得相应分值，多选、错选、不选均不得分。）

（一）

孙某曾应聘在甲公司工作，试用期满后从事技术工作，2 年后跳槽至乙企业成为该企业的业务骨干。甲公司为实施新的战略，拟聘请孙某担任公司高管。经协商，双方签订了劳动合同，约定：

（1）劳动合同期限为 2 年，试用期为 3 个月；

（2）合同期满或因其他原因离职后，孙某在 3 年内不得从事与甲公司同类的业务工作，公司在孙某离职时一次性支付补偿金 10 万元。

在劳动合同期满前 1 个月时，孙某因病住院。3 个月后，孙某痊愈，到公司上班时，公司通知孙某劳动合同已按期终止，病休期间不支付工资，也不向其支付 10 万元补偿金。孙某同意公司不支付 10 万元补偿金，但要求公司延续劳动合同期至病愈，并支付病休期间的病假工资和离职的经济补偿。甲公司拒绝了孙某的要求，孙某随即进入同一行业的丙公司从事与甲公司业务相竞争的工作。甲公司认为孙某违反了双方在劳动合同中的竞业限制约定，应承担违约责任。

已知，孙某实际工作年限 12 年。

要求：

根据上述资料，不考虑其他因素，分析回答下列小题。

1. 对甲公司与孙某约定的劳动合同条款所作的下列判断中，正确的是（　　）。

A. 甲公司与孙某不应约定试用期

B. 甲公司与孙某可以约定试用期

C. 甲公司与孙某可以约定离职后不得从事同类行业

D. 甲公司与孙某约定离职后不得从事同类行业的时间超过法定最长期限

2. 孙某可以享受的法定医疗期是（　　）。

A. 1 个月　　B. 3 个月　　C. 6 个月　　D. 12 个月

3. 对劳动合同终止及孙某病休期间工资待遇的下列判断中，正确的是（　　）。

A. 孙某与公司约定的劳动合同期满时，劳动合同自然终止

B. 孙某与公司的劳动合同期限应延续至孙某病愈出院

C. 公司只需支付孙某劳动合同期满前1个月的病假工资

D. 公司应支付孙某3个月病休期间的病假工资

4. 对甲公司与孙某各自责任的下列判断中，符合法律规定的是(　　)。

A. 孙某应遵守竞业限制约定，承担违约责任

B. 竞业限制约定已失效，孙某不需要承担违约责任

C. 甲公司应支付孙某离职的经济补偿

D. 甲公司不需支付孙某离职的经济补偿

（二）

中国公民杨某2019年的有关收支情况如下：

（1）1月购买体育彩票，取得中奖收入20000元，购买体育彩票支出700元。

（2）2月获赠父母名下的住房一套。

（3）3月取得储蓄存款利息1500元；在乙商场购买空调，获赠价值280元的电饭锅一个；在丙公司累积消费达到规定额度，取得按消费积分反馈的价值100元的礼品。

（4）4月将一套商铺出租，取得当月租金6000元，缴纳相关税费720元。

（5）其他相关情况：2019年总计取得工资收入105600元，专项扣除20250元。杨某夫妇有个在上小学的孩子，子女教育专项附加扣除由杨某夫妇分别按扣除标准的50%扣除。

已知：财产租赁所得个人所得税税率为20%，财产租赁所得每次（月）收入在4000元以上的，减除20%的费用。综合所得，每一纳税年度减除费用60000元；子女教育专项附加扣除，按照每个子女每年12000元的标准定额扣除。

个人所得税税率表

（综合所得适用）

级数	全年应纳税所得额	税率（%）	速算扣除数（元）
1	不超过36000元的部分	3	0
2	超过36000元至144000元的部分	10	2520
3	超过144000元至300000元的部分	20	16920
4	超过300000元至420000元的部分	25	31920
……	……	……	……

要求：

根据上述资料，不考虑其他因素，分析回答下列小题。

1. 计算杨某1月体育彩票中奖收入应纳个人所得税税额的下列算式中，正确的是(　　)。

A. （20000－700）×20%＝3860（元）

B. 20000÷（1－20%）×20%＝5000（元）

C. （20000−700）÷（1−20%）×20%＝4825（元）

D. 20000×20%＝4000（元）

2. 杨某的下列所得中，不缴纳个人所得税的是(　　)。

A. 获赠父母名下住房一套

B. 取得储蓄存款利息 1500 元

C. 获赠乙商场价值 280 元的电饭锅

D. 获赠丙公司价值 100 元的礼品

3. 计算杨某 4 月出租商铺应缴纳个人所得税税额的下列算式中，正确的是(　　)。

A. （6000−720）×20%＝1056（元）

B. （6000−720）×（1−20%）×20%＝844.8（元）

C. 6000×（1−20%）×20%＝960（元）

D. 6000×20%＝1200（元）

4. 计算杨某 2019 年综合所得应纳个人所得税税额的下列算式中，正确的是(　　)。

A. （105600−60000−12000×2）×3%＝648（元）

B. （105600−60000−20250−12000）×3%＝400.5（元）

C. （105600−60000−20250−12000×50%）×3%＝580.5（元）

D. （105600−60000−12000）×3%＝1008（元）

（三）

甲企业主要从事高档化妆品的生产和销售业务，2019 年 12 月有关经营情况如下：

（1）销售自产 W 型高档化妆品一批，取得不含增值税销售额 203 万元，另收取包装费 1.13 万元。

（2）当月赠送自产的 Y 型高档化妆品一批，该批化妆品成本 8.5 万元，甲企业同类化妆品的平均销售价格确定的不含增值税金额为 17 万元。

（3）当月将闲置房产出租，合同约定每月含增值税租金 3.15 万元，本月一次性收取一年的租金 37.8 万元。

（4）购进生产用设备一台，取得增值税专用发票注明税额 13 万元；购进健身器材一批，用于职工福利，取得增值税专用发票注明税额 0.26 万元；支付企业招待客户餐饮费用，取得增值税普通发票注明税额 0.3 万元；支付员工出差住宿费用，取得增值税专用发票注明税额 0.6 万元。

已知：增值税税率为 13%，消费税税率为 15%；出租不动产选择简易计税方法，增值税征收率为 5%。

要求：

根据上述资料，不考虑其他因素，分析回答下列小题。

1. 计算甲企业当月销售自产W型高档化妆品应缴纳消费税税额的下列算式中，正确的是(　　)。

A. 203÷（1+13%）×15%

B. （203+1.13）÷（1+13%）×15%

C. [203+1.13÷（1+13%）]×15%

D. 203×13%

2. 计算甲企业当月赠送自产Y型高档化妆品增值税销项税额的下列算式中，正确的是(　　)。

A. 8.5×13%=1.105（万元）

B. 8.5÷（1−15%）×13%=1.3（万元）

C. 17÷（1−15%）×13%=2.6（万元）

D. 17×13%=2.21（万元）

3. 计算甲企业当月出租闲置房产应缴纳增值税税额的下列算式中，正确的是(　　)。

A. 3.15×5%=0.1575（万元）

B. 37.8÷（1+5%）×5%=1.8（万元）

C. 3.15÷（1+5%）×5%=0.15（万元）

D. 37.8×5%=1.89（万元）

4. 甲企业的下列进项税额中，不得从销项税额中抵扣的是(　　)。

A. 支付员工出差住宿费用的进项税额0.6万元

B. 购进生产用设备的进项税额13万元

C. 支付招待客户餐饮费用的进项税额0.3万元

D. 购进健身器材的进项税额0.26万元

2018 年会计专业技术资格考试《经济法基础》试题（1）

一、单项选择题（本类题共 24 小题，每小题 1.5 分，共 36 分。每小题备选答案中，只有一个符合题意的正确答案。多选、错选、不选均不得分。）

1. 根据消费税法律制度的规定，下列各项中，在零售环节加征消费税的是（　　）。

A. 超豪华小汽车　　B. 游艇

C. 电池　　D. 高档手表

2. 根据税收征收管理法律制度的规定，下列税款征收方式中，适用于纳税人财务制度不健全，生产经营不固定，零星分散、流动性大的税源的是（　　）。

A. 定期定额征收　　B. 查定征收

C. 查验征收　　D. 查账征收

3. 根据社会保险法律制度的规定，参加职工基本养老保险的个人，达到法定退休年龄时累计缴费满一定年限的，可按月领取基本养老金。该年限为（　　）。

A. 10 年　　B. 15 年　　C. 5 年　　D. 12 年

4. 下列法律责任形式中，不属于行政处分的是（　　）。

A. 罚款　　B. 撤职　　C. 记过　　D. 降级

5. 下列存款人开立的银行结算账户中，须经中国人民银行分支机构核准的是（　　）。

A. 乙公安局在银行开立的预算单位专用存款账户

B. 丙公司在银行开立的用于注册验资的临时存款账户

C. 张某在银行开立的个人 I 类银行账户

D. 甲公司在银行开立的一般存款账户

6. 根据企业所得税法律制度的规定，企业应当自纳税年度终了之日起一定期限内，向税务机关报送年度企业所得税纳税申报表。该期限为（　　）。

A. 4 个月　　B. 3 个月　　C. 6 个月　　D. 5 个月

7. 根据印花税法律制度的规定，下列各项中，不征收印花税的是（　　）。

A. 发电厂与电网之间签订的购售电合同

B. 以电子形式签订的购销合同

C. 建设工程勘察设计合同的分包合同

D. 企业与主管部门签订的租赁承包合同

8. 根据关税法律制度的规定，下列关税应纳税额计算方法中，关税税率随着进口商品价格的变动而反方向变动的是(　　)。

A. 从价税计算方法　　B. 复合税计算方法

C. 滑准税计算方法　　D. 从量税计算方法

9. 甲服装厂为增值税一般纳税人，2020 年 9 月将自产的 100 件新型羽绒服作为福利发给本厂职工，该新型羽绒服生产成本为每件 1130 元，增值税税率为 13%，成本利润率为 10%。计算甲服装厂当月该笔业务增值税销项税额的下列算式中，正确的是(　　)。

A. 100×1130×13%＝14690（元）

B. 100×1130×（1+10%）×13%＝16159（元）

C. 100×1130×（1+10%）÷（1+13%）×13%＝14300（元）

D. 100×1130÷（1+13%）×13%＝13000（元）

10. 甲电子公司 2020 年 9 月销售一批产品，含增值税价格为 45.2 万元，由于购买数量多，甲电子公司给予购买方 9 折优惠，销售额和折扣额在同一张发票“金额栏”内分别列示。已知，增值税税率为 13%。甲电子公司在计算企业所得税应纳税所得额时，应确认的产品销售收入为(　　)万元。

A. 36　　B. 40.68　　C. 40　　D. 45.2

11. 根据企业所得税法律制度的规定，下列各项中，在计算企业所得税应纳税所得额时，不得扣除的是(　　)。

A. 企业发生的合理的劳动保护支出

B. 企业发生的非广告性质赞助支出

C. 企业参加财产保险按照规定缴纳的保险费

D. 企业转让固定资产发生的费用

12. 根据劳动合同法律制度的规定，下列各项情形中，不能导致劳动合同终止的是(　　)。

A. 劳动者开始依法享受基本养老保险待遇的

B. 劳动者医疗期内遇劳动合同期满的

C. 劳动者达到法定退休年龄的

D. 劳动者被人民法院宣告死亡的

13. 甲公司为居民企业，2020 年度境内应纳税所得额 1000 万元。来源于 M 国的应纳税所得额 300 万元，已在 M 国缴纳企业所得税税额 60 万元。已知，企业所得税税率为 25%，甲公司 2020 年度应缴纳企业所得税税额的下列算式中，正确的是(　　)。

A. （1000+300）×25%-60=265（万元）

B. 1000×25%-60=190（万元）

C. 1000×25%=250（万元）

D. （1000+300）×25%=325（万元）

14. 根据资源税法律制度的规定，下列各项中，不属于资源税征税范围的是(　　)。

A. 开采的煤矿　　B. 开采的原油

C. 进口的人造石油　　D. 开采的天然气

15. 赵某，15 周岁，系甲省体操队专业运动员，月收入 3000 元，完全能够满足自己生活所需。下列关于赵某民事行为能力的表述中，正确的是(　　)。

A. 赵某视为完全民事行为能力人　　B. 赵某属于完全民事行为能力人

C. 赵某属于限制民事行为能力人　　D. 赵某属于无民事行为能力人

16. 根据支付结算法律制度的规定，电子承兑汇票付款期限自出票日至到期日不得超过一定期限，该期限为(　　)。

A. 6 个月　　B. 1 年　　C. 3 个月　　D. 2 年

17. 甲酒厂为增值税一般纳税人，2019 年 10 月销售白酒 50 吨，取得含增值税销售额 3390000 元。已知增值税税率为 13%，白酒消费税比例税率为 20%，从量税税率为 0.5 元/500 克。关于甲酒厂当月应缴纳消费税税额的下列算式中，正确的是(　　)。

A. 3390000×20%+50×2000×0.5=728000（元）

B. 3390000÷（1+13%）×20%+50×2000×0.5=650000（元）

C. 3390000×20%=678000（元）

D. 3390000÷（1+13%）×20%=600000（元）

18. 根据支付结算法律制度的规定，下列票据中，可以办理贴现的是(　　)。

A. 银行本票　　B. 银行承兑汇票

C. 转账支票　　D. 银行汇票

19. 根据契税法律制度的规定，下列各项中，属于契税征税范围的是(　　)。

A. 房屋典当　　B. 房屋出租

C. 房屋互换　　D. 房屋抵押

20. 根据车辆购置税法律制度的规定，下列各项车辆中，免征车辆购置税的是(　　)。

A. 个人购买自用的汽车

B. 个人受赠自用的排气量 200 毫升的摩托车

C. 外国驻华使馆购买自用的汽车

D. 企业自产自用的汽车

21. 根据增值税法律制度的规定，下列关于增值税纳税义务发生时间的表述中，不正确的是(　　)。

A. 进口货物，为报关进口的当天

B. 提供租赁服务采取预收款方式的，为收到预收款的当天

C. 采取托收承付和委托银行收款方式销售货物，为收到银行款项的当天

D. 从事金融商品转让的，为金融商品所有权转移的当天

22. 2016年7月10日，刘某到甲公司上班，公司自9月10日起一直拖欠其劳动报酬，直至2017年1月10日双方劳动关系终止。下列关于刘某申请劳动仲裁的期间的表述中，正确的是(　　)。

A. 应自2016年9月10日起1年内提出申请

B. 应自2016年9月10日起3年内提出申请

C. 应自2017年1月10日起1年内提出申请

D. 应自2016年7月10日起3年内提出申请

23. 按照规定甲公司最晚应于2017年5月15日缴纳应纳税款，甲公司迟迟未缴纳，主管税务机关责令其于当年6月30日前缴纳，并加收滞纳金，甲公司最终于7月14日缴纳税款。关于主管税务机关对甲公司加收滞纳金的起止时间的下列表述中，正确的是(　　)。

A. 2017年6月15日至2017年7月15日

B. 2017年6月30日至2017年7月15日

C. 2017年5月16日至2017年7月14日

D. 2017年7月1日至2017年7月14日

24. 张某于2014年1月首次就业后一直在甲公司工作，2019年张某可以享受的当年年休假天数为(　　)。

A. 0　　B. 10天　　C. 15天　　D. 5天

二、多项选择题（本类题共15小题，每小题2分，共30分。每小题备选答案中，有两个或两个以上符合题意的正确答案。每小题全部选对得满分，多选、少选、错选、不选均不得分。）

1. 根据税收征收管理法律制度的规定，下列各项中，属于税收保全措施的有(　　)。

A. 拍卖纳税人的价值相当于应纳税款的财产

B. 责令纳税人提供纳税担保

C. 书面通知纳税人开户银行冻结纳税人的金额相当于应纳税款的存款

D. 扣押纳税人的价值相当于应纳税款的商品

2. 根据支付结算法律制度的规定，关于票据权利时效的下列表述中，不正确的有（　　）。

A. 持票人在票据权利时效期间内不行使票据权利的，该权利丧失

B. 持票人对前手的追索权，自被拒绝承兑或被拒绝付款之日起3个月内不行使的，该权利丧失

C. 持票人对支票出票人的权利自出票日起3个月内不行使的，该权利丧失

D. 持票人对票据承兑人的权利自票据到期日起6个月内不行使的，该权利丧失

3. 根据增值税法律制度的规定，一般纳税人购进货物、服务取得的下列合法凭证中，属于增值税扣税凭证的有（　　）。

A. 农产品销售发票

B. 符合规定的国内旅客运输发票

C. 海关进口增值税专用缴款书

D. 税控机动车销售统一发票

4. 根据个人所得税法律制度的规定，个人取得的下列收入中，应按照“劳务报酬所得”计缴个人所得税的有（　　）。

A. 某职员取得的本单位优秀员工奖金

B. 某高校教师从任职学校领取的工资

C. 某工程师从非雇佣企业取得的咨询收入

D. 某经济学家从非雇佣企业取得的讲学收入

5. 根据环境保护税法律制度的规定，下列各项中，属于环境保护税征税范围的有（　　）。

A. 噪声　　B. 固体废物

C. 大气污染物　　D. 水污染物

6. 根据企业所得税法律制度的规定，下列支出中，可以在计算企业所得税应纳税所得额时加计扣除的有（　　）。

A. 安置残疾人员所支付的工资　　B. 广告费和业务宣传费

C. 研究开发费用　　D. 购置环保专用设备所支付的价款

7. 根据劳动合同法律制度的规定，下列关于无效劳动合同的表述中，正确的有（　　）。

A. 无效劳动合同，从订立时起就没有法律约束力

B. 劳动合同部分无效，不影响其他部分效力的，其他部分仍然有效

C. 劳动合同被确认无效，劳动者已付出劳动的，用人单位应当向劳动者支付劳动报酬

D. 劳动合同被确认无效，给对方造成损害的，有过错的一方应当承担赔偿责任

8. 根据增值税法律制度的规定，下列服务中，免征增值税的有（　　）。

A. 学生勤工俭学提供的服务

B. 火葬场提供的殡葬服务

C. 残疾人福利机构提供的育养服务

D. 婚姻介绍所提供的婚姻介绍服务

9. 根据民事法律制度的规定，在诉讼时效期间最后 6 个月内，造成权利人不能行使请求权的下列情形中，可以导致诉讼时效中止的有(　　)。

A. 继承开始后未确定继承人或者遗产管理人

B. 不可抗力

C. 限制民事行为能力人的法定代理人丧失民事行为能力

D. 无民事行为能力人没有法定代理人

10. 根据劳动合同法律制度的规定，下列情形中，用人单位应当向劳动者支付经济补偿的有(　　)。

A. 用人单位被依法宣告破产而终止劳动合同的

B. 由用人单位提出并与劳动者协商一致而解除劳动合同的

C. 固定期限劳动合同期满，用人单位维持或者提高劳动合同约定条件续订劳动合同，劳动者不同意续订的

D. 以完成一定工作任务为期限的劳动合同因任务完成而终止的

11. 根据社会保险法律制度的规定，下列人员中，属于工伤保险覆盖范围的有(　　)。

A. 个体工商户的雇工

B. 国有企业职工

C. 事业单位职工

D. 民办非企业单位职工

12. 根据支付结算法律制度的规定，下列关于办理汇兑业务的表述中，正确的有(　　)。

A. 汇款回单可以作为该笔汇款已转入收款人账户的证明

B. 汇兑凭证记载的汇款人、收款人在银行开立存款账户的，必须记载其账号

C. 汇款回单是汇出银行受理汇款的依据

D. 收账通知是银行将款项确已转入收款人账户的凭据

13. 根据支付结算法律制度的规定，下列关于办理支付结算基本要求的表述中，正确的有(　　)。

A. 结算凭证的金额以中文大写和阿拉伯数码同时记载，二者必须一致

B. 票据上出票金额、收款人名称不得更改

C. 票据的出票日期可以使用阿拉伯数码记载

D. 票据上的签章为签名、盖章或者签名加盖章

14. 根据企业所得税法律制度的规定，下列无形资产中，应当以该资产的公允价值和支付的相关税费为计税基础的有（　　）。

A. 接受捐赠取得的无形资产　　B. 通过债务重组取得的无形资产

C. 自行开发的无形资产　　D. 接受投资取得的无形资产

15. 根据消费税法律制度的规定，下列各项中，应缴纳消费税的有（　　）。

A. 生产销售高档化妆品　　B. 零售金银首饰

C. 进口高档手表　　D. 委托加工白酒

三、判断题（本类题共 10 小题，每小题 1 分，共 10 分。请判断每小题的表述是否正确。每小题答题正确的得 1 分，答题错误的扣 0.5 分，不答题的不得分也不扣分。本类题最低得分为零分。）

1. 劳动合同仅约定试用期没有约定劳动合同期限的，劳动合同无效。（　　）
2. 对终审民事判决，当事人不得上诉。（　　）
3. 增值税起征点的适用范围限于个人，且不适用于登记为一般纳税人的个体工商户。（　　）
4. 在中国境内无住所的约翰 2019 年 3 月 1 日来中国工作，直至 2019 年 12 月 31 日才离境，约翰为 2019 年度中国个人所得税的非居民个人。（　　）
5. 对国家税务总局的具体行政行为不服的，向国务院申请行政复议。（　　）
6. 产权未确定以及租典纠纷未解决的，暂不征收房产税。（　　）
7. 纳税人建造普通标准住宅出售，增值额超过扣除项目金额 20%的，应按全部增值额计算缴纳土地增值税。（　　）
8. 银行卡的发行机构对向持卡人收取的年费不得计收利息。（　　）
9. 存款人未清偿其开户银行债务的，也可以撤销该银行结算账户。（　　）
10. 经济纠纷案件当事人只能向纠纷发生地仲裁机构提请仲裁。（　　）

四、不定项选择题（本类题共 12 小题，每小题 2 分，共 24 分。每小题备选答案中，有一个或一个以上符合题意的正确答案。每小题全部选对得满分，少选得相应分值，多选、错选、不选均不得分。）

（一）

甲公司为增值税一般纳税人，主要提供餐饮、住宿服务。2019 年 8 月有关经营情况如下：

（1）提供餐饮、住宿服务取得含增值税收入 1431 万元。

（2）出租餐饮设备取得含增值税收入 28.25 万元，出租房屋取得含增值税收入 5.45 万元。

（3）提供车辆停放服务取得含增值税收入 10.9 万元。

（4）发生贷款利息支出合计 10 万元。

（5）支付技术咨询服务费，取得增值税专用发票注明税额 1.2 万元。

（6）购进卫生用具一批，取得增值税专用发票注明税额 1.3 万元。

（7）从农业合作社购进蔬菜，取得农产品销售发票注明买价100万元。

已知：有形动产租赁服务增值税税率为13%；不动产租赁服务增值税税率为9%；生活服务、现代服务（除有形动产租赁服务和不动产租赁服务外）增值税税率为6%；交通运输服务增值税税率为9%；农产品扣除率为9%。

要求：

根据上述资料，不考虑其他因素，分析回答下列小题。

1. 甲公司下列经营业务中，应按照“现代服务”税目计缴增值税的是（　　）。

A. 房屋租赁服务　　B. 住宿服务

C. 餐饮服务　　D. 餐饮设备租赁服务

2. 下列关于甲公司增值税进项税额抵扣的表述中，正确的是（　　）。

A. 购进蔬菜的进项税额准予抵扣

B. 购进卫生用具的进项税额准予抵扣

C. 贷款利息支出的进项税额准予抵扣

D. 支付技术咨询服务费的进项税额准予抵扣

3. 计算甲公司当月增值税销项税额的下列算式中，正确的是（　　）。

A. 餐饮设备出租收入的销项税额=28.25÷（1+13%）×13%=3.25（万元）

B. 餐饮、住宿收入的销项税额=1431÷（1+6%）×6%=81（万元）

C. 车辆停放收入的销项税额=10.9÷（1+9%）×9%=0.9（万元）

D. 房屋出租收入的销项税额=5.45÷（1+9%）×9%=0.45（万元）

4. 计算甲公司当月准予抵扣增值税进项税额的下列算式中，正确的是（　　）。

A. 10×6%+1.2+1.3+100×9%

B. 1.2+1.3+100×9%

C. 10×6%+1.2+1.3

D. 1.2+1.3

（二）

中国公民王某为境内甲公司技术人员。假设其2019年10月有关收支情况如下：

（1）取得基本工资、全勤奖金、效益奖金、加班补贴若干。

（2）提供维修服务，取得劳务报酬所得1500元，购买修理用工具支出200元。

（3）发表专业文章，取得稿酬所得5000元。

（4）持有境内A上市公司股票，取得股息6000元，该股票于当月转让，持有期限为5个月。

已知：利息、股息、红利所得个人所得税税率为20%。

要求：

根据上述资料，不考虑其他因素，分析回答下列小题。

1. 王某当月取得的下列所得中，应按照“工资、薪金所得”计缴个人所得税的是(　　)。

A. 效益奖金　　B. 基本工资

C. 全勤奖金　　D. 加班补贴

2. 有关王某提供维修服务取得的劳务报酬所得在计入综合所得应纳税所得额时的收入额，下列算式正确的是(　　)。

A. 1500×（1-20%）

B. （1500-200）×（1-20%）

C. 1500×（1-20%）×70%

D. （1500-200）×（1-20%）×70%

3. 有关王某当月发表专业文章的稿酬所得在计入综合所得应纳税所得额时的收入额，下列算式正确的是(　　)。

A. 5000×（1-20%）

B. 5000×（1-20%）×70%

C. （5000-800）×（1-20%）

D. （5000-800）×（1-20%）×70%

4. 有关王某当月取得 A 上市公司股息所得应缴纳个人所得税税额，下列算式正确的是(　　)。

A. 6000×50%×（1-20%）×20%＝480（元）

B. 6000×（1-20%）×20%＝960（元）

C. 6000×20%＝1200（元）

D. 6000×50%×20%＝600（元）

（三）

2017 年 1 月，甲公司一批会计档案保管期满，其中有尚未结清的债权债务会计凭证。甲公司档案管理机构请会计机构负责人张某及相关人员在会计档案销毁清册上签署意见，将该批会计档案全部销毁。

2017 年 9 月，出纳郑某调离，与接替其工作的王某办理了会计工作交接。

2017 年 12 月，为完成利润指标，会计机构负责人张某采取虚增营业收入等方法，调整了财务会计报告，并经法定代表人周某同意，向乙公司提供了未经审计的财务会计报告。

要求：

根据上述资料，不考虑其他因素，分析回答下列小题。

1. 关于甲公司销毁会计档案的下列表述中，正确的是(　　)。

A. 档案管理机构负责人应在会计档案销毁清册上签署意见

B. 法定代表人周某应在会计档案销毁清册上签署意见

C. 会计机构负责人张某不应在会计档案销毁清册上签署意见

D. 保管期满但未结清的债权债务会计凭证不得销毁

2. 下列关于会计人员郑某与王某交接会计工作的表述中，正确的是(　　)。

A. 郑某与王某应按移交清册逐项移交，核对点收

B. 应由会计机构负责人张某监交

C. 移交完毕，郑某与王某以及监交人应在移交清册上签名或盖章

D. 移交完毕，王某可自行另立新账进行会计记录

3. 关于甲公司向乙公司提供财务会计报告的下列表述中，正确的是(　　)。

A. 财务会计报告经注册会计师审计后才能对乙公司提供

B. 会计机构负责人张某应在财务会计报告上签名并盖章

C. 主管会计工作的负责人应在财务会计报告上签名并盖章

D. 法定代表人周某应在财务会计报告上签名并盖章

4. 关于会计机构负责人张某采取虚增营业收入等方法调整财务会计报告行为性质及法律后果的下列表述中，正确的是(　　)。

A. 可对张某处以罚款

B. 该行为属于编制虚假财务会计报告

C. 张某 5 年之内不得从事会计工作

D. 可对张某处以行政拘留

2018 年会计专业技术资格考试《经济法基础》试题（2）

一、单项选择题（本类题共 24 小题，每小题 1.5 分，共 36 分。每小题备选答案中，只有一个符合题意的正确答案。多选、错选、不选均不得分。）

1. 某增值税一般纳税人提供咨询服务，取得含税收入 318 万元，取得奖金 5.3 万元。咨询服务的增值税税率为 6%，该业务应计算的销项税额是（　　）。

A. （318+5.3）/（1+6%）×6%＝18.3（万元）

B. 318/（1+6%）×6%＝18（万元）

C. ［318/（1+6%）+5.3］×6%＝18.318（万元）

D. 318×6%＝19.08（万元）

2. 根据增值税法律制度的规定，下列各项中，应按照“销售加工、修理修配劳务”税目计缴增值税的是（　　）。

A. 制衣厂员工为本厂提供的加工服装服务

B. 有偿提供安装中央空调服务

C. 有偿提供修理机器设备服务

D. 有偿提供出租车运输服务

3. 根据增值税法律制度的规定，下列各项中，属于免税项目的是（　　）。

A. 养老机构提供的养老服务

B. 装修公司提供的装饰服务

C. 企业转让著作权

D. 福利彩票的代销手续费收入

4. 根据消费税法律制度的规定，下列各项中，不属于消费税征税范围的是（　　）。

A. 葡萄酒　　B. 果木酒　　C. 药酒　　D. 调味料酒

5. 2019 年 9 月甲啤酒厂生产 150 吨啤酒，销售 100 吨，取得不含增值税销售额 30 万元，增值税税额 3.9 万元。甲啤酒厂当月销售啤酒消费税计税依据为（　　）。

A. 100 吨　　B. 33.9 万元　　C. 30 万元　　D. 150 吨

6. 根据企业所得税法律制度的规定，下列各项中，不属于企业所得税纳税人的是（　　）。

A. 甲有限责任公司

B. 乙事业单位

C. 丙个人独资企业

D. 丁股份有限公司

7. 根据企业所得税法律制度的规定，下列各项中，属于不征税收入的是(　　)。

A. 国债利息收入　　B. 违约金收入
C. 股息收入　　D. 财政拨款

8. 根据税收征收管理法律制度的规定，纳税人发生的下列行为中，属于逃税行为的是(　　)。

A. 以暴力、威胁方法，拒不缴纳税款的
B. 在账簿上多列支出、少列收入，少缴应纳税款的
C. 未按照规定的期限办理纳税申报和报送纳税资料的
D. 假报出口，骗取国家出口退税款的

9. 根据企业所得税法律制度的规定，林木类生产性生物资产计算折旧的最低年限为(　　)。

A. 3 年　　B. 5 年　　C. 7 年　　D. 10 年

10. 根据企业所得税法律制度的规定，下列固定资产中，可以计算折旧扣除的是(　　)。

A. 以融资租赁方式租出的固定资产
B. 以经营租赁方式租入的固定资产
C. 已足额提取折旧仍继续使用的固定资产
D. 未投入使用的厂房

11. 根据烟叶税法律制度的规定，下列属于烟叶税纳税人的是(　　)。

A. 生产烟叶的个人　　B. 收购烟叶的单位
C. 销售香烟的单位　　D. 消费香烟的个人

12. 根据消费税法律制度的规定，下列不属于消费税征收范围的是(　　)。

A. 啤酒　　B. 实木地板　　C. 电脑　　D. 电池

13. 甲贸易公司位于市区，实际占地面积为 5000 平方米，其中办公区占地 4000 平方米，生活区占地 1000 平方米；甲贸易公司还有一处位于农村的仓库，实际占地面积为 1500 平方米。已知，城镇土地使用税适用税率每平方米年税额为 5 元。计算甲贸易公司全年应缴纳城镇土地使用税税额的下列算式中，正确的是(　　)。

A. 4000×5＝20000（元）　　B. （5000+1500）×5＝32500（元）
C. 5000×5＝25000（元）　　D. （4000+1500）×5＝27500（元）

14. 根据房产税法律制度的规定，下列房屋中，不属于房产税征税范围的是(　　)。

A. 建制镇的房屋　　B. 农村的房屋
C. 县城的房屋　　D. 城市的房屋

15. 根据关税法律制度的规定，对原产于与我国签订含有特殊关税优惠条款的贸易协定的国家或地区的进口货物，按(　　)征收关税。

A. 协定税率　　B. 最惠国税率
C. 特惠税率　　D. 普通税率

16. 下列各项中，不属于会计专业职务的是(　　)。

A. 高级会计师　　B. 助理会计师
C. 会计师　　D. 总会计师

17. 根据社会保险法律制度的规定，参加工伤保险的职工因工死亡，其近亲属可以按照一定标准从工伤保险基金领取一次性工亡补助金，该标准为(　　)。

A. 上一年度全国城镇居民人均可支配收入的5倍
B. 上一年度全国城镇居民人均可支配收入的10倍
C. 上一年度全国城镇居民人均可支配收入的15倍
D. 上一年度全国城镇居民人均可支配收入的20倍

18. 根据会计法律制度的规定，下列各项中，不属于企业财务会计报告组成部分的是(　　)。

A. 审计报告　　B. 财务情况说明书
C. 会计报表　　D. 会计报表附注

19. 根据会计法律制度的规定，下列关于账务核对的表述中，不正确的是(　　)。

A. 保证会计账簿记录与实物及款项的实有数额相符
B. 保证会计账簿记录与年度财务预算相符
C. 保证会计账簿之间相对应的记录相符
D. 保证会计账簿记录与会计凭证的有关内容相符

20. 下列各项中，属于法律行为的是(　　)。

A. 爆发战争　　B. 发生地震　　C. 签订合同　　D. 瓜熟蒂落

21. 根据劳动争议调解仲裁法律制度的规定，下列关于劳动争议终局裁决效力的表述中，正确的是(　　)。

A. 一方当事人逾期不履行终局裁决的，另一方当事人可以向劳动仲裁委员会申请强制执行
B. 终局裁决被人民法院裁定撤销的，当事人可以自收到裁定书之日起15日向人民法院提起诉讼
C. 劳动者对终局裁决不服的，不得向人民法院提起诉讼
D. 用人单位对终局裁决不服的，应向基层人民法院申请撤销

22. 甲公司职工罗某今年已享受带薪年休假3天，同年10月，罗某又向公司提出补休当年剩余年休假的申请。已知，罗某首次就业即到甲公司工作，工作已满12年，且不存在不能享受当年年休假的情形。罗某可享受剩余年休假的天数为(　　)。

A. 2天　　B. 5天　　C. 7天　　D. 12天

23. 根据劳动合同法律制度的规定，劳动合同解除的下列情形中，用人单位不需向劳动者支付经济补偿金的是(　　)。

A. 劳动者因用人单位未及时足额支付劳动报酬而解除劳动合同的

B. 由用人单位提出并与劳动者协商一致而解除劳动合同的

C. 劳动者不能胜任工作，经过培训或者调整工作岗位，仍不能胜任而被用人单位解除劳动合同的

D. 劳动者在试用期间被证明不符合录用条件的

24. 根据会计法律制度的规定，现金日记账的保管时间应达到法定最低保管期限。该期限为(　　)。

A. 5年　　B. 30年　　C. 10年　　D. 20年

二、多项选择题（本类题共15小题，每小题2分，共30分。每小题备选答案中，有两个或两个以上符合题意的正确答案。每小题全部选对得满分，多选、少选、错选、不选均不得分。）

1. 根据环境保护税法律制度的规定，下列各项关于计税依据的表述中，正确的有(　　)。

A. 应税大气污染物按照污染物排放量折合的污染当量数确定

B. 应税水污染物按照污染物排放量折合的污染当量数确定

C. 应税固体废物按照固体废物的产生量确定

D. 应税工业噪声按照超过国家规定标准的分贝数确定

2. 根据增值税法律制度的规定，商业企业一般纳税人零售的下列货物中，不能开具增值税专用发票的有(　　)。

A. 白酒　　B. 卷烟　　C. 劳保鞋　　D. 食品

3. 根据消费税法律制度的规定，下列各项中，纳税人应当以同类应税消费品的最高销售价格作为计税依据的有(　　)。

A. 自产应税消费品用于换取生产资料　　B. 自产应税消费品用于对外捐赠

C. 自产应税消费品用于换取消费资料　　D. 自产应税消费品用于投资入股

4. 根据企业所得税法律制度的规定，下列各项属于生产性生物资产的有(　　)。

A. 薪炭林　　B. 产畜

C. 役畜　　D. 经济林

5. 根据企业所得税法律制度的规定，下列各项中，属于视同销售货物的有(　　)。

A. 将外购货物用于赞助　　B. 将外购货物用于偿债

C. 将外购货物用于捐赠　　D. 将外购货物用于广告

6. 根据城市维护建设税法律制度的规定，下列关于城市维护建设税征收管理的表述中，正确的有（　　）。

A. 城市维护建设税的纳税义务发生时间与增值税、消费税的纳税义务发生时间一致，分别与增值税、消费税同时缴纳

B. 城市维护建设税按月或者按季计征

C. 城市维护建设税不能按固定期限计征的，可以按次计征

D. 城市维护建设税实行按月或者按季计征的，纳税人应当于月度或者季度终了之日起 30 日内申报并缴纳税款

7. 根据烟叶税法律制度的规定，下列各项中，属于烟叶税征收范围的有（　　）。

A. 晾晒烟叶　　B. 烟丝　　C. 卷烟　　D. 烤烟叶

8. 根据税收征收管理法律制度的规定，税务机关作出的下列行政行为中，纳税人不服时可以选择申请税务行政复议或者直接提起行政诉讼的有（　　）。

A. 加收滞纳金　　B. 罚款

C. 没收财物和违法所得　　D. 征收税款

9. 根据支付结算法律制度的规定，行为人从事下列银行信用卡诈骗活动，达到一定金额需要承担刑事责任的有（　　）。

A. 使用伪造的信用卡　　B. 使用作废的信用卡

C. 冒用他人信用卡　　D. 恶意透支信用卡

10. 下列可开立基本存款账户的有（　　）。

A. 甲公司　　B. 乙大学

C. 丙会计师事务所　　D. 丁个体工商户

11. 下列各项中，属于支票出票时可以授权补记的事项有（　　）。

A. 出票日期　　B. 金额

C. 收款人名称　　D. 付款人名称

12. 甲公司持有一张出票人为乙公司，金额为 100 万元，到期日为 2017 年 12 月 12 日，承兑人为 P 银行的银行承兑汇票。甲公司于 12 月 12 日去 P 银行提示付款，P 银行发现乙公司账户只有存款 20 万元。P 银行拟采取的下列做法中，正确的有（　　）。

A. 于 2017 年 12 月 12 日拒绝付款并出具拒绝付款证明

B. 于 2017 年 12 月 12 日向甲公司付款 20 万元

C. 于 2017 年 12 月 12 日向甲公司付款 100 万元

D. 于 2017 年 12 月 12 日起对乙公司欠款 80 万元开始计收利息

13. 根据会计法律制度的规定，下列关于总会计师的表述中，正确的有(　　)。

A. 直接对单位主要行政领导人负责　　B. 是主管本单位会计工作的行政领导

C. 是单位会计机构负责人　　D. 是单位内部审计机构负责人

14. 根据社会保险法律制度的规定，下列社会保险项目中，应由用人单位和劳动者共同缴纳保险费的有(　　)。

A. 工伤保险　　B. 职工基本养老保险

C. 职工基本医疗保险　　D. 失业保险

15. 根据民事诉讼法律制度的规定，下列关于公开审判制度的表述中，正确的有(　　)。

A. 涉及商业秘密的民事案件，当事人申请不公开审理的，可以不公开审理

B. 不论民事案件是否公开审理，一律公开宣告判决

C. 涉及国家秘密的民事案件应当不公开审理

D. 涉及个人隐私的民事案件应当不公开审理

三、判断题（本类题共10小题，每小题1分，共10分。请判断每小题的表述是否正确。每小题答题正确的得1分，答题错误的扣0.5分，不答题的不得分也不扣分。本类题最低得分为零分。）

1. 职工的误餐补助属于工资薪酬性质的补贴收入，应计算个人所得税。(　　)
2. 纳税人在纳税期内没有应纳税款的，不需办理纳税申报。(　　)
3. 企业之间交换房产，需要缴纳土地增值税。(　　)
4. 除个体工商户以外的其他个人不属于增值税一般纳税人。(　　)
5. 纳税人提供劳务派遣服务，选择差额纳税的，按照5%的征收率征收增值税。(　　)
6. 国内信用证可以支取现金。(　　)
7. 单位合并后一方存续其他方解散的，各单位的会计档案应由存续方统一保管。(　　)
8. 结算凭证金额以中文大写和阿拉伯数码同时记载，二者必须一致，二者不一致的，银行不予受理。(　　)
9. 会计档案销毁之后，监销人应该在销毁清册上签名和盖章。(　　)
10. 单位或个人签发空头支票的，由其开户银行处以罚款。(　　)

四、不定项选择题（本类题共12小题，每小题2分，共24分。每小题备选答案中，有一个或一个以上符合题意的正确答案。每小题全部选对得满分，少选得相应分值，多选、错选、不选均不得分。）

（一）

甲厂为增值税一般纳税人，主要从事葡萄酒的生产和销售业务。2019年9月有关经营情况如下：

（1）进口酿酒设备，取得海关进口增值税专用缴款书注明税额 160000 元。

（2）支付葡萄酒广告费取得增值税专用发票注明金额 300000 元，税额 18000 元。

（3）支付销售葡萄酒运输费取得增值税专用发票注明税额 2000 元。

（4）销售自产 W 品牌葡萄酒取得含增值税价款 5085000 元，另收取优质费 113000 元。

（5）将 100 箱自产 Y 品牌葡萄酒作为福利向员工免费发放，同类葡萄酒含增值税平均售价 1010.22 元/箱。

（6）上期留抵增值税税额为 106000 元。

已知：增值税税率为 13%；葡萄酒消费税税率为 10%。

要求：

根据上述资料，不考虑其他因素，分析回答下列小题。

1. 甲厂的下列进项税额中，准予从销项税额中扣除的是(　　)。

A. 上期留抵增值税税额 106000 元

B. 支付葡萄酒广告费的进项税额 18000 元

C. 进口酿酒设备的进项税额 160000 元

D. 支付销售葡萄酒运输费的进项税额 2000 元

2. 计算甲厂当月销售 W 品牌葡萄酒增值税销项税额的下列算式中，正确的是(　　)。

A. 5085000÷（1+13%）×13%+113000×13%＝599690（元）

B. 5085000÷（1+13%）×13%＝585000（元）

C. （5085000+113000）×13%＝675740（元）

D. （5085000+113000）÷（1+13%）×13%＝598000（元）

3. 甲厂当月的下列业务中，应缴纳消费税的是(　　)。

A. 将自产的 Y 品牌葡萄酒作为福利向员工免费发放

B. 支付葡萄酒广告费

C. 进口酿酒设备

D. 销售 W 品牌葡萄酒

4. 计算甲厂当月应缴纳消费税税额的下列算式中，正确的是(　　)。

A. （5085000+113000）÷（1+13%）×10%+1010.22×100÷（1−10%）×10%

B. （5085000+113000）÷（1−10%）×10%+1010.22×100÷（1−10%）×10%

C. （5085000+113000）÷（1+13%）×10%+1010.22×100÷（1+13%）×10%

D. （5085000+113000）÷（1−10%）×10%+1010.22×100÷（1+13%）×10%

（二）

甲公司为居民企业，主要从事电冰箱的生产和销售业务。2019 年有关经营情况如下：

（1）销售电冰箱收入 8000 万元；出租闲置设备收入 500 万元；国债利息收入 50 万元；理财产品收益 30 万元。

（2）符合条件的广告费支出1500万元。

（3）向银行借入流动资金支付利息55万元，非广告性赞助支出80万元，向客户支付违约金3万元，计提坏账准备金8万元。

（4）全年利润总额为900万元。

已知：广告费和业务宣传费支出，不超过当年销售（营业）收入15%的部分，准予扣除。

要求：

根据上述资料，不考虑其他因素，分析回答下列小题。

1. 甲公司下列收入中，应计入2019年度企业所得税收入总额的是(　　)。

A. 出租闲置设备收入500万元

B. 国债利息收入50万元

C. 销售电冰箱收入8000万元

D. 理财产品收益30万元

2. 甲公司在计算2019年度企业所得税应纳税所得额时，可以扣除的广告费支出是(　　)万元。

A. 1275　　B. 1500　　C. 1207　　D. 1200

3. 甲公司在计算2019年度企业所得税应纳税所得额时，下列支出中，不得扣除的是(　　)。

A. 向银行借入流动资金支付利息支出55万元

B. 向客户支付违约金3万元

C. 计提坏账准备金8万元

D. 非广告性赞助支出80万元

4. 计算甲公司2019年度企业所得税应纳税所得额的下列算式中，正确的是(　　)。

A. 900+（1500−1207）+80+3+8＝1284（万元）

B. 900−50+（1500−1275）+80+8＝1163（万元）

C. 900−500+55+8＝463（万元）

D. 900−30+（1500−1200）＝1170（万元）

（三）

2017年3月，甲劳务派遣公司与乙公司签订劳务派遣协议，将张某派遣到乙公司工作。

2017年7月，张某在乙公司的工作结束。此后甲公司、乙公司未给张某安排工作，也未向其支付任何报酬。

2017年9月，张某得知自2017年3月被派遣以来，甲公司、乙公司均未为其缴纳社会保险费，遂提出解除劳动合同。

要求：

根据上述资料，不考虑其他因素，分析回答下列小题。

1. 下列各项中，属于甲劳务派遣公司和乙公司签订劳务派遣协议中应当约定的是(　　)。

A. 派遣岗位　　B. 派遣期限

C. 派遣人员数量　　D. 劳动报酬

2. 关于张某无工作期间报酬支付及标准的表述中，正确的是(　　)。

A. 张某无权要求支付报酬

B. 乙公司应向其按月支付报酬

C. 张某报酬标准为支付单位所在地的最低工资标准

D. 甲公司应向其按月支付报酬

3. 关于张某解除劳动合同的方式中，正确的是(　　)。

A. 不需要事先告知公司即可解除劳动合同

B. 可随时通知解除劳动合同

C. 应提前30日以书面形式提出方能解除劳动合同

D. 应提前30日通知公司方能解除劳动合同

4. 关于张某解除劳动合同的法律后果的表述中，正确的是(　　)。

A. 张某无权要求经济补偿

B. 甲公司应向张某支付经济补偿

C. 甲公司可要求张某支付违约金

D. 乙公司应向张某支付违约金

2018 年会计专业技术资格考试《经济法基础》试题（3）

一、单项选择题（本类题共 24 小题，每小题 1.5 分，共 36 分。每小题备选答案中，只有一个符合题意的正确答案。多选、错选、不选均不得分。）

1. 根据消费税法律制度的规定，下列关于消费税纳税义务发生时间的表述中，不正确的是(　　)。

A. 委托加工应税消费品的，为纳税人提货的当天

B. 采取托收承付方式销售应税消费品的，为收到货款的当天

C. 进口应税消费品的，为报关进口的当天

D. 自产自用应税消费品的，为移送使用的当天

2. 下列税种中，由海关系统负责征收和管理的是(　　)。

A. 房产税　　B. 个人所得税

C. 契税　　D. 关税

3. 根据消费税法律制度的规定，下列各项中，不缴纳消费税的是(　　)。

A. 零售超豪华小汽车　　B. 进口钻石饰品

C. 生产销售白酒　　D. 委托加工烟丝

4. 2017 年 9 月，王某出租自有住房取得租金收入 6000 元（不含增值税），房屋租赁过程中缴纳的可以税前扣除的税费 240 元，支付该房屋的修缮费 1000 元。已知个人出租住房个人所得税税率暂减按 10%，每次收入 4000 元以上的，减除 20%的费用。计算王某当月出租住房应缴纳个人所得税税额的下列算式中，正确的是(　　)。

A. （6000-240-800）×10%＝496（元）

B. （6000-240-1000）×10%＝476（元）

C. （6000-240-1000）×（1-20%）×10%＝380.8（元）

D. （6000-240-800）×（1-20%）×10%＝396.8（元）

5. 根据企业所得税法律制度的规定，下列行业适用税前加计扣除政策的是(　　)。

A. 烟草制造业　　B. 娱乐业

C. 软件行业　　D. 房地产业

6. 2017 年 9 月 1 日，甲公司与乙公司签订一项销售合同，采用预收款方式销售一批商品，并于 9 月 10 日收到全部价款。甲公司 9 月 20 日发出商品，乙公司 9 月 21 日收到该批商品。根据企业所得税法律制度的规定，关于甲公司上述销售收入确认时间的表述中，正确的是(　　)。

A. 9 月 10 日确认销售收入　　B. 9 月 20 日确认销售收入

C. 9 月 21 日确认销售收入　　D. 9 月 1 日确认销售收入

7. 根据个人所得税法律制度的规定，个人的下列所得中，不属于个人所得税免税项目的是(　　)。

A. 国债利息　　B. 军人的转业费

C. 出租厂房取得的租金　　D. 国家发行的金融债券利息

8. 根据个人所得税法律制度的规定，下列各项中，不属于个人所得税纳税人的是(　　)。

A. 合伙企业中的自然人合伙人　　B. 一人有限责任公司

C. 个体工商户　　D. 个人独资企业的投资者个人

9. 根据城镇土地使用税法律制度的规定，下列用地中，免予缴纳城镇土地使用税的是(　　)。

A. 港口的码头用地　　B. 盐场的办公用地

C. 水电站的发电厂房用地　　D. 火电厂厂区围墙内的用地

10. 甲企业位于 A 市，本月应缴纳的增值税为 7000 元，实际缴纳的增值税为 6000 元；本月应缴纳的消费税为 5000 元，实际缴纳的消费税为 4000 元。已知，适用的城市维护建设税税率为 7%。该企业本月应该缴纳的城市维护建设税是(　　)。

A. （7000+5000）×7%　　B. （6000+4000）×7%

C. （7000+5000）×5%　　D. （6000+4000）×5%

11. 根据车船税法律制度的规定，下列各项中，不属于车船税征税范围的是(　　)。

A. 摩托车　　B. 拖拉机

C. 游艇　　D. 挂车

12. 根据资源税法律制度的规定，关于资源税征收管理的下列表述中，不正确的是(　　)。

A. 纳税人自产自用应税产品的，纳税义务发生时间为移送应税产品的当日

B. 纳税人按月或者按季申报缴纳的，应当自月度或者季度终了之日起 30 日内，向税务机关办理纳税申报并缴纳税款

C. 纳税人销售应税产品，纳税义务发生时间为收讫销售款或者取得索取销售款凭据的当日

D. 纳税人应当在应税产品的开采地或者生产地缴纳资源税

13. 根据土地增值税法律制度的规定，下列各项中，在计算（新建房项目）土地增值税计税依据时不允许扣除的是(　　)。

A. 在转让房地产时缴纳的城市维护建设税
B. 纳税人为取得土地使用权所支付的地价款
C. 土地征用及拆迁补偿费
D. 超过贷款期限的利息部分

14. 根据税收征收管理法律制度的规定，下列不属于纳税担保方式的是（　　）。

A. 保证　　B. 质押　　C. 抵押　　D. 扣押

15. 根据支付结算法律制度的规定，下列关于票据提示付款期限的表述中，正确的是（　　）。

A. 支票的提示付款期限是自出票日起1个月
B. 银行汇票的提示付款期限是自出票日起1个月
C. 商业汇票的提示付款期限是自到期日起1个月
D. 银行本票的提示付款期限是自出票日起1个月

16. 下列主体中，属于非法人组织的是（　　）。

A. 基金会　　B. 有限责任公司　　C. 事业单位　　D. 合伙企业

17. 根据劳动合同法律制度的规定，对负有保密义务的劳动者，用人单位可以在劳动合同或者保密协议中与劳动者约定竞业限制条款，但竞业限制不得超过一定期限。该期限为（　　）。

A. 1年　　B. 2年　　C. 3年　　D. 5年

18. 刘某在甲公司工作3年。已知刘某累计工作18年且符合享受年休假条件。根据劳动合同法律制度的规定，刘某可享受的当年年休假天数为（　　）。

A. 5天　　B. 10天　　C. 15天　　D. 20天

19. 根据会计法律制度的规定，记账凭证的保管时间应达到法定最低期限。该期限为（　　）。

A. 5年　　B. 30年　　C. 10年　　D. 20年

20. 2017年7月1日，李某到甲公司工作，按月领取工资3000元。2017年9月1日，甲公司与李某签订书面劳动合同。已知，当地月最低工资标准为1800元，当地上年度职工月平均工资为3500元。根据劳动合同法律制度的规定，因未及时与李某签订书面劳动合同，甲公司应向其补偿的工资数额为（　　）。

A. 1800元　　B. 3000元　　C. 3500元　　D. 7000元

21. 根据劳动合同法律制度的规定，下列情形中，劳动者不需事先告知用人单位即可解除劳动合同的是（　　）。

A. 用人单位未按照劳动合同约定提供劳动保护的
B. 用人单位违章指挥、强令冒险作业危及劳动者人身安全的

C. 用人单位以欺诈手段使劳动者在违背真实意思的情况下签订劳动合同的

D. 用人单位未及时足额支付劳动报酬的

22. 根据会计法律制度的规定，对于尚不构成犯罪的伪造、变造会计凭证行为，需要承担的行政罚款，下列说法正确的是(　　)。

A. 对单位罚款 3000 元以上 50000 元以下

B. 对个人罚款 3000 元以上 50000 元以下

C. 对单位罚款 5000 元以上 50000 元以下

D. 对个人罚款 5000 元以上 100000 万元以下

23. 下列法律责任形式中，属于行政责任的是(　　)。

A. 责令停产停业　B. 支付违约金　C. 继续履行　D. 赔偿损失

24. 根据支付结算法律制度的规定，下列各项中，可以使用现金银行汇票结算的是(　　)。

A. 甲公司支付给乙公司货款 20 万元　B. 孙某向甲公司支付货款 15 万元

C. 丙公司向刘某支付劳务费 10 万元　D. 赵某向张某支付购房款 20 万元

二、多项选择题（本类题共 15 小题，每小题 2 分，共 30 分。每小题备选答案中，有两个或两个以上符合题意的正确答案。每小题全部选对得满分，多选、少选、错选、不选均不得分。）

1. 根据增值税法律制度的规定，一般纳税人销售的下列货物中，可以选择按照简易计税方法计算增值税的有(　　)。

A. 自来水厂销售自产的自来水

B. 县级以下小型水力发电站生产的电力

C. 食品厂销售的食用植物油

D. 煤气公司销售的煤气

2. 根据增值税法律制度的规定，下列关于固定业户纳税人纳税地点的表述中，不正确的有(　　)。

A. 销售商标使用权，应当向商标使用权购买方所在地税务机关申报纳税

B. 销售采矿权，应当向矿产所在地税务机关申报纳税

C. 销售设计服务，应当向设计服务发生地税务机关申报纳税

D. 销售广告服务，应当向机构所在地税务机关申报纳税

3. 根据消费税法律制度的规定，下列应税消费品中，实行从量定额与从价定率相结合的复合计征办法征收消费税的有(　　)。

A. 雪茄烟　B. 黄酒　C. 白酒　D. 卷烟

4. 根据企业所得税法律制度的规定，企业缴纳的下列税金中，准予在企业所得税税前扣除的有(　　)。

A. 增值税　　B. 消费税
C. 土地增值税　　D. 印花税

5. 根据个人所得税法律制度的规定，个体工商户的下列支出中，在计算个人所得税应纳税所得额时，不得扣除的有(　　)。

A. 业主的工资薪金支出
B. 个人所得税税款
C. 在生产经营活动中因自然灾害造成的损失
D. 税收滞纳金

6. 根据企业所得税法律制度的规定，下列各项中，属于来源于中国境内所得的有(　　)。

A. 甲国企业在中国境内提供咨询服务取得的收入
B. 乙国企业转让中国境内公司股权取得的收入
C. 丁国企业在中国境外为中国公司技术人员提供培训服务取得的收入
D. 丙国企业通过其代理商在中国境内销售货物取得的收入

7. 根据契税法律制度的规定，下列行为中，属于契税征税范围的有(　　)。

A. 个人出租房屋　　B. 个人出售房屋
C. 企业出租房屋　　D. 企业出售房屋

8. 根据税收征收管理法律制度的规定，行政复议机构决定撤销、变更或者确认被申请人具体行政行为违法的情形有(　　)。

A. 被申请人的具体行政行为主要事实不清的
B. 被申请人的具体行政行为证据不足的
C. 被申请人的具体行政行为违反法定程序的
D. 被申请人的具体行政行为明显不当的

9. 下列各项中，属于法律关系的客体的有(　　)。

A. 有价证券　　B. 库存商品
C. 提供劳务行为　　D. 商标

10. 根据劳动合同法律制度的规定，下列解除或者终止劳动合同的情形中，用人单位不向劳动者支付经济补偿的有(　　)。

A. 用人单位通知非全日制用工劳动者终止用工的
B. 自用工之日起1个月内，经用人单位书面通知后，劳动者不与用人单位订立劳动合同，用人单位书面通知劳动者终止劳动关系的

C. 劳动者达到法定退休年龄而终止劳动合同的

D. 用人单位因劳动者在试用期间被证明不符合录用条件而解除劳动合同的

11. 根据劳动合同法律制度的规定，下列各项中，可作为非全日制用工劳动报酬结算支付周期的有（　　）。

A. 小时　　B. 日　　C. 周　　D. 月

12. 根据社会保险法律制度的规定，下列关于社会保险费征缴的表述中，正确的有（　　）。

A. 已在用人单位参加社会保险的非全日制从业人员可以直接向社会保险费征收机构缴纳社会保险费

B. 职工应缴纳的社会保险费由用人单位代扣代缴

C. 用人单位应当自用工之日起 30 日内为其职工向社会保险经办机构申请办理社会保险登记

D. 用人单位应当按月将缴纳社会保险费的明细情况告知本人

13. 下列关于自然人民事行为能力的表述中，正确的有（　　）。

A. 14 周岁的李某，以自己的劳动收入为主要生活来源，视为完全民事行为能力人

B. 7 周岁的王某，不能完全辨认自己的行为，是限制民事行为能力人

C. 18 周岁的周某，能够完全辨认自己的行为，是完全民事行为能力人

D. 20 周岁的赵某，完全不能辨认自己的行为，是无民事行为能力人

14. 根据会计法律制度的规定，下列各项中，属于会计核算主要内容的有（　　）。

A. 固定资产盘盈　　B. 货币资金收入

C. 无形资产购入　　D. 合同审核和签订

15. 下列纠纷中，当事人可以提请仲裁的有（　　）。

A. 王某和赵某的继承纠纷　　B. 张某与丙公司的商品房买卖纠纷

C. 甲公司与乙公司的货物保管纠纷　　D. 孙某和李某的离婚纠纷

三、判断题（本类题共 10 小题，每小题 1 分，共 10 分。请判断每小题的表述是否正确。每小题答题正确的得 1 分，答题错误的扣 0.5 分，不答题的不得分也不扣分。本类题最低得分为零分。）

1. 境外的单位或者个人在境内销售劳务，在境内未设有经营机构也没有境内代理人的，以购买方为增值税扣缴义务人。（　　）

2. 在中国境内设立机构、场所的非居民企业取得的发生在中国境外但与其所设机构、场所有实际联系的所得，无须缴纳企业所得税。（　　）

3. 环境保护税的纳税人为在中华人民共和国领域和中华人民共和国管辖的其他海域，直接向环境排放应税污染物的单位和个人。（　　）

4. 国家机关承受房屋用于办公，免征契税。 （ ）

5. 有限责任公司应当设置总会计师。 （ ）

6. 一个单位可以根据实际需要在银行开立两个以上基本存款账户。 （ ）

7. 背书人未记载被背书人名称即将票据交付他人的，持票人在票据被背书人栏内记载自己的名称与背书人记载具有同等法律效力。 （ ）

8. 县级以上地方各级人民政府财政部门管理本行政区域内的会计工作。 （ ）

9. 用人单位对劳动争议终局裁决不服的，可以自收到仲裁裁决书之日起 15 日内向人民法院提起诉讼。 （ ）

10. 国务院制定和发布的规范性文件都是法律。 （ ）

四、不定项选择题（本类题共 12 小题，每小题 2 分，共 24 分。每小题备选答案中，有一个或一个以上符合题意的正确答案。每小题全部选对得满分，少选得相应分值，多选、错选、不选均不得分。）

（一）

甲商业银行 W 分行为增值税一般纳税人，主要提供存款、贷款、货币兑换、基金管理、资金结算、金融商品转让等相关金融服务，2019 年第 3 季度有关经营情况如下：

（1）取得含增值税贷款利息收入 6360 万元，支付存款利息 1590 万元；取得含增值税转贷利息收入 530 万元，支付转贷利息 477 万元。

（2）本季度销售一批债券，卖出价 805.6 万元，该批债券买入价 795 万元，除此之外无其他金融商品买卖业务，上一纳税期金融商品买卖销售额为正差且已纳税。

（3）租入营业用房屋，取得增值税专用发票注明税额 9.9 万元；对该房屋进行装修，支付装修费取得增值税专用发票注明税额 11 万元。

已知：金融服务增值税税率为 6%。

要求：

根据上述资料，不考虑其他因素，分析回答下列小题。

1. 甲商业银行 W 分行提供的下列金融服务中，应按照“金融服务——直接收费金融服务”税目计缴增值税的是（ ）。

A. 货币兑换　　B. 基金管理　　C. 贷款　　D. 资金结算

2. 计算甲商业银行 W 分行第 3 季度贷款及转贷业务增值税销项税额的下列算式中，正确的是（ ）。

A. （6360−1590+530−477）÷（1+6%）×6%＝273（万元）

B. （6360−1590+530）÷（1+6%）×6%＝300（万元）

C. （6360+530）÷（1+6%）×6%＝390（万元）

D. （6360+530−477）÷（1+6%）×6%＝363（万元）

3. 计算甲商业银行 W 分行第 3 季度金融商品买卖业务增值税销项税额的下列算式中，正确的是(　　)。

A. 805.6×6%＝48.336（万元）

B. （805.6+795）÷（1+6%）×6%＝90.6（万元）

C. 805.6÷（1+6%）×6%＝45.6（万元）

D. （805.6−795）÷（1+6%）×6%＝0.6（万元）

4. 关于甲商业银行 W 分行第 3 季度租入营业用房屋及装修业务增值税进项税额抵扣的下列表述中，正确的是(　　)。

A. 租入营业用房屋进项税额 9.9 万元允许在当期全额抵扣，装修进项税额 11 万元只允许在当期抵扣 60%

B. 租入营业用房屋进项税额 9.9 万元及装修进项税额 11 万元都不允许抵扣

C. 租入营业用房屋进项税额 9.9 万元及装修进项税额 11 万元都允许在当期抵扣

D. 租入营业用房屋进项税额 9.9 万元及装修进项税额 11 万元允许在当期抵扣 60%

（二）

甲公司为居民企业，主要从事工艺品生产和销售业务。2017 年有关经营情况如下：

（1）销售产品收入 2000 万元，出租设备租金收入 20 万元，接受捐赠收入 10 万元，国债利息收入 2 万元，转让商标权收入 60 万元。

（2）将价值 50 万元的产品用于换取乙公司生产的货物，将价值 34 万元的产品用于抵偿信用公司欠款，将价值 3.5 万元的产品用于馈赠客户，将价值 10 万元的产品用于奖励优秀职工。

（3）捐赠支出 27 万元，其中直接向丁中学捐赠 3 万元，通过市民政部门用于希望工程的捐赠 24 万元。

（4）违反规定被工商行政管理局罚款 2.5 万元；缴纳税收滞纳金 1 万元；非广告性赞助支出 3 万元。

（5）预缴企业所得税税款 33 万元。

（6）全年利润总额为 190 万元。

已知：公益性捐赠支出，在年度利润总额的 12%以内的部分，准予在计算当年应纳税所得额时扣除。

要求：

根据上述资料，不考虑其他因素，分析回答下列小题。

1. 甲公司的下列收入中，属于免税收入的是(　　)。

A. 接受捐赠收入 10 万元

B. 国债利息收入 2 万元

C. 转让商标权收入 60 万元

D. 出租设备租金收入 20 万元

2. 甲公司的下列业务中，在计算 2017 年度企业所得税应纳税所得额时，应视同销售计算所得税的是(　　)。

A. 将价值34万元的产品用于抵偿信用公司欠款

B. 将价值50万元的产品用于换取乙公司生产的货物

C. 将价值3.5万元的产品用于馈赠客户

D. 将价值10万元的产品用于奖励优秀职工

3. 甲公司在计算2017年度企业所得税应纳税所得额时，准予扣除的公益性捐赠支出金额是(　　)万元。

A. 22.8　　B. 24　　C. 27　　D. 25

4. 甲公司在计算2017年度企业所得税应纳税所得额时，下列各项中，不得扣除的是(　　)。

A. 违反规定被工商行政管理局罚款2.5万元

B. 预缴企业所得税税款33万元

C. 缴纳税收滞纳金1万元

D. 非广告性赞助支出3万元

(三)

甲公司法定代表人为赵某，公司在P银行开立支票存款账户，预留签章为公司单位公章加会计机构负责人刘某的个人名章。2017年1月11日，赵某派业务员李某采购原料，刘某签发一张转账支票交给李某，但支票上未填写金额和收款人名称，李某与乙公司签订合同后，将支票交付乙公司会计人员张某，张某在支票上填写合同金额10万元，并在收款人栏填写乙公司。1月12日张某持支票到本公司的开户银行Q银行，拟通过委托收款方式向P银行提示付款。

要求：

根据上述资料，不考虑其他因素，分析回答下列小题。

1. 刘某填写支票时，出票日期“2017年1月11日”正确的填写形式是(　　)。

A. 贰零壹柒年零壹月零拾壹日

B. 贰零壹柒年零壹月壹拾壹日

C. 贰零壹柒年壹月零拾壹日

D. 贰零壹柒年壹月壹拾壹日

2. 刘某签发支票时，下列拟在支票上的签章中，正确的是(　　)。

A. 甲公司财务专用章加刘某的个人名章

B. 甲公司单位公章加赵某的个人名章

C. 甲公司单位公章加刘某的个人名章

D. 甲公司财务专用章加赵某的个人名章

3. 下列关于该支票出票及补记行为的表述中，正确的是(　　)。

A. 刘某未填写支票金额，支票无效

B. 张某可以补记收款人为乙公司

C. 刘某未填写收款人名称，支票无效

D. 张某可以补记支票金额 10 万元

4. 张某委托 Q 银行收取支票款项，应当办理的手续是(　　)。

A. 在支票被背书人栏记载 Q 银行

B. 在支票背书人签章栏记载“委托收款”字样

C. 填制进账单

D. 在支票上记载背书日期

第三部分

历年试题逐题精析

2020 年会计专业技术资格考试《经济法基础》试题（1）

参考答案及解析

扫码看答案

使用“微信”或“会计云课堂”App 扫描右侧二维码，即可查阅电子版答案及解析，“手机看答案更轻松”。

一、单项选择题

1. 答案 A	本题考点 法律事实	难易程度 难

解析

按照是否以当事人的意志为转移作标准，可以将法律事实划分为法律事件和法律行为两大类。法律事件具有客观性，是指不以当事人的意志为转移而引起法律关系发生、变更或消灭的法定情况或者现象。

（1）选项 A：火山喷发是自然现象，是当事人无法控制、无法预见的事件。

（2）选项 BCD：书立遗嘱、赠与房屋、登记结婚是人有意识的行为，可以产生相应的法律后果，属于法律行为。

易错易混

法律事件 VS 法律行为

	核心特征	细化阐述	
法律事件	不以当事人的主观意志为转移	绝对事件	如地震、洪水、台风、生老病死等（自然现象）
		相对事件	如爆发战争、重大政策的改变等（社会现象）
法律行为	以法律关系主体意志为转移	根据行为是否符合法律规范的要求分类	合法行为与违法行为
		根据行为的表现形式不同分类	积极行为（又称作为，如签发支票）与消极行为（又称不作为，如竞业限制）
		根据行为是否通过意思表示分类	意思表示行为（如签订合同）与非表示行为（如拾得遗失物、发现埋藏物）

续表

	核心特征	细化阐述	
法律行为	以法律关系主体意志为转移	根据主体意思表示的形式分类	单方行为（如遗嘱、行政命令）与多方行为（如合同行为）
		根据行为是否需要特定形式或实质要件分类	要式行为（如票据行为）与非要式行为（如口头订立的合同）
		根据主体实际参与行为的状态分类	自主行为与代理行为

2. 答案 D	本题考点　总会计师	难易程度　中

解析

总会计师组织领导本单位的财务管理（选项 B）、成本管理（选项 C）、预算管理（选项 A）、会计核算和会计监督等方面的工作，参与本单位重要经济问题的分析和决策。

相关链接

（1）总会计师是主管本单位会计工作的行政领导，是单位行政领导成员，协助单位主要行政领导人工作，直接对单位主要行政领导人负责。

（2）大、中型企业，事业单位，业务主管部门应当根据法律和国家有关规定设置总会计师；其他单位可以根据业务需要，自行决定是否设置总会计师。

3. 答案 D	本题考点　会计档案的归档	难易程度　易

解析

选项 D：当年形成的会计档案，在会计年度终了后，可由单位会计管理机构临时保管1 年，再移交单位档案管理机构保管。因工作需要确需推迟移交的，应当经单位档案管理机构同意，但单位会计管理机构临时保管会计档案最长不超过3 年。

相关链接

出纳人员不得兼任（兼管）稽核、会计档案保管和收入、支出、费用、债权债务账目的登记工作。

4. 答案 B	本题考点　国内信用证	难易程度　中

解析

（1）选项 A：信用证只限于转账结算，不得支取现金。

（2）选项 B：我国信用证为以人民币计价、不可撤销的跟单信用证。

（3）选项 C：可转让信用证可以部分或全部转让，但只能转让“一次”。

（4）选项 D：远期信用证付款期限最长不超过“1 年”。

相关链接

信用证结算适用于银行为国内企事业单位之间货物和服务贸易提供的结算服务。

5. 答案 C	本题考点　银行卡计息与收费	难易程度　易

解析

（1）选项 ABD：发卡机构对向持卡人收取的违约金和年费、取现手续费、货币兑换费等服务费用不得计收利息。

（2）选项 C：对信用卡透支利率实行上限和下限管理，透支利率上限为日利率万分之五，透支利率下限为日利率万分之五的 0.7 倍。

考点提炼

信用卡相关款项

	是否计息	具体规定
准贷记卡存款	√	按照中国人民银行规定的同期同档次存款利率及计息办法计付利息（法定）
信用卡透支的款项	√	对信用卡透支利率实行上限和下限管理，透支利率上限为日利率万分之五，透支利率下限为日利率万分之五的 0.7 倍（法定）
信用卡溢缴款	是否计付利息及其利率标准，由发卡机构自主确定	
违约金和服务费用	×	——

6. 答案 A	本题考点　税法要素	难易程度　中

解析

（1）选项 A：我国实体税种中目前只有土地增值税实行四级“超率”累进税率。

（2）选项 B：印花税存在比例税率和定额税率两种形式。

（3）选项 C：个人所得税存在超额累进税率和比例税率两种形式。

（4）选项 D：城镇土地使用税采用定额税率。

易错易混

税率类别及具体体现

税率类别	具体体现（包括但不限于）
比例税率	（1）产品比例税率——消费税的高档化妆品、小汽车等 （2）行业比例税率——增值税的交通运输业、有形动产租赁服务 （3）地区差别比例税率——城市维护建设税 （4）有幅度的比例税率——契税
定额税率	城镇土地使用税、车船税等

续表

税率类别		具体体现（包括但不限于）
累进税率	全额累进税率	——
	超额累进税率	个人所得税中的综合所得、经营所得等
	超率累进税率	土地增值税

7. 答案 A	本题考点　增值税销项税额的计算	难易程度　易

解析

本题给出的销售货物销售额101.7万元和销售餐饮服务销售额21.2万元都是含税的，需要进行价税分离处理。增值税销项税额=不含税销售额×增值税适用税率=含税销售额÷（1+增值税税率）×增值税适用税率，将题干数据代入公式即可得出甲商场当月增值税销项税额=101.7÷（1+13%）×13%+21.2÷（1+6%）×6%=12.9（万元）。

相关链接

含税 VS 不含税

通常情况下，我们认为以下情况是“含税”的：	通常情况下，我们认为以下情况是“不含税”的：
（1）商业企业零售价为含税价 （2）普通发票上注明的销售额是含税价 （3）价外费用一般为含增值税收入 （4）需要并入销售额一并纳税的包装物押金为含增值税收入 （5）除右侧不含税的情况外的其他没有明确说明不含税的情况	（1）题中明确说明是不含税的 （2）增值税专用发票上注明的金额 （3）机动车销售统一发票上注明的金额 （4）海关进口增值税专用缴款书上注明的金额 （5）代扣代缴税款的完税凭证上注明的金额 （6）按规定抵扣了进项税额的货物的成本

8. 答案 A	本题考点　消费税征税环节	难易程度　中

解析

（1）选项A：零售环节缴纳消费税的应税消费品分为“征收”和“加征”两种形式：“金银铂钻”在零售环节“征收”消费税，超豪华小汽车在零售环节“加征”一道消费税。

（2）选项BC：实木地板、高档手表在生产、委托加工或进口环节缴纳消费税。

（3）选项D：卷烟在生产、委托加工或进口环节缴纳消费税，并且在批发环节“加征”一道消费税。

易错易混

消费税各征税环节及纳税环节次数

应税消费品	纳税环节次数	征税环节
金银首饰、铂金首饰、钻石及钻石饰品	单环节纳税	零售环节纳，其他环节不纳
卷烟	双环节纳税	生产、委托加工或进口+批发环节（加征）
超豪华小汽车		生产、委托加工或进口+零售环节（加征）
其他应税消费品	单环节纳税	生产、委托加工或进口纳，其他环节不纳

9. 答案 A　本题考点　消费税应纳税额的计算　难易程度　中

解析

（1）纳税人自产的应税消费品用于生产非应税消费品、在建工程、管理部门（办公用小汽车领用自产汽油1吨）、非生产机构、提供劳务、馈赠（向子公司无偿赠送自产汽油0.5吨）、赞助、集资、广告、样品、职工福利、奖励等方面的，于移送时缴纳消费税。所以本题中的800吨、1吨、0.5吨都需要缴纳消费税。

（2）“吨”与“升”需要进行单位换算，即汽油每吨的消费税=1388×1.52。

相关链接

从量定额征收消费税的计征方法

情形	应纳消费税的计算
销售应税消费品的	应纳消费税税额=销售数量×定额税率
自产自用应税消费品的	应纳消费税税额=移送使用数量×定额税率
委托加工应税消费品的	应纳消费税税额=纳税人收回的应税消费品数量×定额税率
进口应税消费品的	应纳消费税税额=海关核定的应税消费品进口征税数量×定额税率

10. 答案 D　本题考点　消费税应纳税额的计算　难易程度　中

解析

（1）红酒从价定率征收消费税，进口环节需要用到“组成计税价格”计算。

（2）组成计税价格=（关税完税价格+关税）÷（1-消费税比例税率）=关税完税价格×（1+关税税率）÷（1-消费税比例税率）。

（3）进口环节应纳消费税=组成计税价格×消费税比例税率。

易错易混

“从价”“从量”“复合”计税进口环节应纳消费税的计算

计征方式	组成计税价格	应纳消费税的计算
从价定率	组成计税价格=（关税完税价格+关税）÷（1-消费税比例税率）=关税完税价格×（1+关税税率）÷（1-消费税比例税率）	应纳消费税=组成计税价格×消费税比例税率

续表

计征方式	组成计税价格	应纳消费税的计算
从量定额	不涉及使用组成计税价格计算消费税的问题	应纳消费税＝进口征税数量×消费税定额税率
复合计税	组成计税价格＝（关税完税价格＋关税＋进口征税数量×消费税定额税率）÷（1－消费税比例税率）	应纳消费税＝组成计税价格×消费税比例税率＋进口征税数量×消费税定额税率

相关链接

进口环节增值税应纳税额的计算如下：

进口产品类别	组成计税价格	应纳增值税的计算
非应税消费品	组成计税价格＝关税完税价格＋关税税额	应纳增值税税额＝组成计税价格×增值税税率
应税消费品	组成计税价格＝关税完税价格＋关税税额＋消费税税额 注：消费税税额的具体计算详见上表	

11. 答案 B | **本题考点** 企业所得税税收优惠及应纳税额的计算 | **难易程度** 中

解析

企业购置并实际使用规定的环境保护、节能节水、安全生产等专用设备的，该专用设备的投资额的 10%，即 510×10%可以从企业当年的应纳“税额”（1000×25%）中抵免，而不是应纳税“所得额”。

易错易混

抵扣应纳税所得额 VS 抵免应纳税额

形式	具体规定
抵扣应纳税所得额	创业投资企业采取股权投资方式投资于未上市的中小高新技术企业 2 年以上的，可以按投资额的 70%在股权持有满 2 年的当年抵扣该创业投资企业的应纳税所得额
抵免应纳税额	企业购置并实际使用符合规定的环境保护、节能节水、安全生产等专用设备的，按该专用设备投资额的 10%抵免应纳税额

12. 答案 D | **本题考点** 企业所得税纳税人 | **难易程度** 易

解析

（1）选项 AB：依照中国法律、行政法规成立的个人独资企业、合伙企业，不属于企业所得税纳税人。个人独资企业投资者、合伙企业自然人合伙人缴纳个人所得税。

（2）选项 C：个体工商户属于个人，而非企业，其缴纳个人所得税。

13. 答案 D	本题考点 企业所得税税额抵免及应纳税额的计算	难易程度 难

解析

（1）境外所得的抵免限额 = 境外所得 100×我国税率 25% = 25（万元），抵免限额（25 万元）>境外已纳税额（20 万元），取“较小者”扣除，所以境外已纳税额 20 万元可以全额抵免。

（2）甲公司应缴纳企业所得税 = 境内外总所得应纳税额 - 允许抵免的境外已纳税额 =（800+100）×25% - 20 = 205（万元）。

考点提炼

企业取得的下列所得已在境外缴纳的所得税税额，可以从其当期应纳税额中抵免，抵免限额为该项所得依法计算的应纳税额；超过抵免限额的部分，可以在以后“5 个纳税年度内”，用每年抵免限额抵免当年应抵税额后的余额进行抵补：

（1）居民企业来源于中国境外的应税所得；

（2）非居民企业在中国境内设立机构、场所，取得发生在中国境外但与该机构、场所有实际联系的应税所得。

易错易混

抵免限额 VS 境外已纳税额

情形	处理结果		当年允许抵免的境外已纳税额
抵免限额>境外已纳税额	境外交少了	补税	MIN（抵免限额，境外已纳税额）
抵免限额<境外已纳税额	境外交多了	结转以后 5 个纳税年度内抵补	

相关链接

存在境外已纳税额时缴纳企业所得税有两种计算方法：

（1）企业所得税应纳税额 = 境内所得应纳税额 + 境外所得应补税额

（2）企业所得税应纳税额 = 境内外总所得应纳税额 - 允许抵免的境外已纳税额（本题采用的是这种方法）

14. 答案 D	本题考点 企业所得税税收优惠及应纳税额的计算	难易程度 难

解析

本题中应纳税所得额 160 万元超过 100 万元，所以分两段计税。

（1）对于应纳税所得额 160 万元中的 100 万元，减按 25% 计入应纳税所得额，按 20% 的税率缴纳企业所得税。

（2）对于应纳税所得额 160 万元中的 60 万元，减按 50% 计入应纳税所得额，按 20% 的税率缴纳企业所得税。

易错易混

小型微利企业分段计税

级次	减计应纳税所得额	低税率
年应纳税所得额不超过100万元的部分	减按25%计入应纳税所得额	按20%税率缴纳企业所得税
年应纳税所得额超过100万元但不超过300万元的部分	减按50%计入应纳税所得额	

相关链接

小型微利企业是指从事国家非限制和禁止行业，且同时符合年度应纳税所得额不超过300万元、从业人数不超过300人、资产总额不超过5000万元3个条件的企业。

15. 答案 D | 本题考点 土地增值税应纳税额的计算 | 难易程度 中

解析

（1）增值额=不含增值税的房地产转让收入-扣除项目金额=8000-5000。

（2）土地增值税应纳税额=增值额×税率-扣除项目金额×速算扣除系数=（8000-5000）×40%-5000×5%=950（万元）。

考点提炼

土地增值税应纳税额的整体计算思路：

（1）确定扣除项目金额。（本题已经给出为5000万元）

（2）计算增值额。

增值额=不含增值税的房地产转让收入-扣除项目金额

（3）计算增值率。

增值率=增值额÷扣除项目金额×100%

（4）确定适用税率及速算扣除系数。

本题已经直接给出适用税率及速算扣除系数，第（3）、（4）步可以省略。

（5）计算应纳税额。

应纳税额=增值额×适用税率-扣除项目金额×速算扣除系数

相关链接

销售“新建房”土地增值税的扣除项目

项目	具体规定	
取得土地使用权时所支付的金额	地价款+相关费用和税金（契税）	
房地产开发成本	包括土地征用及拆迁补偿费、前期工程费、建筑安装工程费、基础设施费、公共配套设施费和开发间接费用等	
房地产开发费用	利息能分摊能提供证明	利息+前2项之和×5%以内
	利息不能分摊或不能提供证明	前2项之和×10%以内
与转让房地产有关的税金	【房地产企业】城市维护建设税及教育费附加 【非房地产企业】城市维护建设税及教育费附加、印花税	
加计扣除	【房地产企业】前2项之和×20% 【非房地产企业】无该扣除项目	

16. 答案 A	本题考点　车船税征税范围	难易程度　易

解析

车船税的税目分为 6 大类，包括乘用车、商用车、挂车、其他车辆、摩托车和船舶，不包括自行车(不论人力的，还是电动的)、火车、拖拉机。

相关链接

车辆购置税 VS 车船税

项目	车辆购置税	车船税
纳税人	在境内“购置”（包括以购买、进口、自产、受赠、获奖或者其他方式取得并自用）应税车辆的单位和个人	在境内“拥有”规定的车辆、船舶的所有人或者管理人
征税范围	汽车、排气量超过 150 毫升的摩托车、有轨电车、汽车挂车。但不包括自行车、船舶	乘用车、商用车（客车和货车）、挂车、其他车辆（专用作业车、轮式专用机械车）、摩托车、船舶（机动船舶、非机动驳船、拖船和游艇）。但不包括拖拉机、火车
征税对象	车辆	车辆、船舶
税率	比例税率（从价计征）	定额税率（从量计征）
征收方式	一次性征收	每年都交

17. 答案 B	本题考点　房产税税收优惠	难易程度　易

解析

（1）选项 B：具有营利性质，不能免税。个人出租住房，按 4%的税率征收房产税。

（2）选项 ACD：所用房产均不具有营利性质，享受免税优惠。

考点提炼

“出租住房”相关的房产税减免税政策

免税	减税
（1）对公共租赁住房免征房产税 （2）对廉租住房经营管理单位按照政府规定价格、向规定保障对象出租廉租住房的租金收入，免征房产税	（1）对个人出租住房，不区分用途，按 4%的税率征收房产税 （2）对企事业单位、社会团体以及其他组织按市场价格向个人出租用于居住的住房，减按 4%的税率征收房产税

18. 答案 C	本题考点　应纳教育费附加的计算	难易程度　中

解析

教育费附加的计征依据为纳税人“实际缴纳的增值税、消费税税额之和”（选项 C），与缴纳的城市维护建设税(选项 ABD）无关。

相关链接 城市维护建设税的计税依据和教育费附加的计征依据是一致的，都是纳税人“实际缴纳的增值税、消费税税额之和”。

19. 答案 D | **本题考点** 税务行政复议的申请 | **难易程度** 易

解析 注意本题问的是提出行政复议“申请”的期限，申请人可以在知道税务机关作出具体行政行为之日起60 日内提出行政复议申请。

相关链接 议后再诉：对应当先向复议机关申请行政复议，对行政复议决定不服再向人民法院提起行政诉讼的具体行政行为，复议机关决定不予受理或者受理以后超过复议期限不作答复的，申请人可以自收到不予受理决定书之日起或者行政复议期满之日起15 日内，依法向人民法院提起行政诉讼。

20. 答案 A | **本题考点** 试用期 | **难易程度** 易

解析

劳动合同	试用期期限
劳动合同期限<3 个月（选项 D）	不得约定试用期
以完成一定工作任务为期限的劳动合同（选项 C）	
非全日制用工（选项 B）	
3 个月≤劳动合同期限<1 年	≤1 个月
1 年≤劳动合同期限<3 年	≤2 个月
劳动合同期限≥3 年	≤6 个月
无固定期限劳动合同（选项 A）	

21. 答案 C | **本题考点** 医疗期 | **难易程度** 中

解析 选项 C：实际工作年限 10 年以下的，在本单位工作年限 5 年以上的，医疗期期间为 6 个月。

考点提炼

医疗期的计算方法

实际工作年限	在本单位工作年限	医疗期期间	计算方法
<10 年	<5 年	3 个月	6 个月
	≥5 年	6 个月	12 个月
≥10 年	<5 年		
	5 年≤Y<10 年	9 个月	15 个月
	10 年≤Y<15 年	12 个月	18 个月
	15 年≤Y<20 年	18 个月	24 个月
	≥20 年	24 个月	30 个月

22. 答案 B	本题考点 劳动合同的解除和终止	难易程度 难

解析

（1）选项 ACD：属于劳动者可“随时通知”解除劳动合同的情形。

（2）选项 B：劳动者不需事先告知用人单位即可解除劳动合同，意味着情节非常严重，根本不必告知，表示“再不走就没命了”，“用人单位违章指挥、强令冒险作业危及劳动者人身安全的”符合题意。

易错易混

劳动者单方解除劳动合同

类型	适用情形	是否支付经济补偿金
提前通知解除	（1）劳动者提前 30 日以书面形式通知用人单位 （2）劳动者在试用期内提前 3 日通知用人单位	×
随时通知解除	（1）用人单位未按照劳动合同约定提供劳动保护或者劳动条件的 （2）用人单位未及时足额支付劳动报酬的 （3）用人单位未依法为劳动者缴纳社会保险费的 （4）用人单位的规章制度违反法律、法规的规定，损害劳动者权益的 （5）用人单位以欺诈、胁迫的手段或者乘人之危，使劳动者在违背真实意思的情况下订立或者变更劳动合同致使劳动合同无效的 （6）用人单位在劳动合同中免除自己的法定责任、排除劳动者权利的 （7）用人单位违反法律、行政法规强制性规定的	√
不需事先告知解除	（1）用人单位以暴力、威胁或者非法限制人身自由的手段强迫劳动者劳动的 （2）用人单位违章指挥、强令冒险作业危及劳动者人身安全的	√

相关链接

用人单位单方解除劳动合同

类型	适用情形	是否支付经济补偿金
随时通知解除（过失性辞退）	（1）劳动者在试用期间被证明不符合录用条件的 （2）劳动者严重违反用人单位的规章制度的 （3）劳动者严重失职，营私舞弊，给用人单位造成重大损害的 （4）劳动者同时与其他用人单位建立劳动关系，对完成本单位的工作任务造成严重影响，或者经用人单位提出，拒不改正的 （5）劳动者以欺诈、胁迫的手段或者乘人之危，使用人单位在违背真实意思的情况下订立或者变更劳动合同致使劳动合同无效的 （6）劳动者被依法追究刑事责任的	×

续表

类型	适用情形	是否支付经济补偿金
预告解除（无过失性辞退）	（1）劳动者患病或者非因工负伤，在规定的医疗期满后不能从事原工作，也不能从事由用人单位另行安排的工作的 （2）劳动者不能胜任工作，经过培训或者调整工作岗位，仍不能胜任工作的 （3）劳动合同订立时所依据的客观情况发生重大变化，致使劳动合同无法履行，经用人单位与劳动者协商，未能就变更劳动合同内容达成协议的	√
经济性裁员	（1）经济性裁员的适用情形： ①依照《企业破产法》规定进行重整的 ②生产经营发生严重困难的 ③企业转产、重大技术革新或者经营方式调整，经变更劳动合同后，仍需裁减人员的 ④其他因劳动合同订立时所依据的客观经济情况发生重大变化，致使劳动合同无法履行的 （2）特别程序 ①需要裁减人员20人以上或者裁减不足20人但占企业职工总数10%以上的，用人单位提前30日向工会或者全体职工说明情况，听取工会或者职工的意见后，裁减人员方案经向劳动行政部门报告，可以裁减人员 ②裁减人员不足20人且占企业职工总数不足10%的，无须执行上述程序	√

23. 答案 A | **本题考点 劳动报酬** | **难易程度 中**

解析 标准1（劳动者当月工资的80%）=4800×80%=3840（元），标准2（最低工资标准）为2200元；甲公司每月至少应按标准1和标准2中的孰高值（3840元）向王某发放工资，因此，可扣除的最高限额=4800-3840=960（元）。

考点提炼 因劳动者本人原因给用人单位造成经济损失的，用人单位可以按照劳动合同的约定要求其赔偿经济损失。经济损失的赔偿，可从劳动者本人的工资中扣除，但每月扣除的部分不得超过劳动者当月工资的20%。若扣除后的剩余工资部分低于当地月最低工资标准，则按最低工资标准支付。

二、多项选择题

1. 答案 AC	本题考点　诉讼时效	难易程度　难

解析

引起诉讼时效中止的事由是客观情况，即当事人主观意志不能左右的情形。引起诉讼时效中断的事由是当事人主观意志可以决定的情形。

（1）选项 AC：属于诉讼时效中止事由。

（2）选项 BD：属于诉讼时效中断事由。

易错易混

诉讼时效中止 VS 诉讼时效中断

	发生原因（事由）	发生时间	效果
诉讼时效中止	（1）不可抗力 （2）无民事行为能力人或者限制民事行为能力人没有法定代理人，或者法定代理人死亡、丧失民事行为能力、丧失代理权 （3）继承开始后未确定继承人或者遗产管理人 （4）权利人被义务人或者其他人控制 （5）其他导致权利人不能行使请求权的障碍	诉讼时效期间的最后 6 个月内	（1）诉讼时效期间暂停计算 （2）自中止时效的原因消除之日起满 6 个月，诉讼时效期间届满
诉讼时效中断	（1）权利人向义务人提出履行请求 （2）义务人同意履行义务 （3）权利人提起诉讼或者申请仲裁 （4）与提起诉讼或者申请仲裁具有同等效力的其他情形	诉讼时效进行中	（1）已经经过的诉讼时效期间清零 （2）从中断、有关程序终结时起，诉讼时效期间重新计算

相关链接

诉讼时效的期间、计算方法以及中止、中断的事由由法律规定，当事人约定无效。

2. 答案 ABCD	本题考点　单位内部控制制度	难易程度　难

解析

不相容职务是指那些如果由一个人担任，既可能发生错误舞弊行为，又可能掩盖其错误和舞弊行为的职务。不相容职务分离控制是企业内部控制的措施之一，不相容职务主要包括：授权批准与业务经办、业务经办与会计记录（选项 D）、会计记录与财产保管（选项 B）、业务经办与稽核检查（选项 A）、授权批准与监督检查（选项 C）等。

3. 答案 ABD	本题考点　增值税专用发票开具范围	难易程度　中

解析

（1）选项ABD：关于增值税专用发票的开具范围，教材中明确列举了“不得开具”的情形：①商业企业一般纳税人零售的烟、酒、食品、服装、鞋帽（不含劳保专用部分）、化妆品等消费品；②应税销售行为的购买方为消费者个人的；③发生应税销售行为适用免税规定的。

（2）选项C：接受方是“一般纳税人”，可以抵扣进项税额，所以可以对其开具增值税专用发票。

4. 答案 ABCD	本题考点　消费税销售额的确定	难易程度　易

解析

纳税人用于换取生产资料和消费资料（选项CD），投资入股（选项B）和抵偿债务（选项A）等方面的应税消费品，应当以纳税人同类应税消费品的最高销售价格作为计税依据计算消费税。

易错易混

消费税最高销售价格VS平均销售价格VS组成计税价格

<table>
<tr><th colspan="2">自产用途</th><th>消费税计税销售额</th></tr>
<tr><td rowspan="2">连续生产</td><td>应税消费品</td><td>×</td></tr>
<tr><td>非应税消费品</td><td rowspan="2">（1）纳税人最近时期同类应税消费品的平均销售价格
（2）组成计税价格＝成本＋利润+消费税</td></tr>
<tr><td rowspan="2">其他方面</td><td>（1）在建工程、管理部门、非生产机构
（2）提供劳务
（3）馈赠、赞助
（4）集资、广告、样品
（5）职工福利、奖励等</td></tr>
<tr><td>（1）换取生产资料和消费资料
（2）投资入股
（3）抵偿债务</td><td>最高销售价格</td></tr>
</table>

相关链接

消费税组成计税价格的三种情形

对于没有同类应税消费品平均销售价格，需要按照组成计税价格计税时，分为三种情形（以从价定率为例）：

自产自用：组成计税价格＝（成本+利润）÷（1−消费税比例税率）

委托加工：组成计税价格＝（材料成本+加工费）÷（1−消费税比例税率）

进口：组成计税价格＝（关税完税价格+关税）÷（1−消费税比例税率）

5. 答案 ABD | **本题考点** 企业所得税税前扣除项目 | **难易程度** 易

解析

（1）选项 C：企业之间支付的管理费、企业内营业机构之间支付的租金和特许权使用费，以及非银行企业内营业机构之间支付的利息，不得在税前扣除。

（2）选项 ABD：都属于企业生产经营过程中发生的合理费用，所以在计算企业所得税应纳税所得额时准予扣除。

6. 答案 ABCD | **本题考点** 个人所得税所得来源地的确定 | **难易程度** 易

解析

除国务院财政、税务主管部门另有规定外，下列所得，不论支付地点是否在中国境内，均为来源于中国境内的所得：

（1）因任职、受雇、履约等在中国境内提供劳务取得的所得（选项 D）。

（2）将财产出租给承租人在中国境内使用而取得的所得（选项 A）。

（3）许可各种特许权在中国境内使用而取得的所得（选项 B）。

（4）转让中国境内的不动产等财产或者在中国境内转让其他财产取得的所得（选项 C）。

（5）从中国境内企业、事业单位、其他组织以及居民个人取得的利息、股息、红利所得。

相关链接

企业所得税关于所得来源地的确定

所得类型		来源地的确定
销售货物所得		按照交易活动发生地确定
提供劳务所得		按照劳务发生地确定
转让财产所得	不动产转让所得	按照不动产所在地确定
	动产转让所得	按照转让动产的企业或者机构、场所所在地确定
	权益性投资资产转让所得	按照被投资企业所在地确定
股息、红利等权益性投资所得		按照分配所得的企业所在地确定
利息所得		按照负担、支付所得的企业或者机构、场所所在地确定，或者按照负担、支付所得的个人的住所地确定
租金所得		
特许权使用费所得		

7. 答案 AB | **本题考点** 税款征收措施 | **难易程度** 中

解析

（1）选项 AB：机动车辆、金银饰品、古玩字画、豪华住宅或者一处以外的住房，可以采取税收保全措施。

（2）选项 C：属于单价5000 元以下的其他生活用品，不得采取税收保全措施。

（3）选项 D：属于个人维持生活必需的住房，不得采取税收保全措施。

易错易混

税收保全措施执行范围

不在执行范围内	（1）个人及其所扶养家属维持生活必需的住房和用品 （2）单价5000元以下的其他生活用品
执行范围内的特殊情形	机动车辆、金银饰品、古玩字画、豪华住宅或者一处以外的住房

相关链接

税收保全措施和强制执行措施

项目	税收保全措施	强制执行措施
适用对象	仅限于从事生产、经营的纳税人	适用于从事生产经营的纳税人、扣缴义务人和纳税担保人
执行措施	（1）书面通知纳税人开户银行或者其他金融机构冻结纳税人的金额相当于应纳税款的存款 （2）扣押、查封纳税人的价值相当于应纳税款的商品、货物或者其他财产	（1）书面通知其开户银行或者其他金融机构从其存款中扣缴税款 （2）扣押、查封、依法拍卖或者变卖价值相当于应纳税款的商品、货物或者其他财产，以拍卖或者变卖所得抵缴税款（强调“卖”）
批准级别	经县以上税务局（分局）局长批准	
特殊规定	——	对纳税人、扣缴义务人、纳税担保人未缴纳的滞纳金必须同时强制执行

8. 答案 AC | **本题考点** 劳动合同的效力 | **难易程度** 易

解析

（1）选项AC：下列劳动合同无效或者部分无效：①以欺诈、胁迫的手段或者乘人之危，使对方在违背真实意思的情况下订立或者变更劳动合同的；②用人单位免除自己的法定责任、排除劳动者权利的；③违反法律、行政法规强制性规定的。

（2）选项B：不导致劳动合同无效，而是由劳动行政部门责令改正，给劳动者造成损害的，应当承担赔偿责任。

（3）选项D：用人单位发生合并或者分立等情况，原劳动合同继续有效，劳动合同由承继其权利和义务的用人单位继续履行。

9. 答案 ABCD | **本题考点** 工伤保险待遇 | **难易程度** 难

解析

由工伤保险基金支付的费用：(1)治疗工伤的医疗费用和康复费用(选项AD)；(2)住院伙食补助费(选项B)；(3)到统筹地区以外就医的交通食宿费；(4)安装配置伤残辅助器具所需费用；(5)生活不能自理的，经劳动能力鉴定委员会确认的生活护理费；(6)一次性伤残补助金和一至四级伤残职工按月领取的伤残津贴；(7)终止或者解除劳动合同时，应当享受的一次性医疗补助金；(8)因工死亡的，其遗属领取的丧葬补助金、供养亲属抚恤金和因工死亡补助金；(9)劳动能力鉴定费(选项C)。

相关链接 因工伤发生的下列费用，按照国家规定由用人单位支付：（1）治疗工伤期间的工资福利；（2）五级、六级伤残职工按月领取的伤残津贴；（3）终止或者解除劳动合同时，应当享受的一次性伤残就业补助金。

10. 答案 ABCD	本题考点 劳动合同的解除和终止	难易程度 易

解析 裁减人员时，应当优先留用下列人员：（1）与本单位订立较长期限的固定期限劳动合同的（选项B）；（2）与本单位订立无固定期限劳动合同的（选项D）；（3）家庭无其他就业人员，有需要扶养的老人或者未成年人的（选项AC）。

三、判断题

1. 答案 ×	本题考点 行政复议	难易程度 易

解析 行政复议的举证责任，由“被申请人”承担。

2. 答案 ×	本题考点 会计职业道德	难易程度 易

解析 会计职业道德是对会计法律制度的重要补充，会计法律制度是对会计职业道德的最低要求。

相关链接 （1）会计职业道德与会计法律制度在内容上相互渗透、相互吸收；（2）会计职业道德与会计法律制度在作用上相互补充、相互协调。

3. 答案 √	本题考点 会计工作的单位内部监督	难易程度 易

解析 单位内部会计监督是指各单位的会计机构、会计人员（监督主体）依法通过会计手段对本单位经济活动（监督对象）的合法性、合理性和有效性进行监督。

易错易混

会计监督

	监督主体	监督对象
会计工作的单位内部监督	会计机构、会计人员	本单位经济活动

续表

	监督主体	监督对象
会计工作的社会监督	注册会计师及其所在的会计师事务所等中介机构	委托单位的经济活动
	任何单位和个人	会计行为
会计工作的政府监督	财政部门	各单位和单位中相关人员的会计行为
	审计、税务、人民银行、证券监管、保险监管等部门	有关单位的会计资料

4. 答案 √ | **本题考点** 支票的付款 | **难易程度** 易

解析

收款人持用于支取现金的支票向付款人提示付款时，应在支票背面“收款人签章”处签章，持票人为个人的，还需交验本人身份证件，并在支票背面注明证件名称、号码及发证机关。

相关链接

支票分为现金支票、转账支票和普通支票三种。持票人持用于转账的支票向付款人提示付款时，应在支票背面背书人签章栏签章，并将支票和填制的进账单送交出票人开户银行。

5. 答案 √ | **本题考点** 银行汇票 | **难易程度** 易

解析

现金银行汇票不得背书转让，转账银行汇票的背书转让以不超过出票金额的实际结算金额为准，未填写实际结算金额或实际结算金额超过出票金额的银行汇票不得背书转让。

相关链接

（1）出票人记载“不得转让”的，票据不得背书转让。（2）填明“现金”字样的银行汇票、银行本票和现金支票不得背书转让。（3）汇票被拒绝承兑、被拒绝付款或者超过付款提示期限的，不得背书转让。

6. 答案 √ | **本题考点** 增值税的税收优惠 | **难易程度** 易

相关链接

学生勤工俭学提供服务取得的收入照章缴纳个人所得税。

7. 答案 ×	本题考点　企业所得税亏损弥补	难易程度　中

解析

企业在汇总计算缴纳企业所得税时，其境外营业机构的亏损“不得”抵减境内营业机构的盈利。

考点提炼

（1）可以“外补内”（境内亏损可以抵减境外盈利）。

（2）不可以“内补外”（境外亏损不可以抵减境内盈利）。

8. 答案 √	本题考点　契税的征税范围	难易程度　中

解析

土地、房屋典当、分拆（分割）、抵押以及出租等行为，不属于契税的征税范围。本题“出租”不转移房屋权属，不涉及缴纳契税及土地增值税。

相关链接

契税征税范围

行为	是否属于征税范围
土地使用权出让	√
土地使用权转让 （不包括土地承包经营权和土地经营权的转移）	√
房屋买卖	√
房屋赠与	√
房屋互换	√ （等价互换不需要纳税）
出租房地产	×
抵押期间的房地产	×
以土地、房屋权属作价投资（入股）	√

9. 答案 √	本题考点　应纳税额的核定	难易程度　易

考点提炼

纳税人有下列情形之一的，税务机关有权核定其应纳税额：

（1）依照法律、行政法规的规定可以不设置账簿的。

（2）依照法律、行政法规的规定应当设置但未设置账簿的。

（3）擅自销毁账簿或者拒不提供纳税资料的。

（4）虽设置账簿，但账目混乱或者成本资料、收入凭证、费用凭证残缺不全，难以查账的。

（5）发生纳税义务，未按照规定的期限办理纳税申报，经税务机关责令限期申报，逾期仍不申报的。

（6）纳税人申报的计税依据明显偏低，又无正当理由的。

10. 答案 ×	本题考点　劳动仲裁	难易程度　易

解析

劳动争议由劳动合同履行地或者用人单位所在地的劳动争议仲裁委员会管辖；双方当事人分别向劳动合同履行地和用人单位所在地的劳动争议仲裁委员会申请仲裁的，由“劳动合同履行地”的劳动争议仲裁委员会管辖。

四、不定项选择题

（一）

1. 答案 AD	本题考点　企业银行结算账户的开立	难易程度　中

解析

（1）选项 A：开立单位银行结算账户时，应填写“开立单位银行结算账户申请书”，并加盖单位公章和法定代表人（单位负责人）或其授权代理人的签名或者盖章。

（2）选项 B：企业开立基本存款账户、临时存款账户、一般存款账户、专用存款账户（另有规定除外），个人开立个人银行结算账户，实行备案制。

（3）选项 C：企业银行结算账户，自开立之日即可办理收付款业务。

（4）选项 D：开立银行结算账户时，银行应与存款人签订银行结算账户管理协议，明确双方的权利与义务。

相关链接

申请开立个人银行结算账户时，存款人应填写“开立个人银行结算账户申请书”，并加盖其个人签章。

2. 答案 ACD	本题考点　企业银行结算账户的开立，专用存款账户	难易程度　中

解析

（1）选项 A：基本建设资金、更新改造资金、政策性房地产开发资金、住房基金、社会保障基金，应出具主管部门批文。

（2）选项 B：持有基本存款账户编号的企业申请开立一般存款账户、专用存款账户、临时存款账户时，应当向银行提供基本存款账户编号。

（3）选项 C：企业开立基本存款账户、临时存款账户、一般存款账户、专用存款账户（另有规定除外），个人开立个人银行结算账户，实行备案制。

（4）选项 D：基本建设资金、更新改造资金、政策性房地产开发资金账户需要支取现金的，应在开户时报中国人民银行当地分支行批准。

相关链接　一个单位只能开立一个基本存款账户，专用存款账户无数量限制。

3. 答案 ABCD	本题考点　商业汇票的承兑	难易程度　中

解析　银行承兑汇票的出票人或持票人向银行提示承兑时，银行：（1）对出票人的资格、资信、购销合同和汇票记载的内容进行认真审查，必要时可由出票人提供担保（选项A）；（2）对电子商业汇票的真实交易关系和债权债务关系进行在线审核（选项D）；（3）符合规定和承兑条件的，与出票人签订承兑协议（选项B）；（4）银行承兑汇票的承兑银行，应按票面金额的一定比例向出票人收取手续费，银行承兑汇票手续费为市场调节价（选项C）。

4. 答案 ABCD	本题考点　商业汇票的贴现	难易程度　中

解析　电子商业汇票贴现必须记载：贴出人名称、贴入人名称（选项D）、贴现日期、贴现类型、贴现利率（选项C）、实付金额（选项B）、贴出人签章（选项A）。

相关链接　电子商业汇票出票必须记载下列事项：表明“电子银行承兑汇票”或“电子商业承兑汇票”的字样；无条件支付的委托；确定的金额；出票人名称；付款人名称；收款人名称；出票日期；票据到期日；出票人签章。

（二）

1. 答案 D	本题考点　工资、薪金所得预扣预缴个人所得税的计算	难易程度　难

解析

（1）居民个人工资、薪金所得，应当按照累计预扣法计算预扣税款。

（2）累计预扣预缴应纳税所得额=累计收入－累计免税收入－累计减除费用－累计专项扣除－累计专项附加扣除－累计依法确定的其他扣除。

（3）本题中5000元/月属于减除费用；基本养老保险费、基本医疗保险费、失业保险费、住房公积金3900元/月属于专项扣除；独生子正在读小学的子女教育支出1000元/月属于专项附加扣除。

（4）代入数据后，累计预扣预缴应纳税所得额＝20000×12－5000×12－3900×12－1000×12＝121200（元）。

（5）本题的“坑”在于采用“累计预扣法”计算预扣预缴税款时，要减去之前月份“累计已预扣预缴税额”，所以本期应预扣预缴税额＝（累计预扣预缴应纳税所得额×预扣率－速算扣除数）－累计减免税额－累计已预扣预缴税额＝121200×10%－2520－8590＝1010（元）。

2. 答案 A	本题考点 劳务报酬所得预扣预缴个人所得税的计算	难易程度 中

解析

劳务报酬所得预扣预缴税额时要和4000元进行比较，超过4000元的扣除20%的费用，因此劳务报酬所得应预扣预缴的税额=每次收入×（1-20%）×预扣率-速算扣除数=5000×（1-20%）×20%-0=800（元）。

3. 答案 B	本题考点 综合所得个人所得税的计算	难易程度 难

解析

（1）选项AC：从劳务报酬所得的收入额确认入手，劳务报酬所得在年度汇算清缴时以收入减除20%的费用后的余额为收入额。

（2）选项D：没有减除允许减除的专项扣除和专项附加扣除。

	项目	计税收入额	扣除项目
居民个人综合所得	工资、薪金所得	20000	①减除费用：60000 ②专项扣除：3900×12 ③专项附加扣除：1000×12 ④依法确定的其他扣除：无
	劳务报酬所得	5000×（1-20%）	
	稿酬所得	无	
	特许权使用费所得	无	

考点提炼

（1）综合所得应纳税额=应纳税所得额×适用税率-速算扣除数

=（每一纳税年度收入额-费用6万元-专项扣除-专项附加扣除-依法确定的其他扣除）×适用税率-速算扣除数

（2）劳务报酬所得、稿酬所得、特许权使用费所得以收入减除20%的费用后的余额为收入额。稿酬所得收入额减按70%计算。

易错易混

预扣预缴应纳税所得额VS计入综合所得的收入额

分类		预扣预缴应纳税所得额（每次收入额）	计入综合所得应纳税所得额时的收入额
每次收入≤4000元	劳务报酬所得	每次收入-800	收入×（1-20%）
	稿酬所得	（每次收入-800）×70%	收入×（1-20%）×70%
	特许权使用费所得	每次收入-800	收入×（1-20%）
每次收入>4000元	劳务报酬所得	每次收入×（1-20%）	收入×（1-20%）
	稿酬所得	每次收入×（1-20%）×70%	收入×（1-20%）×70%
	特许权使用费所得	每次收入×（1-20%）	收入×（1-20%）

相关链接

居民个人综合所得的扣除项目

项目	主要规定
减除费用	60000元/年
专项扣除	“三险一金”，包括居民个人按照国家规定的范围和标准缴纳的基本养老保险、基本医疗保险、失业保险等（基本）社会保险费和住房公积金等
专项附加扣除	子女教育专项附加扣除
	继续教育专项附加扣除
	大病医疗专项附加扣除
	住房贷款利息专项附加扣除
	住房租金专项附加扣除
	赡养老人专项附加扣除
依法确定的其他扣除	包括个人缴付符合国家规定的企业年金、职业年金，个人购买符合国家规定的商业健康保险、税收递延型商业养老保险的支出，以及国务院规定可以扣除的其他项目

4. 答案 ACD	本题考点　个人所得税的税收优惠	难易程度　中

解析

“不缴纳”个人所得税包含“不征收”和“免征”两种情况，学员应注意区分。

(1) 选项A：储蓄存款利息所得暂免征收个人所得税。

(2) 选项B：个人出租房屋所得照章缴纳个人所得税，没有免税的优惠。

(3) 选项C：企业赠送的具有价格折扣或折让性质的消费券、代金券、抵用券、优惠券，不缴纳个人所得税。

(4) 选项D：对个人购买福利彩票、体育彩票，一次中奖收入在1万元以下（含1万元）的暂免征收个人所得税；超过1万元的，全额征收个人所得税。

易错易混

个人所得税常见免税项目辨析

项目	（暂）免税	征税
购买福利彩票、体育彩票一次中奖收入	1万元以下（含）	超过1万元（全额征）
单张有奖发票奖金所得	800元以下（含）	超过800元（全额征）
利息所得	(1) 国债 (2) 国家发行的金融债券利息 (3) 储蓄存款利息	拥有一般债权取得的利息所得
持有境内上市公司股票分得的股息	持股期限>1年	(1) 持股期限≤1个月——全额计入应纳税所得额 (2) 1个月<持股期限≤1年——暂减按50%计入应纳税所得额
外籍个人取得的住房补贴、伙食补贴、搬迁费、洗衣费	(1) 以非现金形式 (2) 实报实销形式	现金形式

（三）

1. 答案 ACD	本题考点　不得从销项税额中抵扣的进项税额	难易程度　中

解析

进项税额的抵扣，主要考查两个方面，其一是取得的凭证是否合法，其二是用途是否合理，只有都满足的情况下才可以抵扣进项税额。

（1）选项 ACD：凭证合法，用途合理，可以抵扣进项税额。

（2）选项 B：凭证不合法（取得增值税“普通”发票），不可以抵扣进项税额。

2. 答案 B	本题考点　准予从销项税额中抵扣的进项税额	难易程度　难

解析

符合规定的“国内旅客运输服务”进项税额可以抵扣，但是铁路车票和公路客票的计税公式不太一致。

（1）铁路旅客运输进项税额=票面金额÷（1+9%）×9%=10.9÷（1+9%）×9%。

（2）公路、水路等其他旅客运输进项税额=票面金额÷（1+3%）×3%=5.15÷（1+3%）×3%。

易错易混

国内旅客运输服务不同票据下进项税额的抵扣

购进国内旅客运输服务取得的票据	进项税额的抵扣
增值税专用发票	发票上注明的税额
增值税电子普通发票	发票上注明的税额
注明旅客身份信息的航空运输电子客票行程单	航空旅客运输进项税额=（票价+燃油附加费）÷（1+9%）×9%
注明旅客身份信息的铁路车票	铁路旅客运输进项税额=票面金额÷（1+9%）×9%
注明旅客身份信息的公路、水路等其他客票	公路、水路等其他旅客运输进项税额=票面金额÷（1+3%）×3%

相关链接

中华人民共和国境内的单位和个人销售的国际运输服务，适用增值税零税率。

3. 答案 A	本题考点　增值税销项税额的计算	难易程度　中

解析

本题应先判定增值税纳税义务发生时间，然后根据确定的具体销售额进行计税。

（1）纳税人采取赊销和分期收款方式销售货物，增值税纳税义务发生时间为书面合同约定的收款日期当天，无书面合同的或者书面合同没有约定收款日期的，为货物发出的当天；在本题中，分期收款方式销售 W 型大型机械设备约定了收款日期，应以不含增值税的本月应收金额［（226×50%）÷（1+13%）］为计税销售额。

（2）采取预收货款方式销售货物，增值税纳税义务发生时间为货物发出的当天，但生产销售生产工期超过 12 个月的大型机械设备、船舶、飞机等货物，为收到预收款或书面合同约定的收款日期的当天；在本题中，Y 型大型机械设备的生产工期为 18 个月，纳税义务发生时间应为收到预收款的当天（960. 5 万元全部需要纳税）。

（3）本题给出的销售额均为含税销售额，需要÷（1+增值税税率）进行价税分离。

相关链接

增值税纳税义务发生时间

一般规定：纳税人发生应税销售行为，其纳税义务发生时间通常为收讫销售款项或者取得索取销售款项凭据的当天；先开具发票的，为开具发票的当天。具体为：

情形	具体纳税义务发生时间
采取直接收款方式销售货物	不论货物是否发出，均为收到销售款或取得索取销售款凭据的当天
采取托收承付和委托银行收款方式销售货物	发出货物并办妥托收手续的当天
采取赊销和分期收款方式销售货物	书面合同约定的收款日期当天 无书面合同的或者书面合同没有约定收款日期的，为货物发出的当天
采取预收货款方式销售货物	货物发出的当天 但生产销售生产工期超过 12 个月的大型机械设备、船舶、飞机等货物，为收到预收款或书面合同约定的收款日期的当天
销售租赁服务采取预收款方式	收到预收款的当天
委托其他纳税人代销货物	收到代销单位的代销清单或者收到全部或者部分货款的当天。未收到代销清单及货款的，为发出代销货物满 180 天的当天
发生视同销售货物行为（委托他人代销货物、销售代销货物除外）	货物移送的当天
发生视同销售应税服务、无形资产或者不动产情形	应税服务、无形资产转让完成的当天或者不动产权属变更的当天
从事金融商品转让	金融商品所有权转移的当天
进口货物	报关进口的当天

4. 答案 B　　本题考点　增值税扣缴计税方法　　难易程度　中

解析

境外单位或者个人在境内发生应税销售行为，在境内未设有经营机构的，扣缴义务人按照下列公式计算应扣缴税额：应扣缴税额＝购买方支付的价款÷（1+税率）×税率。

2020 年会计专业技术资格考试《经济法基础》试题（2）

参考答案及解析

扫码看答案

使用“微信”或“会计云课堂”App 扫描右侧二维码，即可查阅电子版答案及解析，“手机看答案更轻松”。

一、单项选择题

1. 答案 D	本题考点　我国法的主要形式	难易程度　中

解析　选项 D：宪法是国家的根本大法，具有最高的法律效力。

考点提炼　效力等级：宪法>法律>行政法规>地方性法规>本级和下级地方政府规章。

易错易混

法的制定机关与效力等级

<table>
<tr><th colspan="2">种类</th><th>制定机关</th><th>效力等级</th></tr>
<tr><td colspan="2">宪法</td><td>全国人民代表大会</td><td>具有最高的法律效力</td></tr>
<tr><td colspan="2">法律</td><td>全国人民代表大会及其常务委员会</td><td>效力仅次于宪法</td></tr>
<tr><td colspan="2">行政法规</td><td>国务院</td><td>效力仅次于宪法和法律</td></tr>
<tr><td colspan="2">地方性法规</td><td>有地方立法权的地方人民代表大会及其常务委员会</td><td>不得与宪法、法律和行政法规相抵触</td></tr>
<tr><td rowspan="2">规章</td><td>部门规章</td><td>国务院各部、委员会、中国人民银行、审计署和具有行政管理职能的直属机构</td><td>根据法律和国务院的行政法规、决定、命令，在本部门权限范围内制定</td></tr>
<tr><td>地方政府规章</td><td>有地方立法权的地方人民政府</td><td>根据法律、行政法规和本省、自治区、直辖市的地方性法规制定</td></tr>
</table>

相关链接

判例不属于我国法的形式，人民法院所作的判决书、最高人民法院指导案例等不能作为法的形式。

2. 答案 B	本题考点　法律事实	难易程度　难

解析

按照是否以当事人的意志为转移作标准，可以将法律事实划分为法律事件和法律行为两大类。法律事件具有客观性，是指不以当事人的意志为转移而引起法律关系发生、变更或消灭的法定情况或者现象。法律行为是指以法律关系主体意志为转移，能够引起法律关系发生、变更和消灭的人们有意识的活动。

（1）选项 ACD：突发地震、火山喷发、台风登陆是自然现象，是当事人无法控制、无法预见的事件，属于法律事件。

（2）选项 B：书立遗嘱是人有意识的行为，可以产生相应的法律后果，属于法律行为。

易错易混

法律事件 VS 法律行为，详见 P123 单选 1。

3. 答案 C	本题考点　银行卡账户和交易	难易程度　中

解析

（1）选项 AD：单位人民币卡账户的资金一律由“基本存款账户”转账存入，不得存取现金，不得将销货收入存入单位卡账户。

（2）选项 B：单位外币卡账户的资金应从其单位的外汇账户转账存入，不得在境内存取外币现钞。

（3）选项 C：严禁将单位的款项转入个人账户存储。

相关链接

个人人民币卡账户的资金以其持有的现金存入或以其工资性款项、属于个人的合法的劳务报酬、投资回报等收入转账存入。个人外币卡账户的资金以其个人持有的外币现钞存入或者从其外汇账户（含外钞账户）转账存入。

4. 答案 D	本题考点　企业银行结算账户的撤销	难易程度　易

解析

撤销银行结算账户时，应先撤销一般存款账户（选项 C）、专用存款账户（选项 B）、临时存款账户（选项 A），将账户资金转入基本存款账户后，方可办理基本存款账户（选项 D）的撤销。

相关链接 存款人尚未清偿其开户银行债务的，不得申请撤销该银行结算账户。

5. 答案 D	本题考点　支付结算概述	难易程度　易

解析 我国《票据法》中规定的票据限于汇票（选项 C）、本票（选项 A）、支票（选项 B）。

考点提炼 传统的人民币非现金支付工具主要包括“三票一卡”和结算方式。“三票一卡”是指三种票据（汇票、本票和支票）和银行卡，结算方式包括汇兑、托收承付和委托收款。

易错易混

我国的票据分类

- 票据
  - 汇票
    - 银行汇票
    - 商业汇票
      - 银行承兑汇票
      - 商业承兑汇票
  - 银行本票
  - 支票
    - 现金支票
    - 转账支票
    - 普通支票

6. 答案 A	本题考点　增值税销项税额的计算	难易程度　易

解析

（1）将自产产品无偿对外赠送，视同销售产品计算增值税销项税额。

（2）由于无同类货物销售价格，应组成计税价格计算。

（3）甲公司当月该笔业务增值税销项税额＝组成计税价格×适用税率＝成本×（1+成本利润率）×适用税率＝1000×113×（1+10%）×13%＝16159（元）。

考点提炼

增值税视同销售货物的情况

业务	具体内容
代销相关	纳税人将货物交付其他单位或者个人代销
	纳税人销售代销货物
移送相关	设有两个以上机构并实行统一核算的纳税人，将货物从一个机构移送至其他机构用于销售，但相关机构设在同一县（市）的除外

续表

业务	具体内容	
特定用途相关	自产或委托加工的货物	用于投资、分配、赠送等改变所有权的情形
		用于集体福利、个人消费
	外购的货物	用于投资、分配、赠送等改变所有权的情形

7. 答案 A	本题考点　增值税征收管理	难易程度　中

解析

采取直接收款方式销售货物，不论货物是否发出，均为收到销售款或取得索取销售款凭据的当天。先开具发票的，为发票开具的当天，即主要看“收钱日期”和“开票日期”的较早者。在本题中，甲公司于8月28日收到货款（选项D），但是于8月13日先开具发票，其增值税纳税义务发生时间应为2019年8月13日（选项A）。

相关链接

增值税纳税义务发生时间，详见P147不定项（三）第3题。

8. 答案 A	本题考点　消费税税率	难易程度　易

解析

消费税的15个税目分为从价、从量和复合三种计税形式，其中从量计征和复合计征的较少，建议记忆这两种，其余采用排除法解题。

（1）选项A：从量计征消费税的应税消费品限于啤酒、黄酒、成品油。

（2）选项BCD：均实行从价计征办法计缴消费税。

相关链接

消费税各税目的适用税率

税率及计税形式	适用项目
定额税率（从量计征）	啤酒、黄酒、成品油
比例税率和定额税率并用（复合计征）	卷烟、白酒
比例税率（从价计征）	除上述以外的其他项目

9. 答案 C	本题考点　消费税的征税范围	难易程度　中

解析

对于此类考查消费税征税范围的题目首先看清四个选项给出的“客体”是否都是消费税的应税消费品；其次看清各选项的应税消费品与对应的征税环节是否匹配。

（1）选项A：电动汽车不属于应税消费品，不缴纳消费税。

（2）选项BC：白酒、高档化妆品在生产、委托加工或者进口环节缴纳消费税；选项 B 是零售环节，不缴纳消费税；选项 C 是生产销售环节，应缴纳消费税。
(3) 选项 D：“金银铂钻”仅在零售环节缴纳消费税，进口环节不缴纳消费税。

易错易混

消费税各征税环节

项目	生产销售、委托加工或进口环节	批发环节	零售环节
“金银铂钻”首饰	×	×	√
超豪华小汽车	√	×	√（加征）
卷烟	√	√（加征）	×
其他应税消费品	√	×	×

10. 答案 B　　本题考点　消费税应纳税额的计算　　难易程度　难

解析

(1) 竹制筷子不属于消费税应税消费品，这是本题的“坑”，销售“竹制”筷子不缴纳消费税。
(2) 销售“木制”一次性筷子需要缴纳消费税。
(3) 木制一次性筷子属于非酒类产品，其包装物押金在“逾期未退没收”时价税分离后并入销售额计税，本题中包装物押金 0.226 万元也是本题的“坑”，取得时点是“逾期未退没收”时，需要计税。
(4) 所以甲筷子厂当月上述业务应缴纳消费税税额 = [12+0.226÷(1+13%)] × 5% = 0.61（万元）。

考点提炼

对于非酒类产品，如果包装物不作价随同产品销售，而是单独记账核算收取押金，此项押金则不应并入应税消费品的销售额中征税；但对因逾期未收回包装物不再退还的或者已收取的时间超过 12 个月的押金，应并入应税消费品的销售额，缴纳消费税。

易错易混

包装物押金的消费税计税规定

所包装货物		计税规定	
		收取押金时	没收押金或收取1年以上时
酒、成品油以外的应税消费品		不纳消费税	换算成不含增值税销售额计算消费税
成品油		不纳消费税	不纳消费税
酒	啤酒、黄酒	不纳消费税	不纳消费税
酒	啤酒、黄酒以外的酒	换算成不含增值税销售额计算消费税	不重复计算消费税

相关链接

啤酒、黄酒、成品油从量计征消费税，包装物押金只影响啤酒类别和税率的适用情况，不直接影响消费税的计算。

11. 答案 A	本题考点　工资、薪金所得预扣预缴个人所得税的计算	难易程度　中

解析

（1）选项 BD：住房贷款利息专项附加扣除不按“实际发生额”扣除，按“法定标准”扣除。这是本题的“坑”，只能扣除 1000 元/月，不能按照 2500 元/月扣除。

（2）选项 C：没有考虑住房贷款利息专项附加扣除。

考点提炼

（1）居民个人工资、薪金所得，应当按照累计预扣法计算预扣税款，累计预扣预缴应纳税所得额＝累计收入－累计免税收入－累计减除费用－累计专项扣除－累计专项附加扣除－累计依法确定的其他扣除

（2）本期应预扣预缴税额＝（累计预扣预缴应纳税所得额×预扣率－速算扣除数）－累计减免税额－累计已预扣预缴税额

（3）因为本题是 1 月的业务，所以不存在累计已预扣预缴税额。

12. 答案 C	本题考点　劳务报酬所得预扣预缴个人所得税的计算	难易程度　中

解析

（1）选项 AB：劳务报酬所得在预扣预缴时，减除费用实行定额和定率相结合的模式，注意需要和 4000 元进行比较，每次收入 4000 元以下的定额减除 800 元，每次收入 4000 元以上的定率减除 20%。本题劳务报酬 5200 元超过 4000 元，所以通过“×（1－20%）”的方式减除费用。

（2）选项 D：其他支出（例如交通费 200 元）不得减除，这是本题的“坑”。

相关链接

劳务报酬所得、稿酬所得、特许权使用费所得应预扣预缴的税额

收入类型		预扣预缴应纳税所得额（每次收入额）	应预扣预缴的税额
每次收入≤4000 元	劳务报酬所得	每次收入－800	（每次收入－800）×预扣率－速算扣除数
	稿酬所得	（每次收入－800）×70%	（每次收入－800）×70%×预扣率
	特许权使用费所得	每次收入－800	（每次收入－800）×预扣率
每次收入>4000 元	劳务报酬所得	每次收入×（1－20%）	每次收入×（1－20%）×预扣率－速算扣除数
	稿酬所得	每次收入×（1－20%）×70%	每次收入×（1－20%）×70%×预扣率
	特许权使用费所得	每次收入×（1－20%）	每次收入×（1－20%）×预扣率

13. 答案 D	本题考点 个人所得税每次收入的确定	难易程度 中

解析

本题注意看清“应税项目”，有以“一次”为一次的，有以“一月”为一次的。

（1）选项 ABC：表述均正确。

（2）选项 D：财产租赁所得，以“一个月内”取得的收入为一次。

考点提炼

非居民个人取得的劳务报酬所得、稿酬所得、特许权使用费所得，属于一次性收入的，以取得该项收入为一次；属于同一项目连续性收入的，以一个月内取得的收入为一次。

易错易混

每次收入的确定

“次”的分类	具体情形	“次”的规定
一次为一次	非居民个人劳务报酬所得、稿酬所得、特许权使用费所得，属于一次性收入的	以取得该项收入为一次
	利息、股息、红利所得	以支付利息、股息、红利时取得的收入为一次
	偶然所得	以每次取得该项收入为一次
一月为一次	非居民个人劳务报酬所得、稿酬所得、特许权使用费所得，属于同一项目连续取得收入的	以一个月内取得的收入为一次
	财产租赁所得	

相关链接

（1）居民个人取得综合所得，“按年”计算个人所得税。

（2）纳税人取得经营所得，“按年”计算个人所得税。

14. 答案 D	本题考点 个人所得税应纳税所得额的确定	难易程度 易

解析

（1）选项 ABC：属于“依法确定的其他扣除”。

（2）选项 D：属于专项扣除（按照规定缴纳的“三险一金”）。

考点提炼

（1）专项扣除：包括居民个人按照国家规定的范围和标准缴纳的基本养老保险、基本医疗保险、失业保险等（基本）社会保险费和住房公积金等，简称“三险一金”。

（2）依法确定的其他扣除：包括个人缴付符合国家规定的企业年金、职业年金，个人购买符合国家规定的商业健康保险、税收递延型商业养老保险的支出，以及国务院规定可以扣除的其他项目。

易错易混

专项扣除与专项附加扣除

专项扣除	专项附加扣除
（1）基本养老保险 （2）基本医疗保险 （3）失业保险 （4）住房公积金	（1）子女教育 （2）继续教育 （3）大病医疗 （4）住房贷款利息 （5）住房租金 （6）赡养老人

15. 答案 D	本题考点 印花税税率	难易程度 易

解析

（1）选项 D：印花税按件贴花的限于“权利、许可证照”，包括商标注册证、不动产权证书、营业执照、专利证书。

（2）选项 ABC：适用比例税率计税贴花。

16. 答案 B	本题考点 城市维护建设税的计税依据	难易程度 易

解析

（1）选项 B：城市维护建设税以纳税人依法实际缴纳的“增值税、消费税税额”为计税依据，并且在计算计税依据时应当按照规定扣除期末留抵退税退还的增值税税额。

（2）选项 ACD：均为迷惑性选项，不能作为城市维护建设税计税依据。

相关链接

城建税计税依据包含因素 VS 不包含因素

包含因素	不包含因素
纳税人向税务机关依法实际缴纳的增值税、消费税税额	（1）进口货物或者境外单位和个人向境内销售劳务、服务、无形资产缴纳的增值税、消费税税额 （2）期末留抵退税退还的增值税税额 （3）除增值税、消费税以外的其他税额 （4）非税款项（纳税人违反增值税、消费税有关规定而被加收的滞纳金和罚款等）

17. 答案 D	本题考点 车辆购置税应纳税额的计算	难易程度 难

解析

进口自用行为的车辆购置税需要组价计算，本题的关键点在于“组成计税价格”公式的确定。

（1）选项 AC：小汽车属于消费税应税消费品，组价中应包含消费税税额。

（2）选项 BD：进口应税车辆的车辆购置税应纳税额 =（关税完税价格+关税+消费税）×车辆购置税税率，其中应包含关税税额。

易错易混

“不同方式下”车辆购置税的计税价格

行为	计税价格	应纳税额
购买自用应税车辆	纳税人实际支付给销售者的全部价款，不包括增值税税款	应纳税额 = 计税价格 × 税率（10%）
进口自用应税车辆	关税完税价格加上关税和消费税	
自产自用应税车辆	按照纳税人生产的同类应税车辆的销售价格确定，不包括增值税税款	
以受赠、获奖或者其他方式取得自用应税车辆	按照购置应税车辆时相关凭证载明的价格确定，不包括增值税税款	

相关链接

纳税人申报的应税车辆计税价格明显偏低，又无正当理由的，由税务机关依照《中华人民共和国税收征收管理法》的规定核定其应纳税额。

18. 答案 B	本题考点 烟叶税应纳税额的计算	难易程度 易

解析

烟叶税应纳税额 = 价款总额×烟叶税税率，其中价款总额 = 烟叶收购价款+价外补贴（统一按烟叶收购价款的 10%计算），所以甲公司当月该笔业务应缴纳烟叶税税额 =（1000000+100000）×20% = 220000（元）。

19. 答案 A	本题考点 税款征收措施	难易程度 难

解析

（1）选项 A：属于“税收保全措施”。
（2）选项 B：属于“税收强制执行措施”。
（3）选项 C：属于“责令缴纳”。
（4）选项 D：属于“责令提供纳税担保”。

考点提炼

税款征收措施的具体内容

税款征收措施
- （1）责令缴纳 → 基本适用情形：纳税人未按照规定期限缴纳税款的，扣缴义务人未按照规定期限解缴税款的，税务机关可责令限期缴纳，并从滞纳税款之日起，按日加收滞纳金
- （2）责令提供纳税担保
  - ①适用纳税担保的情形
  - ②纳税担保的范围
- （3）采取税收保全措施
  - ①书面通知纳税人开户银行或者其他金融机构冻结纳税人的金额相当于应纳税款的存款
  - ②扣押、查封纳税人的价值相当于应纳税款的商品、货物或者其他财产
- （4）采取强制执行措施
  - ①书面通知其开户银行或者其他金融机构从其存款中扣缴税款
  - ②扣押、查封、依法拍卖或者变卖其价值相当于应纳税款的商品、货物或者其他财产，以拍卖或者变卖所得抵缴税款（强调“卖”）
- （5）阻止出境 → 欠缴税款的纳税人或者其法定代表人在出境前未按规定结清应纳税款、滞纳金或者提供纳税担保的，税务机关可以通知出境管理机关阻止其出境

20. 答案 B	本题考点　劳务派遣	难易程度　易

解析

选项B：用工单位使用的被派遣劳动者数量不得超过其用工总量（订立劳动合同的人数+派遣用工的人数）的10%。

21. 答案 D	本题考点　劳动报酬	难易程度　中

解析

（1）选项AC：周末加班有补休，无须支付加班工资。
（2）选项BD：工作日加班，加班工资支付标准为150%。

易错易混

加班时间、补休与加班工资

加班时间	是否可以补休作补偿	加班工资支付标准
日标准工作时间以外延长工作时间（工作日加班）	×	150%
休息日工作（周末加班）	√	200%
法定休假日工作（如国庆节加班）	×	300%

22. 答案 C	本题考点　试用期	难易程度　易

解析

选项C：3年以上（≥3年）固定期限劳动合同、无固定期限的劳动合同，试用期不得超过6个月。

考点提炼

适用情形	试用期期限
3个月≤劳动合同期限<1年	约定的试用期应当≤1个月
1年≤劳动合同期限<3年	约定的试用期应当≤2个月
劳动合同期限≥3年	约定的试用期应当≤6个月
无固定期限劳动合同	

23. 答案 B	本题考点　医疗期	难易程度　中

解析

（1）选项A：对医疗期满尚未痊愈者，或者医疗期满后，不能从事原工作，也不能从事用人单位另行安排的工作，被解除劳动合同的，用人单位需按经济补偿金规定给予其经济补偿金。

（2）选项B：病假工资或疾病救济费可以低于当地最低工资标准支付，但最低不能低于最低工资标准的80%。

（3）选项C：医疗期内不得无过失性辞退或经济性裁员解除劳动合同。

（4）选项D：病休期间，公休、假日和法定节日包括在内。

相关链接

若符合因劳动者过错解除劳动合同的情形（用人单位随时通知解除），医疗期内也可以解除劳动合同。

二、多项选择题

1. 答案 AB	本题考点　行政责任	难易程度　易

解析

（1）选项C：属于刑事责任——附加刑。

（2）选项D：属于民事责任。

易错易混

法律责任的种类

责任类别	具体形式
民事责任	停止侵害，排除妨碍，消除危险，返还财产，恢复原状，修理、重作、更换，继续履行，赔偿损失，支付违约金，消除影响、恢复名誉，赔礼道歉

续表

责任类别	具体形式	
行政责任	行政处罚	警告，罚款，没收违法所得、没收非法财物，责令停产停业，暂扣或吊销许可证、暂扣或者吊销执照，行政拘留和法律、行政法规规定的其他行政处罚
	行政处分	警告、记过、记大过、降级、撤职、开除
刑事责任	主刑	管制，拘役，有期徒刑，无期徒刑，死刑
	附加刑	罚金，剥夺政治权利，没收财产，驱逐出境（适用于外国人）

2. 答案 BC　　**本题考点**　票据的概念与特征　　**难易程度**　易

解析

（1）选项A：商业汇票的出票人为在银行开立存款账户的法人以及其他组织。

（2）选项B：银行汇票是出票银行签发的，由其在见票时按照实际结算金额无条件支付给收款人或者持票人的票据。

（3）选项C：本票是指出票人签发的，承诺自己在见票时无条件支付确定的金额给收款人或者持票人的票据。

（4）选项D：支票由在银行开立支票存款账户的单位或个人签发。

相关链接

商业汇票的付款人有可能是银行（银行承兑汇票），也有可能是银行以外的单位（商业承兑汇票）；而支票的付款人一定是出票人的开户银行。

3. 答案 ACD　　**本题考点**　预付卡　　**难易程度**　中

解析

（1）选项A：发卡机构要采取有效措施加强对购卡人和持卡人信息的保护，确保信息安全，防止信息泄露和滥用。

（2）选项B：发卡机构对客户备付金需100%集中交存“中国人民银行”（而非商业银行）。

（3）选项C：预付卡发卡机构必须是经“中国人民银行”核准，取得《支付业务许可证》的支付机构。

（4）选项D：发卡机构要严格发票管理，按照《中华人民共和国发票管理办法》有关规定开具发票。

相关链接

发卡机构接受的、客户用于未来支付需要的预付卡资金，不属于发卡机构的自有财产，发卡机构不得挪用、挤占。

4. 答案 ABCD	本题考点　增值税的税收优惠	难易程度　易

解析

选项ABCD：均免征增值税，免征增值税的一般都是国家比较鼓励或者扶持发展的行业。

5. 答案 CD	本题考点　消费税销售额的确定	难易程度　易

解析

(1) 选项CD:纳税人用于换取生产资料和消费资料,投资入股和抵偿债务等方面的应税消费品,应当以纳税人同类应税消费品的最高销售价格作为计税依据计算消费税。

(2) 选项AB：虽然不属于“换投抵”业务，不以最高价为计税依据，但均为消费税视同销售行为，应当核定销售额计征消费税。

易错易混

消费税最高销售价格VS平均销售价格VS组成计税价格，详见P136多选4。

6. 答案 ABCD	本题考点　企业所得税收入总额	难易程度　易

解析

企业所得税视同销售的关键是“所有权”是否发生转移，选项ABCD货物的所有权均转移出企业，应该视同销售。企业发生非货币性资产交换（选项D），以及将货物、财产、劳务用于捐赠（选项C）、偿债（选项A）、赞助（选项B）、集资、广告、样品、职工福利或者利润分配等用途的，应当视同销售货物、转让财产或者提供劳务，但国务院财政、税务主管部门另有规定的除外。

7. 答案 ABC	本题考点　个人所得税应税所得项目	难易程度　易

解析

(1) 选项ABC：均应按照“财产转让所得”项目计缴个人所得税。

(2) 选项D：个人取得专利赔偿所得，应按“特许权使用费所得”项目征收个人所得税。

8. 答案 ABCD	本题考点　发票的使用和保管	难易程度　易

解析

任何单位和个人应当按照发票管理规定使用发票，不得有下列行为：

(1) 转借、转让、介绍他人转让发票、发票监制章和发票防伪专用品（选项C）。

(2) 知道或者应当知道是私自印制、伪造、变造、非法取得或者废止的发票而受让、开具、存放、携带、邮寄、运输。

(3) 拆本使用发票（选项A）。

（4）扩大发票使用范围（选项 B）。

（5）以其他凭证代替发票使用（选项 D）。

9. 答案 CD	本题考点 劳动合同的解除和终止	难易程度 难

解析

（1）选项 A：在劳动合同法律制度中，只有 2 种违约金合法，服务期违约金和竞业限制违约金，本题既不涉及服务期，也不涉及竞业限制，不存在支付违约金的问题。

（2）选项 BC：本题属于刘某“不想干”，属于提前通知解除劳动合同的适用情形，刘某明显不在试用期内，应提前 30 日以书面形式通知甲公司。

（3）选项 D：刘某自己“不想干”，甲公司无须支付经济补偿金。

易错易混

劳动者单方解除劳动合同的相关规定，详见 P133 单选 22。

10. 答案 ABCD	本题考点 职工基本养老保险的覆盖范围	难易程度 易

解析

职工基本养老保险费的征缴范围：国有企业、城镇集体企业、外商投资企业、城镇私营企业和其他城镇企业及其职工（选项 ACD），实行“企业化管理”的事业单位及其职工（不包括公务员和“参照公务员管理”的机关、事业单位及其编制内的工作人员）（选项 B）。

三、判断题

1. 答案 ×	本题考点 法律关系的主体	难易程度 易

解析

合伙企业属于非法人组织。

考点提炼

非法人组织包括个人独资企业、合伙企业、不具有法人资格的专业服务机构等。

2. 答案 ×	本题考点 税务行政复议申请	难易程度 中

解析

申请人对税务机关作出的“征税行为”不服，必须先提出行政复议申请，对行政复议结果不服的，可向人民法院提起行政诉讼（先议后诉，二者是有顺序的）。

易错易混

"先议后诉"VS"可议可诉"，详见P195单选3。

相关链接

申请人对征税行为不服申请税务行政复议的，必须依照税务机关根据法律、行政法规确定的税额、期限，先缴纳或者解缴税款及滞纳金，或者提供相应的担保，方可在实际缴清税款和滞纳金后或者所提供的担保得到"作出具体行政行为的税务机关"确认之日起60日内提出行政复议申请。

3. 答案 ×	本题考点　民事诉讼的地域管辖	难易程度　中

解析

因票据纠纷提起的民事诉讼，由"票据支付地或者被告住所地"的人民法院管辖。

相关链接

下列民事诉讼案件，由原告住所地人民法院管辖；原告住所地与经常居住地不一致的，由原告经常居住地人民法院管辖：（1）对不在中华人民共和国领域内居住的人提起的有关身份关系的民事诉讼；（2）对下落不明或者宣告失踪的人提起的有关身份关系的民事诉讼；（3）对被采取强制性教育措施的人提起的诉讼；（4）对被监禁的人提起的诉讼。

4. 答案 ×	本题考点　第三方支付	难易程度　易

解析

非银行支付机构为单位开立支付账户，应当依法要求单位提供相关证明文件，并自主或者委托合作机构以面对面方式核实客户身份，或者以非面对面方式通过至少3个合法安全的外部渠道对单位基本信息进行多重交叉验证。

易错易混

第三方支付

第三方支付种类	线上支付	例如，网上支付和移动支付中的远程支付
	线下支付	例如，POS机刷卡支付、拉卡拉等自助终端支付、电话支付、手机近端支付、电视支付
第三方支付机构模式	金融型支付企业	例如，银联商务、快钱、易宝支付、汇付天下、拉卡拉
	互联网支付企业	例如，支付宝、财付通

5. 答案 √	本题考点 支付结算概述	难易程度 中

相关链接 单位、银行在票据上的签章和单位在结算凭证上的签章，为该单位、银行的盖章加其法定代表人或其授权的代理人的签名或盖章。

6. 答案 √	本题考点 准予从销项税额中抵扣的进项税额	难易程度 中

解析 纳税人购进国内旅客运输服务未取得增值税专用发票，但取得注明旅客身份信息的铁路车票的，计算抵扣进项税额［计算公式：铁路旅客运输进项税额=票面金额÷（1+9%）×9%］。

易错易混 国内旅客运输服务不同票据下进项税额的抵扣，详见P146不定项（三）第2题。

7. 答案 √	本题考点 财产租赁所得应纳个人所得税的计算	难易程度 易

8. 答案 √	本题考点 土地增值税征税范围	难易程度 易

9. 答案 √	本题考点 房产税计税依据	难易程度 中

解析 “共担风险”——真投资，被投资方以房产余值为计税依据从价计征房产税。

易错易混

“投资联营”的房产税规定

情形		纳税人	计税依据
真投资	投资者参与投资利润分红、共担风险	被投资方	房产余值
假投资	收取固定收入、不承担联营风险	投资方	租金收入（不含增值税）

相关链接 融资租赁房屋的房产税，由承租人自融资租赁合同约定开始日的次月起依照房产余值缴纳房产税。合同未约定开始日的，由承租人自合同签订的次月起依照房产余值缴纳房产税。

10. 答案 √	本题考点 集体合同	难易程度 易

解析

劳动合同约定的标准≥集体合同规定的标准≥当地最低标准。

四、不定项选择题

（一）

1. 答案 ABCD	本题考点 增值税、城建税及附加、印花税、房产税应纳税额的计算	难易程度 难

解析

（1）选项 A：印花税是最特别的，这是本题的“坑”，根据规定，印花税应税合同的计税依据为合同列明的价款或者报酬，不包括增值税税款；但合同中价款或者报酬与增值税税款未分开列明的，按照“合计金额”确定。因此，印花税的计算并不需要对“18.9 万元”作价税分离处理。

（2）选项 B：应缴纳城市维护建设税税额和教育费附加＝甲电器公司实际缴纳的增值税×（城建税税率 7%+教育费附加征收比率 3%）。

（3）选项 C：销售不动产租赁服务适用简易计税方法的，应缴纳增值税税额＝含税租金÷（1+5%）×5%。

（4）选项 D：本题房产税应从租计征，应缴纳房产税税额＝不含增值税租金×12%。

2. 答案 ABD	本题考点 企业所得税税前扣除项目	难易程度 易

解析

（1）选项 C：企业缴纳的增值税税款、企业所得税税款不得在税前扣除。

（2）选项 ABD：可以通过计入税金及附加的方式在税前扣除。

易错易混

企业所得税税金的扣除

情形		税费
不得扣除的税款		（1）增值税 （2）企业所得税
可以扣除	计入税金及附加在当期扣除	消费税、资源税、土地增值税（房地产开发企业）、出口关税、城市维护建设税及教育费附加、房产税、车船税、城镇土地使用税、印花税、环境保护税
	发生当期计入相关资产成本，在以后各期分摊扣除	车辆购置税、契税、进口关税、耕地占用税、不得抵扣的增值税

3. 答案 B	本题考点 企业所得税税前扣除标准	难易程度 难

解析

企业所得税利息费用的扣除，一般分为三种出题模式，其一是向金融企业借款，其二是向非金融企业借款，其三是向无关联关系的内部职工借款，本题中涉及两种。

（1）向“金融企业”借款的利息费用据实扣除，第1笔利息支出可扣除10.32万元。

（2）向内部职工借款的利息支出，借款情况符合条件的限额扣除，其利息支出在不超过按照金融企业同期同类贷款利率计算的数额的部分，准予扣除；同时注意“年利率”是本题的“坑”，需要除以12换算为“月利率”，然后共计算4个月的利息费用，第2笔利息支出可扣除=120×5.16%÷12×4=2.064（万元）。

（3）合计准予扣除的利息支出=10.32+2.064=12.384（万元）。

易错易混

利息支出“据实”扣除和“限额”扣除

据实扣除（=100%）	非金融企业向金融企业借款的利息支出
	金融企业的各项存款利息支出
	金融企业同业拆借利息支出
	企业经批准发行债券的利息支出
限额扣除（≤100%）	非金融企业向非金融企业借款的利息支出，不超过按照金融企业同期同类贷款利率计算的数额的部分，准予扣除；超过部分不得扣除
	企业向除股东或其他与企业有关联关系的自然人以外的内部职工或其他人员借款的利息支出，借款情况符合规定条件的，其利息支出不超过按照金融企业同期同类贷款利率计算的数额的部分，准予扣除

4. 答案 C	本题考点 资产的税务处理	难易程度 中

解析

由于税法中存在加速折旧的优惠造成了税法上计提的折旧额和会计上计提的折旧额存在差异，所以需要进行纳税调整，正常折旧年限为10年，加速折旧后年限变为10×60%。

（1）选项AD：固定资产应于投入使用（8月投入使用）的次月（9月）起开始计算折旧费用，本题2019年度应计算4个月的折旧费用。

（2）选项B：题目提问的是调减金额，应该计算出税会差异额。

相关链接

在计算应纳税所得额时，企业按照规定计算的固定资产折旧，准予扣除；但下列固定资产不得计算折旧扣除：

（1）房屋、建筑物以外未投入使用的固定资产。

（2）以经营租赁方式租入的固定资产。

（3）以融资租赁方式租出的固定资产。

（4）已足额提取折旧仍继续使用的固定资产。

（5）与经营活动无关的固定资产。

（6）单独估价作为固定资产入账的土地。

（7）其他不得计提折旧扣除的固定资产。

（二）

1. 答案 B	本题考点 增值税销项税额的计算	难易程度 易

解析

P 酒店项目适用一般计税方法计税说明适用 9%的税率。

（1）选项 CD：“奖励款 21.8 万元”属于价外费用，应并入销售额计税。

（2）选项 A：“奖励款 21.8 万元”和“工程款 2180 万元”均为含增值税价格，均应作价税分离处理。

2. 答案 A	本题考点 特殊销售方式下增值税销售额的确定	难易程度 难

解析

Q 住宅项目选择简易计税方法计税，适用 3%的征收率。

（1）选项 CD：本题的“坑”在于建筑服务——简易计税方法下——差额计税。

（2）选项 B：题目明确交代“5150 万元”和“1030 万元”均为含税金额，其差额应价税分离。

考点提炼

纳税人提供建筑服务适用简易计税方法的，以取得的全部价款和价外费用扣除“支付的分包款后的余额”为销售额。

易错易混

建筑服务“全额”或“差额”计税

纳税人	计税方法	计算方式	具体税额计算
一般纳税人	一般计税方法	全额	增值税销项税额＝全部价款和价外费用÷（1+9%）×9%
	简易计税方法	差额	增值税应纳税款＝（全部价款和价外费用－支付的分包款）÷（1+3%）×3%
小规模纳税人			

相关链接

建筑企业一般纳税人提供建筑服务属于老项目（《建筑工程施工许可证》注明的合同开工日期在 2016 年 4 月 30 日前）的，可以选择简易办法依照 3%征收率计算缴纳增值税。

3. 答案 AB	本题考点　准予从销项税额中抵扣的进项税额	难易程度　中

解析

进项税额的抵扣，主要考查两个方面，其一是取得的凭证是否合法，其二是用途是否合理，只有都满足的情况下才可以抵扣进项税额。

（1）选项 A：凭证合法，用途合理（用于一般计税项目），准予抵扣进项税额。

（2）选项 B：凭证合法，用途合理，进口的专用设备兼（混）用于一般计税方法项目和简易计税方法项目，其进项税额可以全部抵扣。

（3）选项 C：凭证不合法，支付分包款取得的是增值税普通发票，不属于增值税的合法扣税凭证，不得抵扣进项税额。

（4）选项 D：凭证合法，用途不合理，由于该劳务派遣服务用于 Q 住宅项目（简易计税方法项目），不得抵扣进项税额。

4. 答案 B	本题考点　兼营和混合销售	难易程度　难

解析

本题的“坑”在于销售自产活动板房同时提供安装服务虽然是同一项销售行为，但不按混合销售的规定处理。销售自产活动板房价款和安装服务价款分别适用不同的税率，分别价税分离后计算增值税销项税额，即甲建筑公司当月销售自产活动板房同时提供安装服务增值税销项税额 = 147.804 ÷（1 + 13%）×13% + 43.1095 ÷（1 + 9%）×9% = 20.5635（万元）。

考点提炼

纳税人销售活动板房、机器设备、钢结构件等自产货物的同时提供建筑、安装服务，不属于混合销售，应“分别核算”货物和建筑服务的销售额，“分别适用”不同的税率或者征收率。

易错易混

兼营和混合销售

	特点	税务处理
混合销售	在同一项销售行为中同时存在货物和服务的混合，二者有从属关系	按纳税人经营主业缴纳增值税，销售额为货物销售额与服务销售额的合计
兼营	同一纳税主体，既销售货物、加工修理修配劳务，又销售服务、无形资产、不动产，各类业务并无必然的从属关系（可以同时发生，也可以不同时发生） 【特例】纳税人销售活动板房、机器设备、钢结构件等自产货物的同时提供建筑、安装服务	（1）分别核算：分别适用税率或征收率 （2）未分别核算：从高适用税率或从高适用征收率

相关链接

销售服务包括销售交通运输服务、邮政服务、电信服务、建筑服务、金融服务、现代服务和生活服务。

（三）

1. 答案 ABCD	本题考点　违反会计法律制度的法律责任	难易程度　易

解析

（1）选项 ABD：属于伪造、变造会计凭证、会计账簿，编制虚假财务会计报告的行为。

（2）选项 C：属于单位负责人对依法履行职责、抵制违反《会计法》规定行为的会计人员实行打击报复的行为。

相关链接

任何单位或者个人不得以任何方式授意、指使、强令会计机构、会计人员伪造、变造会计凭证、会计账簿和其他会计资料，提供虚假财务会计报告。任何单位和个人不得伪造、变造会计凭证、会计账簿及其他会计资料，不得提供虚假的财务会计报告。

2. 答案 AC	本题考点　会计工作岗位的设置	难易程度　中

解析

出纳人员不得兼任（兼管）稽核、会计档案保管（选项 C）和收入（选项 A）、支出、费用、债权债务账目的登记工作。“无形资产明细账、固定资产明细账”不属于收入、支出、费用、债权债务账目，可以由出纳人员负责登记。

相关链接

会计人员回避制度：（1）国家机关、国有企业、事业单位聘任会计人员应当实行回避制度。（2）与单位领导人存在夫妻关系、直系血亲关系、三代以内旁系血亲以及配偶亲关系的，不得担任本单位的会计机构负责人、会计主管人员。（3）与会计机构负责人、会计主管人员存在夫妻关系、直系血亲关系、三代以内旁系血亲以及配偶亲关系的，不得在本单位会计机构中担任出纳工作。

3. 答案 BCD	本题考点　会计工作交接	难易程度　中

解析

（1）选项 A：交接完毕后，交接双方和监交人要在移交清册上签名或者盖章。

（2）选项 B：移交人员在办理移交时，要按移交清册逐项移交；接替人员要逐项核对点收。

（3）选项 C：接替人员应当继续使用移交的会计账簿，不得自行另立新账，以保持会计记录的连续性。

（4）选项 D：一般会计人员办理交接手续，由会计机构负责人（会计主管人员）监交。

相关链接

会计机构负责人（会计主管人员）办理交接手续，由单位负责人监交，必要时主管单位可以派人会同监交。

4. 答案 ABCD	本题考点	违反会计法律制度的法律责任，税收法律责任	难易程度 难

解析

（1）选项 AD：伪造、变造会计凭证、会计账簿，编制虚假财务会计报告，尚不构成犯罪的，由“县级以上人民政府财政部门”予以通报，可以对单位并处 5000 元以上 10 万元以下的“罚款”；对其直接负责的主管人员和其他直接责任人员，可以处 3000 元以上 5 万元以下的“罚款”；属于国家工作人员的，还应由其所在单位或者有关单位依法给予撤职直至开除的行政处分；其中的会计人员，5 年内不得从事会计工作。构成犯罪的，依法追究刑事责任。

（2）选项 BC：纳税人采取伪造、变造、隐匿、擅自销毁账簿、记账凭证，或者在账簿上多列支出或者不列、少列收入，或者经税务机关通知申报而拒不申报或者进行虚假的纳税申报的手段，不缴或者少缴应纳税款的，由税务机关追缴其不缴或少缴的税款、滞纳金，并处不缴或者少缴的税款 50%以上 5 倍以下的罚款。

考点提炼

逃税行为的法律责任：

（1）纳税人采取欺骗、隐瞒手段进行虚假纳税申报或者不申报，逃避缴纳税款数额较大并且占应纳税额 10%以上的，处 3 年以下有期徒刑或者拘役，并处罚金；数额巨大并且占应纳税额 30%以上的，处 3 年以上 7 年以下有期徒刑，并处罚金。对多次实施前述行为，未经处理的，按照累计数额计算。

（2）有逃税行为，经税务机关依法下达追缴通知后，补缴应纳税款，缴纳滞纳金，已受行政处罚的，不予追究刑事责任；但是，5 年内因逃避缴纳税款受过刑事处罚或者被税务机关给予 2 次以上行政处罚的除外。

（3）扣缴义务人采取上述手段，不缴或者少缴已扣、已收税款，由税务机关追缴其不缴或者少缴的税款、滞纳金，并处不缴或者少缴的税款 50%以上 5 倍以下的罚款；构成犯罪的，依法追究刑事责任。

易错易混

有关违法行为的法律责任

违法行为	处罚部门	对单位的罚款额度	对涉事会计人员的禁入措施
违反国家统一会计制度行为	县级以上人民政府财政部门	3000 元以上 5 万元以下	情节严重的，涉事会计人员 5 年内不得从事会计工作
伪造、变造会计凭证、会计账簿，编制虚假财务会计报告		5000 元以上 10 万元以下	涉事会计人员 5 年内不得从事会计工作
隐匿或者故意销毁依法应当保存的会计凭证、会计账簿、财务会计报告			

相关链接

逃避追缴欠税行为：纳税人欠缴应纳税款，采取转移或者隐匿财产的手段，妨碍税务机关追缴欠缴的税款的，由税务机关追缴欠缴的税款、滞纳金，并处欠缴税款50%以上5倍以下的罚款；构成犯罪的，依法追究刑事责任。

2020 年会计专业技术资格考试《经济法基础》试题（3）
参考答案及解析

扫码看答案

使用“微信”或“会计云课堂”App 扫描右侧二维码，即可查阅电子版答案及解析，“手机看答案更轻松”。

一、单项选择题

1. 答案 C	本题考点　诉讼时效	难易程度　易

解析

选项 C：根据《民法典》的规定，向人民法院请求保护民事权利的诉讼时效期间为 3 年。法律另有规定的，依照其规定。

易错易混

诉讼时效期间

	起算点	长度
普通诉讼时效期间	自知道或者应当知道权利受到损害以及义务人之日起	3 年
最长诉讼时效期间	自权利受到损害之日起	20 年

2. 答案 D	本题考点　会计工作的社会监督	难易程度　易

解析

选项 D：会计工作的社会监督主要是指由注册会计师及其所在的会计师事务所等中介机构接受委托，依法对单位的经济活动进行审计，出具审计报告，发表审计意见的一种监督制度。

易错易混

有关会计监督的具体内容，详见 P139 判断 3。

3. 答案 A	本题考点　代理记账	难易程度　中

解析

（1）选项 A：审计报告由注册会计师出具，不属于代理记账业务范围。

（2）选项 BCD：代理记账机构可以根据委托人提供的原始凭证和其他相关资料，按照国家统一的会计制度的规定进行会计核算，包括审核原始凭证、填制记账凭证、登记会计账簿、编制财务会计报告等。

考点提炼

代理记账机构可以接受委托办理下列业务：（1）根据委托人提供的原始凭证和其他相关资料，按照国家统一的会计制度的规定进行会计核算，包括审核原始凭证、填制记账凭证、登记会计账簿、编制财务会计报告等；（2）对外提供财务会计报告；（3）向税务机关提供税务资料；（4）委托人委托的其他会计业务。

4. 答案 C	本题考点　企业银行结算账户的开立	难易程度　中

解析

“企业” 开立基本存款账户、临时存款账户取消核准制，实行备案制，不再颁发开户许可证。

（1）选项 AD：属于特别法人，其开立银行结算账户仍实行核准制。

（2）选项 B：属于事业单位，其开立银行结算账户仍实行核准制。

考点提炼

企业开立基本存款账户、临时存款账户、一般存款账户、专用存款账户（另有规定除外），个人开立个人银行结算账户，实行备案制。

相关链接

预算单位专用存款账户、合格境外机构投资者在境内从事证券投资开立的人民币特殊账户和人民币结算资金账户，以及企业法人、非法人企业和个体工商户以外的其他单位开立基本存款账户、临时存款账户（因注册验资和增资验资开立的除外），仍实行核准制，其存款人持有相应账户的开户许可证。

5. 答案 A	本题考点　商业汇票概述	难易程度　易

解析

（1）选项 A：电子“银行” 承兑汇票由银行业金融机构、财务公司承兑。

（2）选项 BCD：电子“商业” 承兑汇票由金融机构以外的法人或其他组织承兑。

相关链接

纸质银行承兑汇票由银行承兑，纸质商业承兑汇票由银行以外的付款人承兑。

6. 答案 A	本题考点　增值税销项税额的计算	难易程度　中

解析

（1）选项BD：非酒类产品、啤酒、黄酒单独记账核算的包装物押金，收取时不作销售处理，所以本题中包装物押金22600元的取得时点是“收取时”，不需要计税。

（2）选项AC：取得791000元题干明确为“含增值税”价款，所以需要进行价税分离处理。

易错易混

“酒类”包装物押金和“其他货物”包装物押金增值税处理

货物		条件	增值税处理
酒类包装物押金	其他酒类	不受逾期或12个月的限制	收取时并入销售额
	啤酒、黄酒	单独核算、12个月以内且未逾期	不并入销售额
		合同逾期或12个月以上	并入销售额
其他货物包装物押金		单独核算、12个月以内且未逾期	不并入销售额
		合同逾期或12个月以上	并入销售额

相关链接

纳税人发生应税销售行为价外向购买方收取的“包装费”和“包装物租金”属于价外费用，不涉及逾期的问题，无论会计制度如何核算，均应并入销售额计算增值税。

7. 答案 C	本题考点　增值税专用发票开具范围	难易程度　易

解析

关于增值税专用发票的开具范围，教材中进行了反向列举，即明确了“不得开具增值税专用发票”的范围，考试时可采用排除法解题。

不得开具增值税专用发票的情形：

（1）商业企业一般纳税人零售的烟、酒、食品、服装、鞋帽（不含劳保专用部分）、化妆品等消费品（选项D）。

（2）应税销售行为的购买方为消费者个人的（选项AB）。

（3）发生应税销售行为适用免税规定的。

8. 答案 B	本题考点　增值税销项税额的计算	难易程度　中

解析

（1）选项AD：金融商品转让差额计税，确定计税依据时买入价要从卖出价中扣除，所以本题应减去买入价90.1万元。

（2）选项BC：本题的“坑”在于上一纳税期的负差6.36万元可以在本期中扣除，10月份的上一纳税期属于本年内纳税期，负差可以结转至10月份与10月份的销售额相抵。

考点提炼

（1）金融商品转让，按照卖出价扣除买入价后的余额为销售额。

（2）转让金融商品出现的正负差，按盈亏相抵后的余额为销售额；若相抵后出现负差，可结转下一纳税期与下期转让金融商品销售额相抵，但年末时仍出现负差的，不得转入下一个会计年度。

9. 答案 B	本题考点 消费税的征税范围及应纳税额的计算	难易程度 中

解析

本题将消费税应纳税额的计算结合征税范围一起考查，找出不属于征税范围的项目后即可轻松解题。高尔夫球及球具的消费税征税范围包括高尔夫球、高尔夫球杆及高尔夫球包（袋）、高尔夫球杆的杆头、杆身和握把（不包括高尔夫球帽）。

（1）选项AD：没有计算高尔夫球包的销售额。

（2）选项C：计算了高尔夫球帽的销售额。

10. 答案 B	本题考点 消费税的征税范围	难易程度 易

解析

（1）选项A：卷烟在生产销售、委托加工或进口环节征收消费税，另外在批发环节加征一道消费税。

（2）选项B：在零售环节“征收”（而非“加征”）消费税的只有“金银铂钻”。

（3）选项C：白酒在生产销售、委托加工或进口环节征收消费税。

（4）选项D：这是本题的“坑”，玉石手镯在生产销售、委托加工或进口环节征收消费税；应当注意消费税“贵重首饰及珠宝玉石”税目分为两大类，“金银铂钻”和“其他贵重首饰和珠宝玉石”，二者征税环节不同。

易错易混

消费税各征税环节及纳税环节次数，详见P127单选8。

11. 答案 D	本题考点 企业所得税税前扣除标准	难易程度 难

解析

企业所得税利息费用的扣除，一般分为三种出题模式，其一是向金融企业借款，其二是向非金融企业借款，其三是向无关联关系的内部职工借款，本题中涉及两种。

（1）向“金融企业”借款的利息费用据实扣除，但是要注意6%是“年利率”，需要除以12换算为“月利率”，然后计算3个月的利息费用，因此向金融企业借款的利息支出可扣除金额＝900×6%÷12×3。

（2）向“非关联企业乙公司”借款的利息费用限额扣除，同样要注意6%是“年利率”，需要除以12换算为“月利率”，然后计算3个月的利息费用，因此向非关联企业乙公司借款的利息支出可扣除金额＝1800×6%÷12×3。

（3）计算甲公司2019年度企业所得税应纳税所得额时准予扣除的利息费用＝900×

6%÷12×3+1800×6%÷12×3=40.5（万元）。

考点提炼

（1）非金融企业向金融企业借款的利息支出，准予据实扣除。

（2）非金融企业向非金融企业借款的利息支出，不超过按照金融企业同期同类贷款利率计算的数额的部分，准予扣除，超过部分不得扣除。

易错易混

利息支出“据实”扣除和“限额”扣除，详见 P165 不定项（一）第 3 题。

相关链接

金融企业不等同于银行。所谓金融企业，是指各类银行、保险公司及经中国人民银行批准从事金融业务的非银行金融机构。

12. 答案 C	本题考点 企业所得税税前扣除标准	难易程度 难

解析

关于企业所得税“三项经费”的税前扣除标准，考试时一般给出计算限额的基数，同时给出计算限额的比例，然后让学员计算准予税前扣除的金额。实际发生额如果超过扣除限额，那么按照限额扣除。“三项经费”具体计算如下表：

	实际发生额	税法扣除限额	税前准予扣除（较小者）	纳税调整
职工福利费	150	1000×14%=140	140	调增 10
工会经费	21	1000×2%=20	20	调增 1
职工教育经费	本年+上年=75+13=88	1000×8%=80	80	调减 5

在计算甲公司 2019 年度企业所得税应纳税所得额时，准予扣除的职工福利费支出、工会经费和职工教育经费支出合计金额=140+20+80=240（万元）。

易错易混

三项经费限额及结转规定

三项经费	扣除限额计算基数	扣除限额计算比例	限额以外的部分
职工福利费	工资、薪金总额	14%	不得结转扣除
工会经费		2%	不得结转扣除
职工教育经费		8%	可以结转扣除

13. 答案 A	本题考点 企业所得税税前扣除标准	难易程度 难

解析

（1）在本题中，通过当地“乡政府”向文化事业捐款 55 万元是本题的“坑”，注意“级次”，通过乡政府进行的捐赠不属于公益性捐赠，不得税前扣除。

（2）通过公益性社会组织向教育事业捐款 10 万元属于公益性捐赠，限额内的部分允许在税前扣除。

（3）公益性捐赠扣除限额 = 500×12% = 60（万元）>实际发生额 10 万元，通过公益性社会组织向教育事业的捐款 10 万元准予全额在税前扣除。

考点提炼

（1）公益性捐赠是指企业通过公益性社会组织或者“县级以上”人民政府及其部门，用于符合法律规定的慈善活动、公益事业的捐赠。

（2）企业当年发生以及以前年度结转的公益性捐赠支出，在年度利润总额 12% 以内的部分，在计算应纳税所得额时准予扣除；超过年度利润总额 12% 的部分，准予结转以后 3 年内在计算应纳税所得额时扣除。

易错易混

不同捐赠支出企业所得税税前扣除方法

捐赠项目	税前扣除方法	要点
公益性捐赠 ［通过公益性社会组织或县级（含）以上人民政府及其部门］	限额扣除 （≤100%）	（1）限额比例：12% （2）限额标准：年度利润总额×12% （3）扣除额：扣除限额与实际发生额中较小者 （4）超标准的公益性捐赠，结转以后 3 个年度内扣除
扶贫捐赠	据实扣除 （=100%）	用于目标脱贫地区
非公益性捐赠 ［直接捐赠（除另有规定外）或通过其他途径（如县级以下人民政府）捐赠］	不得扣除 （=0）	应作纳税调整

相关链接

企业对公益性捐赠支出计算扣除时，应先扣除以前年度结转的捐赠支出，再扣除当年发生的捐赠支出。

14. 答案 A	本题考点 企业所得税税收优惠	难易程度 易

解析

（1）未形成无形资产计入当期损益的符合规定的研究开发费用，在按照规定据实扣除的基础上，可以再按照实际发生额的 75% 在税前加计扣除（纳税调减 100×75%）。

（2）间接法下，企业所得税应纳税所得额=会计利润总额+纳税调整增加额-纳税调整减少额=500-100×75%=425（万元）。

考点提炼

企业所得税“加计扣除”优惠有两个项目：

（1）企业开展研发活动中实际发生的研发费用，未形成无形资产计入当期损益的，在按规定据实扣除的基础上，在 2018 年 1 月 1 日至 2020 年 12 月 31 日期间，再按照实际发生额的 75%在税前加计扣除；形成无形资产的，在上述期间按照无形资产成本的 175%在税前摊销。

（2）企业安置残疾人员的，在按照支付给残疾职工工资据实扣除的基础上，按照支付给残疾职工工资的 100%加计扣除。

15. 答案 A	本题考点　车船税计税依据	难易程度　易

解析

（1）选项 A：以“净吨位数”为计税依据。

（2）选项 BC：以“整备质量吨位数”为计税依据。

（3）选项 D：以“辆数”为计税依据。

考点提炼

学员应将车船税各税目的计税依据进行准确区分，记忆小技巧：

“载人”的为“辆数”；“载物”的为“整备质量吨位数”；机动船舶为“净吨位数”；游艇为“艇身长度”。

易错易混

车船税各税目计税依据

税目		计税单位	计税依据
乘用车		每辆	辆数
摩托车			
商用客车			
商用货车	半挂牵引车	整备质量每吨	整备质量吨位数
	三轮汽车		
	低速载货汽车		
挂车			
其他车辆（不包括拖拉机）	专用作业车		
	轮式专用机械车		
船舶	机动船舶	净吨位每吨	净吨位数
	游艇	艇身长度每米	艇身长度

16. 答案 A	本题考点 城镇土地使用税应纳税额的计算	难易程度 中

解析

（1）本题主体是“公园”，其自用土地免税，所以不能直接用4500000平方米来计算，这是本题的“坑”。

（2）索道公司“经营用地”具有营利性质，不能免税，所以30000平方米照章纳税，甲公园2019年度应缴纳城镇土地使用税税额＝30000×5＝150000（元）。

相关链接

下列用地免征城镇土地使用税（包括但不限于）：

（1）国家机关、人民团体、军队自用的土地。

（2）由国家财政部门拨付事业经费的单位自用的土地。

（3）宗教寺庙、公园、名胜古迹自用的土地。

（4）市政街道、广场、绿化地带等公共用地。

（5）直接用于农、林、牧、渔业的生产用地。

17. 答案 C	本题考点 契税的征税范围	难易程度 易

解析

是否征收契税的重点在于判断房屋、土地等权属是否发生转移。

（1）“赠与”行为（选项C）涉及房屋权属的转移，属于契税征税范围。

（2）土地、房屋典当（选项B）、分拆（分割）、抵押（选项D）以及出租（选项A）等行为，不涉及房屋权属的转移，不属于契税的征税范围。

相关链接

契税征税范围，详见P141判断8。

18. 答案 D	本题考点 印花税征税范围	难易程度 易

解析

（1）一般的法律（选项C）、会计（选项A）、审计（选项B）等方面的咨询不属于技术咨询，其所立合同不贴印花。

（2）技术咨询合同（选项D）按照“技术合同”征收印花税。

相关链接

印花税“应税合同”的特殊规定

应税合同（共11类）	特殊规定
买卖合同	（1）指动产买卖合同 （2）包括各出版单位与发行单位（不包括订阅单位和个人）之间订立的图书、报刊、音像征订凭证 （3）电网与用户之间签订的供用电合同不征印花税

续表

应税合同（共11类）	特殊规定
借款合同	指银行及其他金融机构和借款人订立的借款合同 不包括银行同业拆借
融资租赁合同	——
租赁合同	不包括企业与主管部门签订的租赁承包合同
承揽合同	——
建设工程合同	包括总包合同、分包合同和转包合同
运输合同	指货运合同和多式联运合同，不包括管道运输合同
技术合同	（1）包括技术服务合同、技术培训合同和技术中介合同 （2）专利权转让、专利实施许可所书立的合同应属于“产权转移书据” （3）一般的法律、会计、审计等方面的咨询不属于技术咨询，其所立合同不贴印花
保管合同	包括作为合同使用的仓单、栈单（或称入库单）
仓储合同	——
财产保险合同	不包括再保险合同、人身保险合同

19. 答案 C　　本题考点　税款征收措施　　难易程度　中

解析

（1）选项A：属于税款征收的方式。
（2）选项B：属于税务争议纠纷的解决途径。
（3）选项C：属于税款征收措施；税款征收措施还包括责令缴纳、责令提供纳税担保、采取强制执行措施和阻止出境。
（4）选项D：属于纳税申报的方式。

考点提炼

- 税款征收
  - 税款征收的方式
    - （1）查账征收
    - （2）查定征收
    - （3）查验征收
    - （4）定期定额征收
  - 应纳税额的核定
  - 税款征收措施
    - （1）责令缴纳
    - （2）责令提供纳税担保
    - （3）采取税收保全措施
    - （4）采取强制执行措施
    - （5）阻止出境

20. 答案 A	本题考点 劳动合同的订立	难易程度 中

解析

(1) 选项A：自用工之日起满1年，用人单位仍未与劳动者订立书面劳动合同，视为自用工之日起满1年的当日已经与劳动者订立无固定期限劳动合同。

(2) 选项B："2倍工资"的支付起算点为用工之日起满1个月的次日（2018年7月1日）。

(3) 选项C：劳动关系自用工之日（2018年6月1日）起建立。

(4) 选项D：如果该选项正确，用人单位将集体"乐疯"。

易错易混

书面劳动合同的签订

时间	情形	处理方法
1个月内	经用人单位书面通知，劳动者不与用人单位订立书面劳动合同的	(1) 用人单位应书面通知劳动者终止劳动关系 (2) 用人单位应向劳动者支付其实际工作时间的劳动报酬 (3) 用人单位无须向劳动者支付经济补偿
超过1个月不满1年	用人单位与劳动者补订书面劳动合同的	用人单位应当向劳动者每月支付2倍工资（1倍正常工资+1倍工资补偿），起算时间为用工之日起满1个月的次日，截止时间为补订书面劳动合同的前1日
	劳动者不与用人单位订立书面劳动合同的	(1) 用人单位应当书面通知劳动者终止劳动关系 (2) 用人单位向劳动者支付经济补偿
满1年	用人单位仍未与劳动者订立书面劳动合同的	(1) 自用工之日起满1个月的次日至满1年的前1日应当向劳动者每月支付2倍工资（共计"11个月"） (2) 视为自用工之日起满1年的当日已经与劳动者订立无固定期限劳动合同

相关链接

劳动合同由用人单位与劳动者协商一致，并经用人单位与劳动者在劳动合同文本上签字或者盖章生效。

21. 答案 D	本题考点 试用期	难易程度 易

解析

选项D：3年以上固定期限和无固定期限的劳动合同，试用期不得超过6个月。

22. 答案 A	本题考点 非全日制用工	难易程度 易

解析

（1）选项 B：非全日制用工双方当事人任何一方都可以“随时通知”对方终止用工。

（2）选项 C：非全日制用工劳动报酬结算支付周期最长不得超过 15 日。

（3）选项 D：非全日制用工双方当事人不得约定试用期。

相关链接

（1）非全日制用工双方当事人可以订立口头协议。（2）从事非全日制用工的劳动者可以与一个或者一个以上用人单位订立劳动合同；但后订立的劳动合同不得影响先订立的劳动合同的履行。

23. 答案 D	本题考点 工伤保险待遇	难易程度 难

解析

选项 D：职工因工作遭受事故伤害或者患职业病需要暂停工作接受工伤医疗的，在停工留薪期内，职工的原工资福利待遇不变，由所在单位按月支付。

易错易混

工伤保险待遇负担

因工伤发生的费用	承担主体
治疗工伤的医疗费用和康复费用	从工伤保险基金中支付
住院伙食补助费	
到统筹地区以外就医的交通食宿费	
安装配置伤残辅助器具所需费用	
生活不能自理的，经劳动能力鉴定委员会确认的生活护理费	
一次性伤残补助金和 1~4 级伤残职工按月领取的伤残津贴	
解除或终止劳动合同时，应当享受的一次性医疗补助金	
因工死亡的，其遗属领取的丧葬补助金、供养亲属抚恤金和因工死亡补助金	
劳动能力鉴定费	
治疗工伤期间的工资福利	由用人单位支付
5~6 级伤残职工按月领取的伤残津贴	
终止或解除劳动合同时，应当享受的一次性伤残就业补助金	

二、多项选择题

1. 答案 CD	本题考点 法律事实	难易程度 难

解析

选项 AB：属于法律事件中的自然现象。

易错易混

法律事件 VS 法律行为，详见 P123 单选 1。

2. 答案 BCD	本题考点 会计工作交接	难易程度 中

解析

选项 A：一般会计人员办理交接手续，由会计机构负责人（会计主管人员）监交；会计机构负责人（会计主管人员）办理交接手续，由单位负责人监交，必要时主管单位可以派人会同监交。

相关链接

（1）交接完毕后，交接双方和监交人要在移交清册上签名或者盖章，并应在移交清册上注明：单位名称，交接日期，交接双方和监交人的职务、姓名，移交清册页数以及需要说明的问题和意见等。（2）移交清册一般应当填制一式三份，交接双方各执一份，存档一份。

3. 答案 ABCD	本题考点 不得从销项税额中抵扣的进项税额	难易程度 易

解析

纳税人购进贷款服务（选项 C）、餐饮服务（选项 D）、娱乐服务（选项 A）、居民日常服务（选项 B），不得抵扣进项税额。其中，居民日常服务，是指主要为满足居民个人及其家庭日常生活需求提供的服务，包括市容市政管理、家政、婚庆、养老、殡葬、照料和护理、救助救济、美容美发、按摩、桑拿、氧吧、足疗、沐浴、洗染、摄影扩印等服务。

4. 答案 ABCD	本题考点 消费税销售额的确定	难易程度 易

解析

消费税中只有“换、抵、投”采用最高销售价格计税。纳税人用于换取生产资料（选项 C）和消费资料（选项 D），投资入股（选项 A）和抵偿债务（选项 B）等方面的应税消费品，应当以纳税人同类应税消费品的最高销售价格作为计税依据计算消费税。

易错易混

消费税最高销售价格 VS 平均销售价格 VS 组成计税价格，详见 P136 多选 4。

5. 答案 ABD	本题考点　企业所得税不征税收入	难易程度　中

解析

关于不征税收入，一般和免税收入一起考查，考查学员对二者的辨析，从法理角度掌握即可解题，不征税收入不属于企业所得税的征税范围，这是因为不征税收入一般不以营利活动为目的。而免税收入属于企业所得税的征税范围，只是国家给予了税收优惠。

（1）选项 C：对于非居民企业来说免征企业所得税。

（2）选项 ABD：属于企业所得税的不征税收入。

考点提炼

（1）在中国境内未设立机构、场所的，或者虽设立机构、场所但取得的所得与其所设机构、场所没有实际联系的非居民企业，取得下列所得可以免征企业所得税：

①外国政府向中国政府提供贷款取得的利息所得（选项 C）。

②国际金融组织向中国政府和居民企业提供优惠贷款取得的利息所得。

③经国务院批准的其他所得。

（2）企业所得税的不征税收入包括：

①财政拨款（选项 B）。

②依法收取并纳入财政管理的行政事业性收费、政府性基金（选项 AD）。

③企业取得的由国务院财政、税务主管部门规定专项用途并经国务院批准的财政性资金。

④县级以上人民政府将国有资产无偿划入企业，凡指定专门用途并按规定进行管理的，企业可作为不征税收入进行企业所得税处理。

⑤全国社会保障基金理事会及基本养老保险基金投资管理机构在国务院批准的投资范围内，运用养老基金投资取得的归属于养老基金的投资收入。

⑥全国社会保障基金取得的直接股权投资收益、股权投资基金收益。

相关链接

不论是应税收入、免税收入、还是不征税收入，均应计入企业所得税的收入总额中。

6. 答案 ACD	本题考点　个人所得税的税收优惠	难易程度　易

解析

（1）选项 ACD：均（暂）免征个人所得税。

（2）选项 B：这是本题的迷惑性选项，保险“赔款”属于免税项目，但是保险“佣金”应照章纳税，保险营销员、证券经纪人取得的佣金收入，属于“劳务报酬所得”。

7. 答案 ABD	本题考点 土地增值税计税依据	难易程度 易

解析

（1）房地产开发成本，是指纳税人开发房地产项目实际发生的成本，包括土地征用及拆迁补偿费（选项 D）、前期工程费、建筑安装工程费（选项 B）、基础设施费、公共配套设施费（选项 A）和开发间接费用等，其中土地征用及拆迁补偿费包含耕地占用税。

（2）取得土地使用权所支付的金额包括纳税人为取得土地使用权所支付的地价款（选项 C）和纳税人在取得土地使用权时按国家统一规定缴纳的有关费用和税金。

8. 答案 ABCD	本题考点 失业保险待遇	难易程度 易

解析

失业人员在领取失业保险金期间有下列情形之一的，停止领取失业保险金，并同时停止享受其他失业保险待遇：（1）重新就业的（选项 A）；（2）应征服兵役的（选项 D）；（3）移居境外的；（4）享受基本养老保险待遇的（选项 B）；（5）被判刑收监执行的（选项 C）；（6）无正当理由，拒不接受当地人民政府指定部门或者机构介绍的适当工作或者提供的培训的；（7）有法律、行政法规规定的其他情形的。

相关链接

失业保险待遇的享受条件：（1）失业前用人单位和本人已经缴纳失业保险费满 1 年的。（2）非因本人意愿中断就业的。（3）已经进行失业登记，并有求职要求的。

9. 答案 AD	本题考点 仲裁裁决，劳动仲裁	难易程度 中

解析

（1）选项 B：一般经济纠纷的仲裁实行“一裁终局”制度；而劳动争议仲裁，当事人对裁决不服的，除法律规定的几类特殊劳动争议外，可以向人民法院起诉。

（2）选项 C：一般经济纠纷的仲裁，当事人必须在事先或事后达成仲裁协议，才能据此向仲裁机构提出仲裁申请；而劳动争议的仲裁，则不要求当事人达成仲裁协议，只要一方当事人提出申请，有关仲裁机构即可受理。

易错易混

《仲裁法》规定的仲裁 VS 劳动仲裁

	《仲裁法》规定的仲裁	劳动仲裁
是否以仲裁协议有效存在为前提	√	×
仲裁机构不按行政区划层层设立	√	√
管辖	既不实行级别管辖，也不实行地域管辖	实行地域管辖（劳动合同履行地或用人单位所在地）

续表

	《仲裁法》规定的仲裁	劳动仲裁
申请仲裁的时效	除另有规定，适用民事诉讼时效的规定	（1）当事人知道或者应当知道其权利被侵害之日起1年 （2）拖欠劳动报酬的，劳动关系存续期间不受仲裁时效限制；劳动关系终止的，自终止之日起计算1年
是否收费	√	×
能否口头申请	×	√
先行调解	可以	应当
公开仲裁	×	√
开庭审理	√	√
回避制度	√	√
一裁终局	√	终局裁决的劳动争议： （1）劳动者不服，15日内起诉 （2）用人单位不能提起劳动诉讼；裁决符合撤销情形的，可以申请撤销
		其他劳动争议：15日内起诉

10. 答案 BC	本题考点　劳动合同的解除和终止	难易程度　难

解析　选项AD：属于劳动者对劳动合同的解除存在过错，用人单位不需要支付经济补偿金。

相关链接　用人单位单方解除劳动合同的相关规定，详见P133单选22。

三、判断题

1. 答案 √	本题考点　我国法的主要形式	难易程度　易

解析　宪法是国家的根本大法，具有最高的法律效力。

2. 答案 ×	本题考点 账务核对	难易程度 易

解析 属于“账证”核对。

考点提炼

账证核对	核对会计账簿记录与原始凭证、记账凭证的时间、凭证字号、内容、金额是否一致，记账方向是否相符
账账核对	核对不同会计账簿之间的账簿记录是否相符。包括总账有关账户的余额核对，总账与明细账核对，总账与日记账核对，会计部门的财产物资明细账与财产物资保管和使用部门的有关明细账核对等
账实核对	核对会计账簿记录与财产等实有数额是否相符。包括现金日记账账面余额与现金实际库存数相核对，银行存款日记账账面余额定期与银行对账单相核对，各种财物明细账账面余额与财物实存数额相核对，各种应收、应付款明细账账面余额与有关债务、债权单位或者个人核对等

3. 答案 ×	本题考点 会计凭证	难易程度 易

解析 记账凭证可以根据每一张原始凭证填制，或者根据若干张“同类”原始凭证汇总填制，也可以根据原始凭证汇总表填制，但不得将不同内容和类别的原始凭证汇总填制在一张记账凭证上。

4. 答案 √	本题考点 企业银行结算账户的开立	难易程度 易

5. 答案 ×	本题考点 信用卡	难易程度 易

解析 发卡机构调整信用卡利率标准的，应“至少提前45个自然日”按照约定方式通知持卡人。

6. 答案 √	本题考点 可以选择适用简易计税方法的应税行为	难易程度 易

解析 一般纳税人提供的公共交通运输服务，可以选择简易计税方法计税。前述“公共交通运输服务”包括轮客渡、公交客运、地铁、城市轻轨、出租车、长途客运、班车。

7. 答案 √	本题考点　企业所得税征收管理	难易程度　易

易错易混

企业所得税的纳税地点

类型	具体规定
居民企业	除另有规定外，居民企业以企业登记注册地为纳税地点；但登记注册地在境外的，以实际管理机构所在地为纳税地点
非居民企业	（1）非居民企业在中国境内设立机构、场所的，以机构、场所所在地为纳税地点 （2）非居民企业在中国境内未设立机构、场所的，或者虽设立机构、场所但取得的所得与其所设机构、场所没有实际联系的，以扣缴义务人所在地为纳税地点

8. 答案 √	本题考点　环境保护税征收管理	难易程度　易

解析　环境保护税纳税义务发生时间为纳税人排放应税污染物的当日。纳税人应当向应税污染物排放地的税务机关申报缴纳环境保护税。

9. 答案 ×	本题考点　纳税申报的方式	难易程度　易

解析　联系实际生活，如果采用邮寄申报方式申报纳税，那么到达时间是无法准确估计的，不能以此为实际申报日期，邮寄申报以“寄出”的邮戳日期为实际申报日期。

10. 答案 √	本题考点　劳动合同的解除和终止	难易程度　易

四、不定项选择题

（一）

1. 答案 ABD	本题考点　消费税的征税范围	难易程度　易

解析　（1）选项AB：纳税人自产自用的应税消费品，用于连续生产应税消费品的，不纳税；凡用于其他方面的，于移送使用时缴纳消费税。

（2）选项C：用银行存款对外“投资”是行为，和“应税消费品”完全不相关，不涉及缴纳消费税的问题。

（3）选项D：这是生产销售应税消费品的行为，需要计算缴纳消费税。

2. 答案 D	本题考点 消费税应纳税额的计算	难易程度 中

解析

委托加工业务无同类高档化妆品销售价格时，按照组成计税价格计算纳税。实行从价定率办法计征消费税的，组成计税价格=（材料成本+加工费）÷（1-消费税比例税率）=（600000+250000）÷（1-15%）×15%=150000（元）。

3. 答案 C	本题考点 消费税应纳税额的计算	难易程度 中

解析

纳税人进口应税消费品按照组成计税价格和规定的消费税税率计算消费税。实行从价定率办法计征消费税的，组成计税价格=（关税完税价格+关税）÷（1-消费税比例税率）。其中，关税=关税完税价格×关税税率=935000×5%，因此甲公司当月进口成套化妆品应缴纳消费税税额=组成计税价格×消费税税率=（935000+935000×5%）÷（1-15%）×15%=173250（元）。

易错易混

“不同环节”“不同计税形式”下消费税组成计税价格

征税环节	计税形式	组成计税价格	备注
自产自用	从价定率	成本×（1+成本利润率）÷（1-消费税比例税率）	如果有纳税人生产的同类消费品的销售价格时，按照同类消费品的销售价格计算纳税，没有时才组价
	复合计税	[成本×（1+成本利润率）+自产自用数量×消费税定额税率]÷（1-消费税比例税率）	
委托加工	从价定率	（材料成本+加工费）÷（1-消费税比例税率）	如果有受托方同类消费品的销售价格时，按照同类消费品的销售价格计算纳税，没有时才组价
	复合计税	（材料成本+加工费+委托加工数量×消费税定额税率）÷（1-消费税比例税率）	
进口环节	从价定率	（关税完税价格+关税）÷（1-消费税比例税率）	——
	复合计税	（关税完税价格+关税+进口数量×消费税定额税率）÷（1-消费税比例税率）	

4. 答案 B	本题考点 增值税应纳税额的计算	难易程度 难

解析

关于增值税应纳税额的计算，主体为一般纳税人时，题目会同时给出销售业务和购进业务，需要学员分别计算销项税额和进项税额，最终应纳税额=销项税额-进项税额。

（1）销售自产高档美容类化妆品，取得不含增值税销售额 3000000 元正常计税。

（2）自产应税消费品无偿对外赠送，视同销售缴纳增值税。

（3）自产应税消费品用于职工福利，视同销售缴纳增值税。

（4）以银行存款5000000元投资乙商场，只是谈及“用钱投资”，不缴纳增值税。

（5）收取加工费的税额32500元也是销项税额，计算时不要落下。

（6）进口环节缴纳的增值税=（关税完税价格+关税）÷（1-消费税比例税率）×增值税税率=（935000+935000×5%）÷（1-15%）×13%（作为进项税额抵扣）。

（7）因此甲公司当月应向税务机关缴纳增值税税额=（3000000+100×1000+40×500）×13%+32500-（935000+935000×5%）÷（1-15%）×13%=287950（元）。

考点提炼

（1）进口环节向海关缴纳的增值税具有双重属性，一方面是作为纳税人向海关缴纳的税款；另一方面可以作为内销环节进项税额抵扣，实际就是企业从境外买货物，进口货物的企业是增值税的纳税人，同时也负担了进项税额，购买方负担的进项税额是可以在计算境内应纳增值税时作为进项税额抵扣的，和境内购买并抵扣的原理一致。

（2）以“银行存款”对外投资并不是以“货物”对外投资，不涉及缴纳增值税和消费税。

易错易混

增值税与消费税征税范围对比

行为	是否计税	
	增值税	消费税
将自产应税消费品连续生产应税消费品 如：自产烟丝连续加工卷烟	×	×
将自产应税消费品连续生产非应税消费品 如：自产高档香水精连续生产普通护肤护发品	×	√
将自产应税消费品用于馈赠、赞助、集资、广告、样品、职工福利、奖励等	√	√
将自产应税消费品用于本企业在建工程（福利除外） 如：自产应税涂料用于本企业在建厂房	× 【提示】2016年5月1日后不视同销售，不征收增值税	√
将自产应税消费品用于换取生产资料或消费资料、投资入股、抵偿债务	√ （平均价）	√ （最高价）

（二）

1. 答案 ABCD	本题考点　支票的出票	难易程度　难

解析

（1）签发支票必须记载的事项有：表明“支票”的字样；无条件支付的委托；确定的金额（选项 B）；出票日期（选项 A）；付款人名称（选项 D）；出票人签章。

（2）出票人为单位的，在支票上的签章为与该单位“在银行预留签章一致”的签章（选项 C）。

易错易混

出票行为的必须记载事项

	银行汇票	商业汇票	本票	支票
表明“××票”字样	√	√	√	√
无条件支付的委托	承诺	√	承诺	√
出票金额	√	√	√	√
付款人名称	√	√	×	√
收款人名称	√	√	√	×
出票人签章	√	√	√	√
出票日期	√	√	√	√

相关链接

支票的金额、收款人名称，可以由出票人授权补记，未补记前不得背书转让和提示付款。

2. 答案 D	本题考点　支票的付款	难易程度　易

解析

选项 D：支票的提示付款期限自出票日起 10 日。

易错易混

提示付款的期限

票据类型	起算点	长度
见票即付的汇票	出票日起	1 个月
远期商业汇票	到期日起	10 日
银行本票	出票日起	2 个月
支票	出票日起	10 日

相关链接

提示承兑期限

<table>
<tr><th colspan="2">票据类型</th><th>提示承兑期限</th></tr>
<tr><td rowspan="3">商业汇票</td><td>定日付款的商业汇票</td><td rowspan="2">到期日前</td></tr>
<tr><td>出票后定期付款的商业汇票</td></tr>
<tr><td>见票后定期付款的商业汇票</td><td>出票之日起 1 个月内</td></tr>
<tr><td colspan="2">银行汇票</td><td>×</td></tr>
<tr><td colspan="2">银行本票</td><td>×</td></tr>
<tr><td colspan="2">支票</td><td>×</td></tr>
</table>

3. 答案 ABC | **本题考点 支票的付款** | **难易程度 难**

解析

收款人持用于支取现金的支票向付款人提示付款时，应在支票背面“收款人签章”处签章（选项 A），持票人为个人的，还需交验本人身份证件（选项 B），并在支票背面注明证件名称、号码及发证机关（选项 C）。

相关链接

持票人持用于转账的支票向付款人提示付款时，应在支票背面背书人签章栏签章，并将支票和填制的进账单送交出票人开户银行。

4. 答案 ACD | **本题考点 支票的出票** | **难易程度 中**

解析

（1）选项 A：出票人签发的支票金额超过其付款时在付款人处实有的存款金额的，为空头支票。

（2）选项 BD：由于支票的付款银行不在票据上签章，只是票据关系人（支票属于商业信用），对于空头支票，银行有权拒绝付款并依法出具拒绝付款证明。

（3）选项 C：单位或个人签发空头支票，不以骗取财物为目的的，由中国人民银行处以票面金额 5%但不低于 1000 元的罚款，持票人有权要求出票人赔偿支票金额 2%的赔偿金。

（三）

1. 答案 B | **本题考点 劳务报酬所得预扣预缴个人所得税的计算** | **难易程度 中**

解析

劳务报酬所得预扣预缴税额时要和 4000 元进行比较，不超过 4000 元的扣除 800 元的费用；劳务报酬所得应预扣预缴税额 =（每次收入 −800）× 预扣率 − 速算扣除数 =（3000−800）×20%−0=440（元）。

2. 答案 D	本题考点 综合所得个人所得税的计算	难易程度 难

解析

综合所得应纳税额的计算，这一知识点比较综合，考试时以计算为主，需要学员准确掌握综合所得的四项内容及各个扣除项目。考试时一般给出许多干扰项，需要学员进行辨别。

（1）年度汇算清缴，劳务报酬所得不需要与 4000 元比较，以收入减除 20% 的费用后的余额为收入额。

（2）缴纳的“三险一金”可以依法扣除。

（3）子女教育专项附加扣除是本题的“坑”，结合“题干已知条件”只能扣除 50%。

	项目	计税收入额	扣除项目
居民个人综合所得	工资、薪金所得	150000	①减除费用：60000 ②专项扣除：33750 ③专项附加扣除：12×1000×50% ④依法确定的其他扣除：无
	劳务报酬所得	3000×（1-20%）	
	稿酬所得	无	
	特许权使用费所得	无	

易错易混

预扣预缴应纳税所得额 VS 计入综合所得的收入额，详见 P144 不定项（二）第 3 题。

3. 答案 D	本题考点 全年一次性奖金应纳个人所得税的计算	难易程度 难

解析

（1）选项 AB：选择不并入当年综合所得，“全年一次性奖金收入”全额计算。

（2）选项 C：确定税率和速算扣除数时应以全年一次性奖金收入除以 12 个月得到的数额，查找月度税率表确定，51000÷12＝4250（元），适用税率为 10%，速算扣除数为 210。

考点提炼

（1）选择不并入当年综合所得的，以全年一次性奖金收入除以 12 个月得到的数额，查找月度税率表确定适用税率和速算扣除数，单独计算纳税。

（2）计算公式为：应纳税额＝全年一次性奖金收入×适用税率－速算扣除数

易错易混

全年一次性奖金的计税规定

2021 年 12 月 31 日前	可以选择并入综合所得计算纳税
	可以选择不并入当年的综合所得，单独计税
2022 年 1 月 1 日起	应当并入综合所得计算纳税

相关链接

上市公司股权激励的征税规定

（1）居民个人取得上市公司股票期权、股票增值权、限制性股票、股权奖励等股权激励，符合规定的相关条件的，在 2021 年 12 月 31 日前，不并入当年综合所得，全额单独适用综合所得税率表计算纳税。

（2）居民个人一个纳税年度内取得 2 次以上（含 2 次）股权激励的，应合并计算纳税。

4. 答案 ABCD	本题考点　个人所得税的税收优惠	难易程度　中

解析

（1）选项 A：个人持有从公开发行和转让市场取得的上市公司股票而取得的股息红利持股期限大于 1 年的，免征个人所得税。

（2）选项 B：房屋产权所有人死亡，依法取得房屋产权的法定继承人、遗嘱继承人或者受遗赠人，对当事人双方不征收个人所得税。

（3）选项 C：企业在向个人销售商品（产品）和提供服务的同时给予赠品，不征收个人所得税。

（4）选项 D：国债利息收入免征个人所得税。

考点提炼

上市公司的股息所得按持股期限分为三段，三段计税方法不一致，题目中一般会“直接给出持股期限”或者通过买卖时间“间接判断持股期限”，具体如下：

具体情形	处理规则
持股期限≤1 个月	全额计入应纳税所得额
1 个月<持股期限≤1 年	暂减按 50% 计入应纳税所得额
持股期限>1 年	暂免征收个人所得税

2020 年会计专业技术资格考试《经济法基础》试题（4）

参考答案及解析

扫码看答案

使用“微信”或“会计云课堂”App 扫描右侧二维码，即可查阅电子版答案及解析，“手机看答案更轻松”。

一、单项选择题

1. 答案 A	本题考点 法律关系的主体	难易程度 易

解析 选项 A：法律关系的主体是指参加法律关系，依法享有权利和承担义务的当事人。

易错易混

法律关系主体的种类

<table>
<tr><th colspan="3">基本分类</th><th>具体内涵</th></tr>
<tr><td colspan="3">自然人（公民）</td><td>包括中国公民、外国公民和无国籍人</td></tr>
<tr><td rowspan="4">组织</td><td rowspan="3">法人组织</td><td>营利法人</td><td>包括有限责任公司、股份有限公司和其他企业法人等</td></tr>
<tr><td>非营利法人</td><td>包括事业单位、社会团体、基金会、社会服务机构等</td></tr>
<tr><td>特别法人</td><td>包括机关法人、农村集体经济组织法人、城镇农村的合作经济组织法人、基层群众性自治组织法人</td></tr>
<tr><td colspan="2">非法人组织</td><td>包括个人独资企业、合伙企业、不具有法人资格的专业服务机构等</td></tr>
<tr><td colspan="3">国家</td><td>在特殊情况下，国家可以作为一个整体成为法律关系主体。如在国内，国家是国家财产所有权唯一和统一的主体；在国际上，如国家作为主权者是国际公法关系的主体，也可以成为对外贸易关系中的债权人或债务人</td></tr>
</table>

2. 答案 D	本题考点 仲裁的适用范围	难易程度 易

解析 选项 ABC：属于人身关系纠纷，不适用《仲裁法》。

考点提炼

平等主体的公民、法人和其他组织之间发生的合同纠纷和其他财产权益纠纷，可以仲裁。

相关链接

下列纠纷不能通过经济仲裁程序解决，就下列纠纷约定仲裁的，仲裁协议无效：（1）关于婚姻、收养、监护、扶养、继承纠纷（属于人身关系纠纷）；（2）依法应当由行政机关处理的行政争议（属于纵向关系纠纷）；（3）劳动争议的仲裁（适用劳动争议仲裁程序）；（4）农业集体经济组织内部的农业承包合同纠纷的仲裁（适用专门的农村土地承包经营纠纷调解仲裁程序）。

3. 答案 B	本题考点　税务行政复议的申请	难易程度　中

解析

申请人对复议范围中征税行为不服的，应当先向复议机关申请行政复议，对行政复议决定不服的，可以再向人民法院提起行政诉讼。

易错易混

“先议后诉”VS“可议可诉”

情形	争议类型	具体规定
先议后诉	对“征税行为”的争议 【提示】征税行为具体包括如下： ①税务机关作出的确认纳税主体、征税对象、征税范围、减税、免税及退税、抵扣税款、适用税率、计税依据、纳税环节、纳税期限、纳税地点以及税款征收方式等具体行政行为 ②税务机关作出的征收税款、加收滞纳金的决定 ③扣缴义务人、受税务机关委托的单位和个人作出的代扣代缴、代收代缴、代征行为等	复议是诉讼的必经前置程序
可议可诉	对“其他行为”的争议	复议不是诉讼的必经前置程序

相关链接

申请人对税务机关作出逾期不缴纳罚款加处罚款的决定不服的，应当先缴纳罚款和加处罚款，再申请行政复议。

4. 答案 D	本题考点　信用卡	难易程度　难

解析

（1）选项A：属于预借现金——现金转账。

（2）选项BC：属于预借现金——现金提取。

（3）选项 D：发卡机构不得将持卡人信用卡预借现金额度内资金划转至其他信用卡，以及非持卡人的银行结算账户或支付账户。

考点提炼

信用卡预借现金业务包括现金提取、现金转账和现金充值：

（1）现金提取，是指持卡人通过柜面和自动柜员机（ATM）等自助机具，以现钞形式获得信用卡预借现金额度内资金。

（2）现金转账，是指持卡人将信用卡预借现金额度内资金划转到本人银行结算账户。

（3）现金充值，是指持卡人将信用卡预借现金额度内资金划转到本人在非银行支付机构开立的支付账户。

5. 答案 B	本题考点　基本存款账户	难易程度　易

解析

选项 B：可以申请开立临时存款账户。

考点提炼

下列存款人可以申请开立基本存款账户：（1）企业法人；（2）非法人企业（如个人独资企业和合伙企业）；（3）机关、事业单位；（4）团级（含）以上军队、武警部队及分散执勤的支（分）队；（5）社会团体；（6）民办非企业组织；（7）异地常设机构；（8）外国驻华机构；（9）个体工商户；（10）居民委员会、村民委员会、社区委员会；（11）单位设立的独立核算的附属机构，包括食堂、招待所、幼儿园；（12）其他组织（如业主委员会、村民小组等）。

相关链接

临时存款账户适用范围：（1）设立临时机构（如工程指挥部、摄制组）；（2）异地临时经营活动；（3）注册（增资）验资；（4）军队、武警单位承担基本建设或者异地执行作战、演习、抢险救灾，应对突发事件等临时任务。

6. 答案 B	本题考点　预算单位零余额账户	难易程度　中

解析

选项 B：预算单位零余额账户不得违反规定向本单位其他账户和上级主管单位、所属下级单位账户划拨资金。

考点提炼

预算单位零余额账户用于财政授权支付，可以办理转账、提取现金等结算业务，可以向本单位按账户管理规定保留的相应账户划拨工会经费、住房公积金及提租补贴，以及财政部门批准的特殊款项；不得违反规定向本单位其他账户和上级主管单位、所属下级单位账户划拨资金。

相关链接

一个基层预算单位开设一个零余额账户。

7. 答案 A	本题考点 增值税销项税额的计算	难易程度 易

解析

选项 BCD：属于价外费用，价税分离后并入销售额计算销项税额。

考点提炼

判断相关款项是否计入销售额计算销项税额的“万能”做题方法：找关键字“代”，由于并入销售额计税的内容非常多，建议采用排除法解题。

下列项目不包括在销售额内：

（1）受托加工应征消费税的消费品所代收代缴的消费税。

（2）符合规定条件代为收取的政府性基金或者行政事业性收费。

（3）销售货物的同时代办保险等而向购买方收取的保险费。

（4）向购买方收取的代购买方缴纳的车辆购置税、车辆牌照费。

（5）以委托方名义开具发票代委托方收取的款项。

8. 答案 D	本题考点 增值税销项税额的计算	难易程度 易

解析

提供设计服务收取的奖励费 10.6 万元属于价外费用，应当依法计税。价外费用 10.6 万元和价款 636 万元都为含税价，均应作价税分离处理。因此甲公司当月该笔业务增值税销项税额＝（含增值税价款+价外费用）÷（1+增值税税率）×增值税适用税率＝（636+10.6）÷（1+6%）×6%＝36.6（万元）。

9. 答案 A	本题考点 进口环节应纳增值税的计算	难易程度 中

解析

本题进口的是“高档手表”，属于消费税应税消费品。进口应税消费品增值税应纳税额＝组成计税价格×增值税税率＝（关税完税价格+关税税额）÷（1-消费税税率）×增值税税率＝（100+10）÷（1-20%）×13%＝17.875（万元）。

相关链接

关于进口环节的应纳税额，可能考查增值税、消费税和车辆购置税，如果是进口“小汽车”自用，那么这三者的组成计税价格公式是一致的，即组成计税价格＝（关税完税价格+关税税额）÷（1-消费税税率）。

10. 答案 A	本题考点 消费税组成计税价格的计算	难易程度 难

解析

(1) 将自产的白酒用于职工福利，视同销售缴纳消费税。

(2) 因为无同类白酒销售价格，所以需要组价计税。

(3) 白酒复合计征消费税，本题的“坑”在于复合计税的应税消费品组价中应包含从量税；组成计税价格=［成本×（1+成本利润率）+自产自用数量×消费税定额税率］÷（1-消费税比例税率）。

考点提炼

(1) 纳税人自产自用的应税消费品，用于连续生产应税消费品的，不缴纳消费税；用于其他方面的，于移送时缴纳消费税。

用于其他方面，是指纳税人将自产的应税消费品用于生产非应税消费品、在建工程、管理部门、非生产机构、提供劳务、馈赠、赞助、集资、广告、样品、职工福利、奖励等方面。

(2) 1千克=2×500克=2斤；1吨=1000千克=2000斤；白酒消费税定额税率是0.5元/斤，所以每吨定额税率是0.5×2000=1000（元）。

易错易混

复合计税不同纳税环节下消费税应纳税额的计算思路（组价计算）

消费税应纳税额的计算思路	
纳税环节	第一步：应纳税额=从价税额+从量税额 第二步：从量税额=应税消费品数量×消费税定额税率 第三步：从价税额=组成计税价格×消费税比例税率
自产自用	第四步：组成计税价格=（成本+利润+自产自用数量×消费税定额税率）÷（1-消费税比例税率） 第五步：应纳税额=（成本+利润+自产自用数量×消费税定额税率）÷（1-消费税比例税率）×消费税比例税率+自产自用数量×消费税定额税率
委托加工	第四步：组成计税价格=（材料成本+加工费+委托加工收回数量×消费税定额税率）÷（1-消费税比例税率） 第五步：应纳税额=（材料成本+加工费+委托加工收回数量×消费税定额税率）÷（1-消费税比例税率）×消费税比例税率+委托加工收回数量×消费税定额税率
进口	第四步：组成计税价格=（关税完税价格+关税+进口征税数量×消费税定额税率）÷（1-消费税比例税率） 第五步：应纳税额=（关税完税价格+关税+进口征税数量×消费税定额税率）÷（1-消费税比例税率）×消费税比例税率+进口征税数量×消费税定额税率

相关链接

消费税各税目的适用税率，详见P151单选8。

11. 答案 C	本题考点　已纳消费税的扣除	难易程度　中

解析

（1）选项 A：外购已税蒸馏酒继续生产的没有扣除已纳消费税的规定。

（2）选项 B：外购已税“石脑油、润滑油、燃料油”为原料生产的成品油，允许扣除外购时已缴纳的消费税。

（3）选项 C：外购已税烟丝生产的卷烟，允许扣除外购时已缴纳的消费税。

（4）选项 D：外购已税电池继续生产的没有扣除已纳消费税的规定。

考点提炼

外购或委托加工应税消费品已纳税款准予抵扣的范围：

（1）外购或委托加工收回的已税烟丝生产的卷烟。

（2）外购或委托加工收回的已税高档化妆品为原料生产的高档化妆品。

（3）外购或委托加工收回的已税珠宝玉石为原料生产的贵重首饰及珠宝玉石。

（4）外购或委托加工收回的已税鞭炮、焰火为原料生产的鞭炮、焰火。

（5）外购或委托加工收回的已税杆头、杆身和握把为原料生产的高尔夫球杆。

（6）外购或委托加工收回的已税木制一次性筷子为原料生产的木制一次性筷子。

（7）外购或委托加工收回的已税实木地板为原料生产的实木地板。

（8）外购或委托加工收回的已税石脑油、润滑油、燃料油为原料生产的成品油。

（9）外购或委托加工收回的已税汽油、柴油为原料生产的汽油、柴油。

相关链接

纳税人用外购或者委托加工收回的已税珠宝玉石为原料生产的改在零售环节征收消费税的金银首饰（镶嵌首饰），在计税时一律不得扣除外购或者委托加工收回的珠宝玉石已纳的消费税税款。

12. 答案 A	本题考点　偶然所得应纳个人所得税的计算	难易程度　易

解析

“偶然所得”应以每次收入额全额计税，不能减去相关支出 1000 元（选项 BC），也不能减去 800 元或者 20% 的费用（选项 D）。因此，张某当月该笔中奖收入应缴纳的个人所得税税额 = 100000×20% = 20000（元）。

相关链接

“利息、股息、红利所得”应纳个人所得税的计税规则和“偶然所得”基本一致，不能减去相关支出，也不能减去 800 元或者 20% 的费用。

13. 答案 D	本题考点　个人所得税应税所得项目	难易程度　易

解析

（1）选项 A：属于特许权使用费所得。

（2）选项 B：属于工资、薪金所得。

（3）选项C：属于财产租赁所得。

相关链接

按照“劳务报酬所得”计税的其他特殊项目：

（1）律师以个人名义再聘请其他人员为其工作而支付的报酬，应由该律师按“劳务报酬所得”负责预扣预缴个人所得税。为了便于操作，税款可由其任职的律师事务所代为缴入国库。

（2）保险营销员、证券经纪人取得的佣金收入，属于“劳务报酬所得”。

14. 答案 B	本题考点 个人所得税的税收优惠	难易程度 易

解析

（1）选项AC：均属于工资、薪金所得，照章纳税，没有免税的规定。

（2）选项BD：省级人民政府、国务院部委和中国人民解放军军以上单位，以及外国组织、国际组织颁发的科学、教育、技术、文化、卫生、体育、环境保护等方面的奖金，免征个人所得税。这是本题的“坑”，注意级别，省级部门颁发的奖金才免，县级部门颁发的奖金不免。

15. 答案 C	本题考点 个人所得税纳税人	难易程度 难

解析

在中国境内无住所而一个纳税年度内在中国境内居住累计满183天的个人为居民个人。“累计满183天”应当在一个纳税年度内计算。所以，本题思考的焦点在于“2019纳税年度内”是否在中国境内居住累计“满183天”。

（1）选项A：8月1日~10月31日不满183天。

（2）选项B：这是本题的“坑”，只能看2019年的时间，即7月5日~12月31日不满183天。

（3）选项C：3月1日~12月1日满183天。

（4）选项D：这是本题的“坑”，只能看2019年的时间，即1月1日~5月1日不满183天。

易错易混

居民个人VS非居民个人

纳税人类别	承担的纳税义务	判定标准
居民个人	负有无限纳税义务，其所取得的所得，无论是来源于中国境内还是中国境外，都要在中国缴纳个人所得税	住所标准和居住时间标准只要具备一个就成为居民个人： ①住所标准：“在中国境内有住所”是指因户籍、家庭、经济利益关系而在中国境内习惯性居住 ②居住时间标准：“无住所而一个纳税年度内在中国境内居住累计满183天”是指在一个纳税年度（公历1月1日起至12月31日止，下同）内，在中国境内居住累计满183天

续表

纳税人类别	承担的纳税义务	判定标准
非居民个人	承担有限纳税义务，只就其来源于中国境内的所得，向中国缴纳个人所得税	非居民个人的判定标准是以下两条必须同时具备： ①在中国境内无住所 ②在中国境内不居住或一个纳税年度内在境内居住累计不满 183 天

相关链接

无住所个人一个纳税年度内在中国境内累计居住天数，按照个人在中国境内累计停留的天数计算。在中国境内停留的当天满 24 小时的，计入中国境内居住天数，在中国境内停留的当天不足 24 小时的，不计入中国境内居住天数。

16. 答案 B　　本题考点　耕地占用税征税范围　　难易程度　易

解析

（1）选项 ACD：在我国境内占用耕地建设建筑物、构筑物或者从事非农业建设的行为需要缴纳耕地占用税。

（2）选项 B：“木材集材道”属于“直接为农业生产服务的生产设施”。占用园地、林地、草地、农田水利用地、养殖水面、渔业水域滩涂以及其他农用地建设“直接为农业生产服务的生产设施”的，不缴纳耕地占用税。

17. 答案 B　　本题考点　契税应纳税额的计算　　难易程度　中

解析

房屋买卖，契税应以不含增值税的成交价格（500 万元）为计税依据，所以甲广告公司当月该笔业务应缴纳契税税额 = 计税依据 × 税率 = 500 × 4% = 20（万元）。本题中“账面原值 300 万元”是迷惑性条件，房产原值一般在计算“房产税”的时候才会用到。

相关链接

各种情形下契税的计税依据及应纳税额的计算

征税对象	计税依据	应纳税额
土地使用权出让	成交价格	应纳税额 = 计税依据×适用税率
土地使用权出售		
房屋买卖		
土地使用权赠与	税务机关参照土地使用权出售、房屋买卖的市场价格依法核定的价格	
房屋赠与		
土地使用权互换	所支付的差价	
房屋互换		
以划拨方式取得土地使用权，经批准转让房地产的	补交的土地使用权出让费用或者土地收益	

续表

征税对象	计税依据	应纳税额
纳税人申报的成交价格、互换价格差额明显偏低且无正当理由的，由税务机关依照《中华人民共和国税收征收管理法》的规定核定		

18. 答案 B	本题考点 烟叶税应纳税额的计算	难易程度 易

解析

纳税人收购烟叶实际支付的价款总额包括纳税人支付给烟叶生产销售单位和个人的烟叶收购价款和价外补贴（价外补贴统一按烟叶收购价款的10%计算）。烟叶税应纳税额＝价款总额×税率＝收购价款×（1+10%）×税率＝（800000+80000）×20%＝176000（元）。

19. 答案 A	本题考点 环境保护税应纳税额的计算	难易程度 难

解析

关于环境保护税应纳税额的计算，一般的出题思路是给出具体排放量，其中可能掺杂着“免税项目”，也可能掺杂着“不征税项目”，需要学员进行辨析，然后求出需要计税的排放量，进而计算应纳税额。

（1）企业事业单位和其他生产经营者在符合国家和地方环境保护标准的设施、场所贮存或者处置固体废物的（80吨），不属于直接向环境排放污染物，不缴纳相应污染物的环境保护税。

（2）纳税人综合利用的固体废物，符合国家和地方环境保护标准的（100吨），暂予免征环境保护税。

（3）甲公司当月所产生炉渣应缴纳环境保护税税额＝（400－80－100）×25＝5500（元）。

易错易混

免征环境保护税VS不征环境保护税

免征环境保护税	不征环境保护税
（1）农业生产（不包括规模化养殖）排放应税污染物的 （2）机动车、铁路机车、非道路移动机械、船舶和航空器等流动污染源排放应税污染物的 （3）依法设立的城乡污水集中处理、生活垃圾集中处理场所排放相应应税污染物，不超过国家和地方规定的排放标准的 （4）纳税人综合利用的固体废物，符合国家和地方环境保护标准的	（1）企业事业单位和其他生产经营者向依法设立的污水集中处理、生活垃圾集中处理场所排放应税污染物的 （2）企业事业单位和其他生产经营者在符合国家和地方环境保护标准的设施、场所贮存或者处置固体废物的

20. 答案 B	本题考点　劳动合同的解除和终止	难易程度　中

解析 选项 B：（1）女职工在孕期、产期、哺乳期的，用人单位既不得无过失性辞退或经济性裁员解除劳动合同，也不得终止劳动合同；（2）劳动者不能胜任工作，经过培训或者调整工作岗位，仍不能胜任工作的属于无过失性辞退的情形。

相关链接 若符合因劳动者过错解除劳动合同（用人单位随时通知解除）的情形，则不受“用人单位既不得无过失性辞退或经济性裁员解除劳动合同，也不得终止劳动合同”限制性规定的影响。

21. 答案 C	本题考点　服务期	难易程度　易

解析 劳动合同法只允许用人单位在 2 种情况下与劳动者约定违约金：（1）服务期（选项 C）；（2）竞业限制。

22. 答案 C	本题考点　职工基本养老保险费的缴纳	难易程度　易

解析 选项 C：个人跨统筹地区就业的，其基本养老保险关系随本人转移，缴费年限累计计算。

相关链接 （1）个人跨统筹地区就业的，其基本医疗保险关系随本人转移，缴费年限累计计算。（2）职工跨统筹地区就业的，其失业保险关系随本人转移，缴费年限累计计算。

23. 答案 C	本题考点　失业保险待遇	难易程度　中

解析 选项 C：用人单位和本人的累计缴费年限满 1 年不足 5 年的，领取失业保险金的期限为自办理失业登记之日起 12 个月。

考点提炼

用人单位和本人的累计缴费年限	领取失业保险金的最长期限
满 1 年不足 5 年（1 年≤Y<5 年）	自办理失业登记之日起 12 个月
满 5 年不足 10 年（5 年≤Y<10 年）	自办理失业登记之日起 18 个月
10 年以上（Y≥10 年）	自办理失业登记之日起 24 个月

相关链接 根据人力资源社会保障部、财政部《关于扩大失业保险保障范围的通知》，自 2019 年 12 月起，延长大龄失业人员领取失业保险金期限，对领取失业保险金期

满仍未就业且距法定退休年龄不足1年的失业人员，可继续发放失业保险金至法定退休年龄。

二、多项选择题

1. 答案 ABCD	本题考点 银行汇票	难易程度 难

解析 收款人受理银行汇票时，应审查下列事项：（1）银行汇票和解讫通知是否齐全（选项A）、汇票号码和记载的内容是否一致；（2）收款人是否确为本单位或本人（选项C）；（3）银行汇票是否在提示付款期限内（选项B）；（4）必须记载的事项是否齐全（选项D）；（5）出票人签章是否符合规定，大小写出票金额是否一致；（6）出票金额、出票日期、收款人名称是否更改，更改的其他记载事项是否由原记载人签章证明。

相关链接 签发银行汇票必须记载的事项：（1）表明“银行汇票”的字样；（2）无条件支付的承诺；（3）出票金额；（4）付款人名称；（5）收款人名称；（6）出票日期；（7）出票人签章。

2. 答案 ACD	本题考点 汇兑	难易程度 难

解析 （1）选项AD：汇兑凭证记载的汇款人、收款人在银行开立存款账户的，必须记载其账号。

（2）选项B：汇款人对汇出银行尚未汇出的款项可以申请撤销。

（3）选项C：单位和个人各种款项的结算，均可使用汇兑结算方式。

相关链接 签发汇兑凭证必须记载下列事项：表明“信汇”或“电汇”的字样；无条件支付的委托；确定的金额；收款人名称；汇款人名称；汇入地点、汇入行名称；汇出地点、汇出行名称；委托日期；汇款人签章。汇兑凭证记载的汇款人、收款人在银行开立存款账户的，必须记载其账号。

3. 答案 ACD	本题考点 银行结算账户的概念和种类	难易程度 易

解析 单位银行结算账户按用途分为基本存款账户（选项D）、一般存款账户（选项A）、专用存款账户（选项C）、临时存款账户。

相关链接 银行结算账户按存款人不同分为单位银行结算账户和个人银行结算账户。

4. 答案 ABCD	本题考点 准予从销项税额中抵扣的进项税额	难易程度 易

解析

增值税合法扣税凭证的种类：

（1）增值税专用发票（含税控机动车销售统一发票）（选项 B）。

（2）海关进口增值税专用缴款书（选项 D）。

（3）农产品收购发票。

（4）农产品销售发票（选项 A）。

（5）代扣代缴税款的完税凭证。

（6）符合规定的国内旅客运输发票（选项 C）。

5. 答案 BD	本题考点 消费税的征税范围	难易程度 中

解析

对于此类考查消费税征税范围的题目首先看清四个选项给出的“客体”是否都是消费税的应税消费品；其次看清各选项的应税消费品与对应的征税环节是否匹配。

（1）选项 A：批发环节缴纳消费税的只有“卷烟”。

（2）选项 BD：“实木地板”“鞭炮、焰火”均在生产销售、委托加工和进口环节缴纳消费税。

（3）选项 C：珍珠属于“金银铂钻”以外的其他贵重首饰及珠宝玉石，不在零售环节纳税。

易错易混

消费税各征税环节，详见 P152 单选 9。

6. 答案 ACD	本题考点 资产的税务处理	难易程度 中

解析

选项 B：以融资租赁方式租入固定资产发生的租赁费支出，按照规定构成融资租入固定资产价值的部分应当提取折旧费用，分期扣除。

相关链接

长期待摊费用支出的摊销年限

<table>
<tr><th colspan="2">作为长期待摊费用的支出</th><th>摊销年限</th></tr>
<tr><td colspan="2">已足额提取折旧的固定资产的改建支出</td><td>按照固定资产预计尚可使用年限分期摊销</td></tr>
<tr><td colspan="2">租入固定资产的改建支出</td><td>按照合同约定的剩余租赁期限分期摊销</td></tr>
<tr><td>固定资产的大修理支出</td><td>大修理支出同时符合下列条件：
（1）修理支出达到取得固定资产时的计税基础 50%以上
（2）修理后使用年限延长 2 年以上</td><td>按照固定资产尚可使用年限分期摊销</td></tr>
</table>

续表

作为长期待摊费用的支出	摊销年限
其他应当作为长期待摊费用的支出	自支出发生月份的次月起，分期摊销，摊销年限不得低于 3 年

7. 答案 ABCD	本题考点 个人所得税征收管理	难易程度 易

解析

有下列情形之一的，纳税人应当依法办理纳税申报：

（1）取得综合所得需要办理汇算清缴。

（2）取得应税所得没有扣缴义务人（选项 D）。

（3）取得应税所得，扣缴义务人未扣缴税款（选项 A）。

（4）取得境外所得（选项 C）。

（5）因移居境外注销中国户籍（选项 B）。

（6）非居民个人在中国境内从两处以上取得工资、薪金所得。

（7）国务院规定的其他情形。

8. 答案 ACD	本题考点 纳税主体的权利和义务	难易程度 中

解析

选项 B：属于征税主体的权利。

易错易混

征税主体权利 VS 纳税主体权利

征税主体的权利	纳税主体的权利
（1）税收立法权 （2）税务管理权 （3）税款征收权 （4）税务检查权 （5）税务行政处罚权 （6）其他职权	（1）知情权 （2）要求保密权 （3）依法享受税收优惠权 （4）申请退还多缴税款权 （5）申请延期申报权 （6）纳税申报方式选择权 （7）申请延期缴纳税款权 （8）索取有关税收凭证的权利 （9）委托税务代理权 （10）陈述权、申辩权 （11）对未出示税务检查证和税务检查通知书的拒绝检查权 （12）依法要求听证的权利 （13）税收法律救济权 （14）税收监督权

相关链接

征税主体义务VS纳税主体义务

征税主体的义务	纳税主体的义务
（1）宣传税收法律、行政法规，普及纳税知识，无偿为纳税人提供纳税咨询服务 （2）依法为纳税人、扣缴义务人的情况保守秘密，为检举违反税法行为者保密 （3）加强队伍建设，提高税务人员的政治业务素质 （4）秉公执法，忠于职守，清正廉洁，礼貌待人，文明服务，尊重和保护纳税人、扣缴义务人的权利，依法接受监督 （5）税务人员不得索贿受贿、徇私舞弊、玩忽职守、不征或者少征应征税款；不得滥用职权多征税款或者故意刁难纳税人和扣缴义务人 （6）税务人员在核定应纳税额、调整税收定额、进行税务检查、实施税务行政处罚、办理税务行政复议时，与纳税人、扣缴义务人或者其法定代表人、直接责任人有利害关系，包括夫妻关系、直系血亲关系、三代以内旁系血亲关系、近姻亲关系、可能影响公正执法的其他利害关系的，应当回避 （7）建立、健全内部制约和监督管理制度	（1）按期办理税务登记，及时核定应纳税种、税目 （2）依法设置账簿、保管账簿和有关资料以及依法开具、使用、取得和保管发票的义务 （3）财务会计制度和会计核算软件备案的义务 （4）按照规定安装、使用税控装置的义务 （5）按期、如实办理纳税申报的义务 （6）按期缴纳或解缴税款的义务 （7）接受税务检查的义务 （8）代扣、代收税款的义务 （9）及时提供信息的义务，如纳税人有歇业、经营情况变化、遭受各种灾害等特殊情况的，应及时向征税机关说明等 （10）报告其他涉税信息的义务，如企业合并、分立的报告义务等

9. 答案 ABCD	本题考点　保守商业秘密和竞业限制	难易程度　易

解析

（1）选项A：竞业限制的人员限于用人单位的高级管理人员、高级技术人员和其他负有保密义务的人员，而不是所有的劳动者。

（2）选项B：在解除或者终止劳动合同后，竞业限制人员到与本单位生产或者经营同类产品、从事同类业务的有竞争关系的其他用人单位工作，或者自己开业生产或者经营同类产品、从事同类业务的竞业限制期限，不得超过2年。

（3）选项C：竞业限制补偿金是用人单位对劳动者履行竞业限制义务的经济补偿，用人单位应当在劳动合同解除或终止后，在竞业限制期内按月支付。

（4）选项D：劳动者违反竞业限制约定，向用人单位支付违约金后，用人单位要求劳动者按照约定继续履行竞业限制义务的，人民法院应予支持。

10. 答案 BD	本题考点　劳动合同的订立	难易程度　中

解析

（1）选项AB：用人单位自用工之日起超过1个月不满1年未与劳动者订立书面劳动合同的，应当向劳动者每月支付2倍的工资并与劳动者补订书面劳动合同（还未满1年，不存在视为订立无固定期限劳动合同的问题）。

（2）选项CD：用人单位自用工之日起（2019年11月6日）即与劳动者建立劳动关系。

易错易混

书面劳动合同的签订的规定，详见P180单选20。

三、判断题

1. 答案 √	本题考点　我国法的主要形式	难易程度　中

考点提炼

行政法规是由国家最高行政机关即国务院在法定职权范围内为实施宪法和法律而制定、发布的规范性文件，通常冠以条例、办法、规定等名称。

2. 答案 √	本题考点　行政诉讼管辖	难易程度　易

相关链接

（1）行政案件由最初作出行政行为的行政机关所在地人民法院管辖；经复议的案件，也可以由复议机关所在地人民法院管辖。（2）因不动产提起的行政诉讼，由不动产所在地人民法院管辖。

3. 答案 √	本题考点　商业汇票的贴现	难易程度　易

考点提炼

办理贴现的条件：（1）票据未到期；（2）票据未记载“不得转让”事项；（3）持票人是在银行开立存款账户的企业法人以及其他组织；（4）持票人与出票人或者直接前手之间具有真实的商品交易关系。

4. 答案 √	本题考点　预付卡	难易程度　中

解析

个人或单位购买记名预付卡或一次性购买不记名预付卡1万元以上的，应当使用实名并向发卡机构提供有效身份证件。

5. 答案 ×	本题考点　增值税的税收优惠	难易程度　易

解析

从事学历教育的学校（不包括职业培训机构）提供的教育服务，免征增值税。

6. 答案 ×	本题考点 个人所得税应纳税所得额的确定	难易程度 易

解析 个体工商户业主的工资薪金支出不得税前扣除。

考点提炼 关于个体工商户个人所得税应纳税所得额的确定，需要明确辨析是业主本人工资，还是从业人员工资。

业主的工资薪金支出——不得扣除。

从业人员的、合理的工资薪金支出——准予扣除。

7. 答案 √	本题考点 土地增值税征税范围	难易程度 易

考点提炼 转让国有土地使用权将导致国有土地使用权权属转移：

（1）对转让方依法征收土地增值税。

（2）对受让方依法征收契税。

相关链接

转让房地产权属的行为各方所涉及税费

转让方（卖方）	承受方（买方）
（1）增值税（销售不动产、转让土地使用权） （2）城市维护建设税、教育费附加 （3）印花税（产权转移书据） （4）土地增值税 （5）企业所得税（或个人所得税）	（1）印花税（产权转移书据） （2）契税

8. 答案 ×	本题考点 房产税征收管理	难易程度 中

解析 纳税人委托施工企业建设的房屋，从“办理验收手续”之次月起，缴纳房产税。

易错易混

房产税的纳税义务发生时间

情形	纳税义务发生时间
购置新建商品房	自房屋交付使用之次月
购置存量房	自办理房屋权属转移、变更登记手续，房地产权属登记机关签发房屋权属证书之次月
出租、出借房产	自交付出租、出借房产之次月

续表

情形	纳税义务发生时间
因房产的实物或权利状态发生变化而依法终止房产税纳税义务	税款的计算应截至房产的实物或权利状态发生变化的当月末
将原有房产用于生产经营	自生产经营之月
自行新建房屋用于生产经营	自建成之次月
委托施工企业建房	自办理验收手续之次月
房地产开发企业自用、出租、出借本企业建造的商品房	自房屋使用或交付之次月

9. 答案 √	本题考点　发票的开具	难易程度　易

解析　主要考虑到“个人”一般很难开具发票。

10. 答案 ×	本题考点　劳动合同的履行	难易程度　易

解析　用人单位发生合并或者分立等情况，原劳动合同继续有效，劳动合同由承继其权利和义务的用人单位继续履行。

相关链接　用人单位变更名称、法定代表人、主要负责人或者投资人等事项，不影响劳动合同的履行。

四、不定项选择题

（一）

1. 答案 ABCD	本题考点　企业所得税收入总额	难易程度　易

解析

	收入类型	是否计入收入总额	应/免/不征税收入?	是否计入销售（营业）收入
选项 A	利息收入	√	应税收入	×
选项 B	利息收入	√	免税收入	×
选项 C	财产转让收入	√	应税收入（有税收优惠）	×
选项 D	销售货物收入	√	应税收入	√

2. 答案 B	本题考点　企业所得税税收优惠	难易程度　中

解析

（1）技术转让所得=技术转让收入-技术转让成本-相关税费=700-100=600（万元）。

（2）在一个纳税年度内，居民企业技术转让所得不超过 500 万元的部分，免征企业所得税；超过 500 万元的部分，减半征收企业所得税。免税及减半征税的部分造成了税会差异，即税法上享受税收优惠，需要纳税调减，应调减应纳税所得额=500+（600-500）×50%=550（万元）。

3. 答案 D	本题考点　企业所得税应纳税所得额的计算	难易程度　难

解析

应纳税所得额的调整是基于税会差异。

（1）选项 A：支付 Q 公司违约金不存在税会差异，税前可据实扣除，不需纳税调整。

（2）选项 B：直接向 Y 小学捐赠存在税会差异，即税前不得扣除，全额纳税调增。

（3）选项 C：债券利息收入属于应税收入，不存在税会差异，不需纳税调整。

（4）选项 D：国债利息收入属于免税收入，存在税会差异，即税法上免税，应全额纳税调减。

易错易混

纳税调增 VS 纳税调减

调增项目	超过税法规定扣除标准的项目金额	三项经费
		业务招待费
		广告费和业务宣传费（可结转以后年度扣除）
		公益性捐赠支出（可结转以后 3 个纳税年度内扣除）
		手续费及佣金支出（保险企业可结转以后年度扣除）
		非金融企业向非金融企业借款的利息支出
	在计算会计利润时已经扣除，但税法规定不能扣除	不得税前扣除项目（9 项）
调减项目	允许加计扣除的费用	残疾人工资
		研发费用
	免税收益	国债利息收入
		符合条件的股息、红利等权益性收益
		符合条件的非营利组织的收入

相关链接

间接法下，应纳税所得额=会计利润+纳税调整增加额-纳税调整减少额

应纳税额=应纳税所得额×适用税率-减免税额-抵免税额

4. 答案 D	本题考点 企业所得税税前扣除标准	难易程度 难

解析

关于企业所得税税前扣除项目，一般考查限额在税前扣除的内容，广告费和业务宣传费单限额在税前扣除，业务招待费双限额在税前扣除，都受“销售（营业）收入”的影响，因此准确判断各项收入是否计入销售（营业）收入是关键。

（1）本题销售（营业）收入为8000万元（参考第1小题解析）。

（2）广告费和业务宣传费扣除限额＝销售（营业）收入×15%＝8000×15%＝1200（万元）<实际发生额1500万元。计算的限额是税法上允许扣除的最大金额，即如果实际发生额小于限额，那么按照实际发生额扣除；如果实际发生额大于限额，那么按照限额扣除。总之，记住“谁小扣谁”。故准予扣除的广告费和业务宣传费的金额为1200万元。

易错易混

销售（营业）收入的确认

包括	主营业务收入【会计上】、其他业务收入【会计上】和视同销售收入【税法上】 ①主营业务收入：销售货物收入、提供劳务收入、以租赁业务为主要业务的租金收入等 ②其他业务收入：边角料销售收入、包装物出租收入等 ③视同销售收入：会计上不作为收入处理，但按照税法规定应视同销售确认的应税收入
不包括	营业外收入、投资收益 ①营业外收入：接受捐赠收入等 ②投资收益：国债利息收入；股息、红利等权益性投资收益等

相关链接

（1）对化妆品制造或销售、医药制造和饮料制造（不含酒类制造）企业发生的广告费和业务宣传费支出，不超过当年销售（营业）收入30%的部分，准予扣除；超过部分，准予在以后纳税年度结转扣除。

（2）烟草企业的烟草广告费和业务宣传费支出，一律不得在计算应纳税所得额时扣除。

（二）

1. 答案 ABCD	本题考点 会计工作交接	难易程度 中

解析

（1）选项A：会计机构负责人（会计主管人员）办理交接手续，由单位负责人监交，必要时，主管单位可以派人会同监交。

（2）选项B：交接完毕后，交接双方和监交人要在移交清册上签名或者盖章。

（3）选项C：会计机构负责人（会计主管人员）移交时，必须将全部财务会计工作、重大财务收支和会计人员的情况等，向接替人员详细介绍。对需要移交的遗留问题，应当写出书面材料。

（4）选项 D：移交人员在办理移交时，要按移交清册逐项移交，接替人员要逐项核对点收。

2. 答案 D	本题考点 对会计人员的一般要求	难易程度 易

解析

选项 D：担任单位会计机构负责人（会计主管人员）的，应当具备会计师以上专业技术职务资格“或者”从事会计工作 3 年以上经历。

3. 答案 B	本题考点 会计工作岗位的设置	难易程度 易

解析

选项 B：出纳人员不得兼任（兼管）稽核、会计档案保管和收入、支出、费用、债权债务账目的登记工作。

4. 答案 ABC	本题考点 会计凭证	难易程度 难

解析

（1）选项 AD：会计机构、会计人员必须按照国家统一的会计制度的规定对原始凭证进行审核，对记载“不准确、不完整”的原始凭证予以退回，并要求按照国家统一的会计制度的规定更正、补充。

（2）选项 C：原始凭证上除金额以外的其他事项有错误的，应当由出具单位重开或者更正，更正处应当加盖出具单位印章；原始凭证“金额”有错误的，应当由出具单位重开，不得在原始凭证上更正。

考点提炼

原始凭证的概念	原始凭证，又称单据，是指在经济业务发生时，由业务经办人员直接取得或者填制，用以表明某项经济业务已经发生或完成情况并明确有关经济责任的一种原始凭据
原始凭证的审核	对不真实、不合法的原始凭证有权不予接受，并向单位负责人报告
	对记载不准确、不完整的原始凭证予以退回，并要求按照国家统一的会计制度的规定更正、补充
原始凭证的更改	原始凭证记载的各项内容均不得涂改
	原始凭证金额有错误的，应当由出具单位重开，不得在原始凭证上更正
	原始凭证上除金额以外的其他事项有错误的，应当由出具单位重开或者更正，更正处应当加盖出具单位印章

（三）

1. 答案 D	本题考点 消费税应纳税额的计算	难易程度 易

解析

（1）选项AB：因为存在同类货物的销售价格，所以不需要组价计税。

（2）选项CD：纳税人用于换取生产资料和消费资料、投资入股和抵偿债务等方面的应税消费品，应当以纳税人同类应税消费品的“最高”销售价格作为计税依据计算消费税。选项C用的是平均单价，选项D用的是最高单价。

2. 答案 B	本题考点 消费税应纳税额的计算	难易程度 中

解析

纳税人通过自设非独立核算门市部销售的自产应税消费品，应当按照“门市部对外不含税销售额[400×3390÷（1+13%）]或者销售数量”征收消费税。

相关链接

移送行为增值税的处理

业务		是否视同销售货物
设有两个以上机构并实行统一核算的纳税人，将货物从一个机构移送其他机构用于销售	相关机构设在同一县（市）	×
	跨县（市）	√

3. 答案 C	本题考点 消费税应纳税额的计算	难易程度 中

解析

（1）由于甲葡萄酒公司无同类葡萄酒销售价格，应当组成计税价格计算。

（2）应代收代缴的消费税=（材料成本+不含增值税的加工费）÷（1-消费税比例税率）×消费税比例税率。题干给出的“加工费40680元”明确为含税金额，所以需要价税分离处理。

4. 答案 ABC	本题考点 增值税的征税范围	难易程度 易

解析

（1）选项A：就其加工劳务，按照销售加工、修理修配劳务纳税。

（2）选项B：属于以物易物，换出的葡萄酒应依法确认销项税额，换入的设备符合条件的，可以抵扣进项税额。

（3）选项C：门市部对外销售N品牌葡萄酒，照章缴纳增值税。

（4）选项D：并未跨县（市）移送，不视同销售货物。

2019 年会计专业技术资格考试《经济法基础》试题（1）

参考答案及解析

扫码看答案

使用“微信”或“会计云课堂”App 扫描右侧二维码，即可查阅电子版答案及解析，“手机看答案更轻松”。

一、单项选择题

1. 答案 B	本题考点　税务行政复议的申请	难易程度　易

解析　申请人可以在知道税务机关作出具体行政行为之日起60 日内提出行政复议申请。

相关链接　申请人申请行政复议，可以书面申请，也可以口头申请。

2. 答案 B	本题考点　应纳教育费附加的计算	难易程度　易

解析　关于教育费附加的计算可以和城市维护建设税应纳税额的计算结合掌握，二者的计税规则基本一致。

教育费附加以纳税人实际缴纳的增值税、消费税税额之和为计征依据。甲企业当月应缴纳教育费附加＝（20+12）×3%＝0.96（万元）。

3. 答案 D	本题考点　进口环节应纳增值税的计算	难易程度　中

解析　（1）选项 AB：进口货物直接按组成计税价格计算增值税，不存在价税分离的问题，“113 万元”看起来很像一个含税价，但其实并不是，它是“关税完税价格”。

（2）选项 CD：甲公司当月该笔业务应缴纳增值税税额＝组成计税价格×增值税税率＝关税完税价格×（1+关税税率）×增值税税率＝113×（1+10%）×13%＝16.159（万元）。

考点提炼

进口环节增值税应纳税额的计算公式可分为两类，一类是消费税非应税消费品，一类是消费税应税消费品，具体规定如下：

情形	进口货物不征收消费税（非应税消费品）	进口货物从价计征消费税（应税消费品）
组成计税价格	关税完税价格+关税 =关税完税价格×（1+关税税率）	关税完税价格+关税+消费税 =关税完税价格×（1+关税税率）÷（1-消费税税率）
应纳税额	组成计税价格×增值税税率	

4. 答案 D	本题考点 支票的付款	难易程度 中

解析

（1）选项 A：支票的提示付款期限为出票日起10 日。

（2）选项 B：出票人可以在支票上记载自己为收款人。

（3）选项 C：支票的金额、收款人名称，可以由出票人授权补记，未补记前不得背书转让和提示付款。

（4）选项 D：现金支票不得背书转让，因此，仅限于收款人向付款人提示付款。

相关链接

支票持票人超过提示付款期限提示付款的，付款人可以不予付款，付款人不予付款的，出票人仍应对持票人承担票据责任。

5. 答案 D	本题考点 车船税计税依据	难易程度 易

解析

非机动驳船虽然名字中含有“非机动”字样，但是按照“机动船舶”税额的 50%征收车船税。所以其计税依据和机动船舶保持一致，为“净吨位数”。

考点提炼

考生应将各税目的计税依据进行准确区分，记忆小技巧：

“载人”的为“辆数”；“载物”的为“整备质量吨位数”；船舶为“净吨位数”；游艇为“艇身长度”。

易错易混

车船税各税目计税依据，详见 P177 单选 15。

6. 答案 C	本题考点 劳动报酬	难易程度 中

解析

2600−2600×20%＝2080 元<2200 元，甲公司每月应按照不低于 2200 元的标准向吴某发放工资，扣除的最高限额＝2600−2200＝400（元）。

考点提炼

因劳动者本人原因给用人单位造成经济损失的，用人单位可以按照劳动合同的约定要求其赔偿经济损失。经济损失的赔偿，可从劳动者本人的工资中扣除，但每月扣除的部分不得超过劳动者当月工资的 20%。若扣除后的剩余工资部分低于当地月最低工资标准，则按最低工资标准支付。

7. 答案 C	本题考点 服务期	难易程度 难

解析

（1）选项 A：用人单位为劳动者提供专项培训费用，对其进行专业技术培训的，可以与该劳动者订立协议，约定服务期。

（2）选项 B：服务期违约金、竞业限制违约金是劳动合同法律制度认可的 2 种违约金。

（3）选项 C：劳动者违反服务期约定的，应当按照约定向用人单位支付违约金。

（4）选项 D：劳动合同期满，但是用人单位与劳动者约定的服务期尚未到期的，劳动合同应当续延至服务期满；双方另有约定的，从其约定。

易错易混

劳动合同解除与服务期违约金的支付

<table>
<tr><th colspan="2">服务期内劳动合同的解除情形</th><th>是否支付违约金</th></tr>
<tr><td rowspan="2">用人单位提出解除劳动合同</td><td>劳动者存在下列法定过错情形：
（1）劳动者严重违反用人单位的规章制度的
（2）劳动者严重失职，营私舞弊，给用人单位造成重大损害的
（3）劳动者同时与其他用人单位建立劳动关系，对完成本单位的工作任务造成严重影响，或者经用人单位提出，拒不改正的
（4）劳动者以欺诈、胁迫的手段或者乘人之危，使用人单位在违背真实意思的情况下订立或者变更劳动合同致使劳动合同无效的
（5）劳动者被依法追究刑事责任的</td><td>√</td></tr>
<tr><td>劳动者并无法定过错情形</td><td>×</td></tr>
</table>

续表

服务期内劳动合同的解除情形		是否支付违约金
劳动者提出解除劳动合同	用人单位存在下列法定过错情形： （1）用人单位未按照劳动合同约定提供劳动保护或者劳动条件的 （2）用人单位未及时足额支付劳动报酬的 （3）用人单位未依法为劳动者缴纳社会保险费的 （4）用人单位的规章制度违反法律、法规的规定，损害劳动者权益的 （5）用人单位以欺诈、胁迫的手段或者乘人之危，使劳动者在违背真实意思的情况下订立或者变更劳动合同致使劳动合同无效的 （6）用人单位在劳动合同中免除自己的法定责任、排除劳动者权利的 （7）用人单位违反法律、行政法规强制性规定的	×
	用人单位并无法定过错情形	√

8. 答案 A | **本题考点** 会计工作的社会监督 | **难易程度** 难

解析

选项 A：获取充分、适当的审计证据以作为形成审计意见的基础，但认为未发现的错报（如存在）对财务报表可能产生的影响重大且具有广泛性，注册会计师应当发表否定意见。

考点提炼

- 标准审计报告：无保留意见审计报告
- 非标准审计报告
  - 带强调事项段或其他事项段的无保留意见的审计报告
  - 非无保留意见的审计报告
    - 保留意见的审计报告
    - 否定意见的审计报告
    - 无法表示意见的审计报告

易错易混

非无保留意见

是否获取了充分、适当的审计证据以作为形成审计意见的基础	注册会计师认为错报单独或汇总起来对财务报表影响	注册会计师认为未发现的错报（如存在）对财务报表可能产生的影响	应当发表的审计意见类型
已经获取	重大但不具有广泛性	——	保留意见
已经获取	——	重大且具有广泛性	否定意见
无法获取	——	重大但不具有广泛性	保留意见
无法获取	——	重大且具有广泛性	无法表示意见

9. 答案 A	本题考点　票据权利时效	难易程度　难

解析

（1）选项 B：持票人对前手的追索权，自被拒绝承兑或者被拒绝付款之日起“6 个月”。

（2）选项 C：持票人对票据承兑人的权利自票据到期日起“2 年”。

（3）选项 D：持票人对支票出票人的权利，自出票日起“6 个月”。

易错易混

票据权利消灭时效

<table>
<tr><th colspan="2" rowspan="2">票据种类</th><th rowspan="2">对出票人、承兑人（如果有）票据权利的消灭时效</th><th colspan="2">对一般前手的追索权</th></tr>
<tr><th>首次追索</th><th>再追索</th></tr>
<tr><td colspan="2">银行汇票、见票即付的商业汇票</td><td>出票日起 2 年</td><td rowspan="5">被拒绝承兑或者被拒绝付款之日起 6 个月</td><td rowspan="5">清偿日或者被提起诉讼之日起 3 个月</td></tr>
<tr><td rowspan="2">远期商业汇票</td><td>定日付款或者出票后定期付款的商业汇票</td><td rowspan="2">到期日起 2 年</td></tr>
<tr><td>见票后定期付款的商业汇票</td></tr>
<tr><td colspan="2">银行本票</td><td>出票日起 2 年</td></tr>
<tr><td colspan="2">支票</td><td>出票日起 6 个月</td></tr>
</table>

10. 答案 D	本题考点　车辆购置税税收优惠	难易程度　易

解析

（1）选项 ABC：免征车辆购置税。

（2）选项 D：个人购买的经营用小汽车没有免税的规定，应该照章纳税。

考点提炼

下列车辆免征车辆购置税：

（1）依照法律规定应当予以免税的外国驻华使馆、领事馆和国际组织驻华机构及其有关人员自用的车辆。

（2）中国人民解放军和中国人民武装警察部队列入装备订货计划的车辆。

（3）悬挂应急救援专用号牌的国家综合性消防救援车辆。

（4）设有固定装置的非运输专用作业车辆。

（5）城市公交企业购置的公共汽电车辆。

11. 答案 B	本题考点　行政责任	难易程度　易

解析

选项 ACD：属于行政“处分”。

易错易混 有关法律责任的种类，详见P158多选1。

12. 答案 A	本题考点 总会计师	难易程度 中

解析 选项A：国有的和国有资产占控股地位或者主导地位的大、中型企业必须设置总会计师。

相关链接 总会计师由具有会计师以上专业技术资格的人员担任。

13. 答案 A	本题考点 预算单位零余额账户	难易程度 易

解析 选项A：预算单位未开立基本存款账户（W市退役军人事务局未在银行开立任何账户），或者原基本存款账户在国库集中支付改革后已按照财政部门的要求撤销的，经同级财政部门批准，预算单位零余额账户作为"基本存款账户" 管理。

相关链接 预算单位使用财政性资金，应当按照规定的程序和要求，向财政部门提出设立零余额账户的申请，财政部门同意预算单位开设零余额账户后通知代理银行。

14. 答案 D	本题考点 企业所得税税收优惠	难易程度 易

解析 企业的固定资产由于技术进步等原因，确需加速折旧的，可以采取缩短折旧年限或者采取加速折旧的方法；采取缩短折旧年限方法的，最低折旧年限不得低于税法规定折旧年限的60%。

相关链接 企业在2018年1月1日至2020年12月31日期间新购进的设备、器具，单位价值不超过500万元的，允许一次性计入当期成本费用在计算应纳税所得额时扣除，不再分年度计算折旧。

15. 答案 D	本题考点 消费税销售额的确定	难易程度 中

解析 （1）选项ABC：应当以纳税人最近时期同类应税消费品的平均销售价格作为计税依据计缴消费税。

（2）选项D：纳税人用于换取生产资料和消费资料，投资入股和抵偿债务等方面的应税消费品，应当以纳税人同类应税消费品的最高销售价格作为计税依据计算消费税。

易错易混

消费税最高销售价格 VS 平均销售价格 VS 组成计税价格，详见 P136 多选 4。

相关链接

增值税中纳税人发生视同销售行为，无销售额的或者纳税人发生应税销售行为的价格明显偏低并无正当理由的，由税务机关按照下列顺序核定其销售额：

（1）按纳税人最近时期销售同类货物、劳务、服务、无形资产或者不动产的平均销售价格确定。

（2）按其他纳税人最近时期销售同类货物、劳务、服务、无形资产或者不动产的平均销售价格确定。

（3）按组成计税价格确定。

16. 答案 A	本题考点　增值税销项税额的计算	难易程度　中

解析

（1）选项 BC：非酒类产品（本题为“空调”）、啤酒、黄酒单独记账核算的包装物押金，收取时不作销售处理，所以本题中包装物押金 5.65 万元的取得时点是“收取时”，不需要计税。但是逾期不予退还的包装物押金 11.3 万元的取得时点是“没收时”，需要计税。

（2）选项 AD：“610.2 万元”题目明确交代为含增值税价，而作销售处理的包装物押金也为含增值税价，应作价税分离处理，所以甲企业当月上述业务增值税销项税额=（610.2+11.3）÷（1+13%）×13%=71.5（万元）。

考点提炼

（1）不含税销售额=含税销售额÷（1+增值税税率/征收率）

（2）包装物押金在题干没有特殊说明的情况下默认为“含税销售额”。

易错易混

“酒类”包装物押金和“其他货物”包装物押金增值税处理，详见 P173 单选 6。

17. 答案 D	本题考点　商业汇票的提示付款	难易程度　难

解析

选项 D：承兑人在提示付款当日未作出应答的，视为“拒绝”付款，票据市场基础设施提供拒绝付款证明并通知持票人。

相关链接

银行承兑汇票的出票人于汇票到期日未能足额交存票款时，承兑银行除凭票向持票人无条件付款外，对出票人尚未支付的汇票金额按照每天万分之五计收利息。

18. 答案 D	本题考点 资产的税务处理	难易程度 难

解析

关于资产的税务处理，融资租赁方式和经营租赁方式是必考点，需要学员准确辨析，看清租赁方式是“经营租赁”还是“融资租赁”，再看清是“租入”还是“租出”，二者税务处理完全相反。

（1）选项A：房屋、建筑物以外未投入使用的固定资产，不得计算折旧扣除。

（2）选项B：以经营租赁方式租入的固定资产，不得计算折旧扣除。

（3）选项C：已经足额提取折旧仍继续使用的固定资产，不得计算折旧费用在税前扣除；但如果发生了改建支出的，可以作为长期待摊费用，按照固定资产预计尚可使用年限分期摊销。

（4）选项D：以融资租赁方式租出的固定资产，不得计算折旧扣除；但本题是“租入”，由承租方计算折旧费用在税前扣除。

易错易混

可以计算折旧扣除 VS 不得计算折旧扣除

可以计算折旧扣除	不得计算折旧扣除
包括但不限于： （1）未投入使用的房屋、建筑物 （2）以经营租赁方式租出的固定资产 （3）以融资租赁方式租入的固定资产	（1）房屋、建筑物以外未投入使用的固定资产 （2）以经营租赁方式租入的固定资产 （3）以融资租赁方式租出的固定资产 （4）已足额提取折旧仍继续使用的固定资产 （5）与经营活动无关的固定资产 （6）单独估价作为固定资产入账的土地 （7）其他不得计提折旧扣除的固定资产

相关链接

（1）固定资产按照“直线法”计算的折旧，准予扣除。

（2）企业应当自固定资产投入使用月份的次月起计算折旧；停止使用的固定资产，应当自停止使用月份的次月起停止计算折旧。

19. 答案 D	本题考点 企业所得税税前扣除标准	难易程度 难

解析

（1）利润总额为计算公益性捐赠支出扣除限额的基数。本题中，扣除限额＝600×12%＝72（万元）。

（2）上年没有扣除完的部分可以在本年扣除，待扣除的公益性捐赠支出＝62+12＝74（万元）。

（3）待扣除的公益性捐赠支出74万元>扣除限额72万元，本年度只能按限额（72

万元）扣除，其中上年度结转未扣除公益性捐赠支出 12 万元，和本年度发生公益性捐赠支出 60 万元。

考点提炼

（1）企业当年发生以及以前年度结转的公益性捐赠支出，在年度利润总额 12%以内的部分，在计算应纳税所得额时准予扣除；超过年度利润总额 12%的部分，准予结转以后 3 年内在计算应纳税所得额时扣除。
（2）企业对公益性捐赠支出计算扣除时，应先扣除以前年度结转的捐赠支出，再扣除当年发生的捐赠支出。

易错易混

不同捐赠支出企业所得税税前扣除方法，详见 P176 单选 13。

相关链接

企业所得税其他税前扣除项目

项目	扣除限额	超限额部分是否可以结转以后年度扣除
职工福利费	不超过工资、薪金总额 14%的部分	否
工会经费	不超过工资、薪金总额 2%的部分	否
职工教育经费	不超过工资、薪金总额 8%的部分	是
业务招待费	限额 1：销售（营业）收入×5‰ 限额 2：实际发生额×60% 较小者	否
广告费和业务宣传费	一般企业： 销售（营业）收入×15% 特殊企业： ①化妆品制造与销售、医药制造与饮料制造（不含酒类制造）：销售（营业）收入×30% ②烟草企业：不得扣除	是
手续费及佣金支出（保险企业）	不超过当年全部保费收入扣除退保金等后余额的 18%（含本数）的部分	是
利息费用（非金融企业向非金融企业借款）	不超过按照金融企业同期同类贷款利率计算的数额的部分	否

20. 答案 B	本题考点 房产税税收优惠	难易程度 易

解析

选项 B：个人所有“非营业用的”房产免征房产税；对个人拥有的“营业用房”或者“出租的房产”，应照章征税。

21. 答案 A	本题考点 企业所得税税收优惠	难易程度 中

解析

对于企业所得税的减免税项目，免税和减半征税一般都是和“农林牧渔”有关的，但是非常容易混淆，相对来说减半征税的项目比较少，所以建议记住减半征税项目，其余的就是免税项目。

（1）选项 A：减半征收企业所得税。

（2）选项 BCD：免征企业所得税。

易错易混

企业所得税免税项目 VS 减半征税项目

免税项目	减半征税项目
（1）蔬菜、谷物、薯类、油料、豆类、棉花、麻类、糖料、水果、坚果的种植 （2）农作物新品种的选育 （3）中药材的种植 （4）林木的培育和种植 （5）牲畜、家禽的饲养 （6）林产品的采集 （7）灌溉、农产品初加工、兽医、农技推广、农机作业和维修等农、林、牧、渔服务业项目 （8）远洋捕捞	（1）花卉、茶以及其他饮料作物和香料作物的种植 （2）海水养殖、内陆养殖

相关链接

企业所得税除了上述免税项目外，还有四项免税收入：

（1）国债利息收入；

（2）符合条件的居民企业之间的股息、红利等权益性投资收益；

（3）在中国境内设立机构、场所的非居民企业从居民企业取得与该机构、场所有实际联系的股息、红利等权益性投资收益；

（4）符合条件的非营利组织的收入。

22. 答案 A	本题考点 税款征收措施	难易程度 难

解析

（1）选项 A：属于税务机关可以“责令纳税人提供纳税担保”的情形。

（2）选项 B：属于税务机关有权“核定其应纳税额”的情形。

（3）选项 C：属于“虚开发票”的情形。

（4）选项D：向作出行政处罚决定的税务机关申请行政复议，不需要提供纳税担保。

考点提炼

适用纳税担保的情形：

（1）税务机关有根据认为从事生产、经营的纳税人有逃避纳税义务行为，在规定的纳税期之前经责令其限期缴纳应纳税款，在限期内发现纳税人有明显的转移、隐匿其应纳税的商品、货物，以及其他财产或者应纳税收入的迹象，责成纳税人提供纳税担保的。

（2）欠缴税款、滞纳金的纳税人或者其法定代表人需要出境的。

（3）纳税人同税务机关在纳税上发生争议而未缴清税款，需要申请行政复议的。

（4）税收法律、行政法规规定可以提供纳税担保的其他情形。

23. 答案 A	本题考点 契税纳税人	难易程度 易

解析

契税的纳税人解题时主要看三方面（地域、行为、主体）。

（1）先看地域，即土地承包经营权和土地经营权的转移（农村）不征收契税。

（2）再看行为，一般发生所有权转移时才涉及缴纳契税，出租行为（选项BD）所有权没有发生转移，不属于契税征税范围；转让行为（选项AC）所有权发生转移，属于契税征税范围。

（3）最后看主体，契税由承受方（选项A）缴纳，转让的一方（选项C）不纳税。

相关链接

土地增值税的纳税人为转让国有土地使用权、地上建筑物及其附着物并取得收入的单位和个人。

24. 答案 A	本题考点 消费税应纳税额的计算	难易程度 中

解析

题干给出的“含增值税销售额150174元”既含增值税，也含消费税。图示如下：

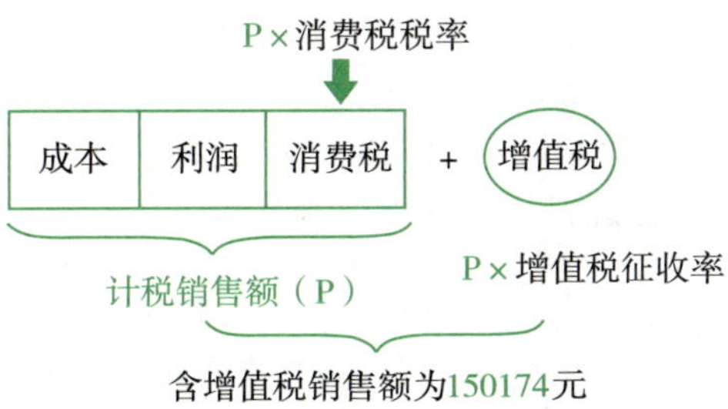

（1）选项BD：“150174元”已经包含消费税，不必再“÷（1-10%）”，也不存在“×（1-10%）”的问题。

（2）选项AC：“150174元”含增值税，应作价税分离，所以甲公司当月该笔业务应纳消费税=150174÷（1+1%）×10%=14868.71（元）。

考点提炼

（1）消费税是价内税，其税金包含在价格之内，所以如果给出了销售价格，无论是否含增值税，那么默认是已经含消费税的了，不需要再除以（1-消费税税率）将消费税包含在内了。

（2）增值税是价外税，我们计算时要用到不含增值税的销售额，不含税销售额=含税销售额÷（1+增值税税率/征收率），主体是小规模纳税人时，不含税销售额=含税销售额÷（1+增值税征收率）。

相关链接

小规模纳税人疫情期间增值税阶段性优惠

时间	范围	地区	优惠政策
自 2020 年 3 月 1 日至 12 月 31 日	小规模纳税人适用 3% 征收率的应税销售收入	湖北省	免征增值税
		除湖北省外	减按 1% 征收率征收增值税

二、多项选择题

1. 答案 BCD	本题考点　支票的出票	难易程度　易

解析

选项 A：出票人可以在支票上记载自己为收款人。

2. 答案 ABCD	本题考点　纳税申报	难易程度　易

解析

纳税申报的方式包括自行申报（选项 C）、邮寄申报（选项 A）、数据电文申报（选项 B）和其他方式申报。其他方式包括简易申报（选项 D）、简并征期。

考点提炼

纳税申报的方式

方式	具体内容
自行申报	指纳税人、扣缴义务人在规定的申报期限内，自行直接到主管税务机关指定的办税服务场所办理纳税申报手续
邮寄申报	指经税务机关批准，纳税人、扣缴义务人使用统一的纳税申报专用信封，通过邮政部门办理交寄手续，并以邮政部门收据作为申报凭据的纳税申报方式
数据电文申报	指经税务机关批准，纳税人、扣缴义务人以税务机关确定的电话语音、电子数据交换和网络传输等电子方式进行纳税申报
其他方式申报	实行定期定额缴纳税款的纳税人，可以实行简易申报、简并征期等方式申报纳税

相关链接 与“纳税申报的方式”比较相似的知识点为“税款征收的方式”，具体包括：（1）查账征收。（2）查定征收。（3）查验征收。（4）定期定额征收。

3. 答案 ABCD	本题考点 企业所得税税收优惠	难易程度 易

解析 下列行业不适用税前加计扣除政策：（1）烟草制造业（选项 B）。（2）住宿和餐饮业（选项 A）。（3）批发和零售业（选项 D）。（4）房地产业。（5）租赁和商务服务业（选项 C）。（6）娱乐业。（7）财政部和国家税务总局规定的其他行业。

相关链接 企业开展研发活动中实际发生的研发费用，未形成无形资产计入当期损益的，在按规定据实扣除的基础上，在 2018 年 1 月 1 日至 2020 年 12 月 31 日期间，再按照实际发生额的75%在税前加计扣除；形成无形资产的，在上述期间按照无形资产成本的175%在税前摊销。

4. 答案 ABCD	本题考点 会计档案的移交和利用	难易程度 易

解析 单位档案管理机构接收电子会计档案时，应当对电子会计档案的准确性（选项 B）、完整性（选项 D）、可用性（选项 C）、安全性（选项 A）进行检测，符合要求的才能接收。

5. 答案 ABD	本题考点 土地增值税计税依据	难易程度 易

解析 （1）房地产开发成本，是指纳税人开发房地产项目实际发生的成本，包括土地征用及拆迁补偿费、前期工程费（选项 A）、建筑安装工程费、基础设施费、公共配套设施费（选项 B）和开发间接费用等。其中土地征用及拆迁补偿费包含耕地占用税（选项 D）。

（2）取得土地使用权所支付的金额包括纳税人为取得土地使用权所支付的地价款（选项 C）和纳税人在取得土地使用权时按国家统一规定缴纳的有关费用和税金。

6. 答案 ACD	本题考点 企业银行结算账户的开立	难易程度 中

解析 选项 B：对存在法定代表人或者负责人对单位经营规模及业务背景等情况不清楚、注册地和经营地均在异地等异常情况的单位，银行应当与其法定代表人或者负责人“面签”银行结算账户管理协议，并留存视频、音频资料等，开户初期原则上不开通非柜面业务，待后续了解后再审慎开通。

相关链接

企业银行结算账户，自开立之日即可办理收付款业务。

7. 答案 ACD	本题考点 个人所得税应纳税所得额的确定	难易程度 易

解析

专项附加扣除，是指个人所得税法规定的子女教育（选项 D）、继续教育（选项 A）、大病医疗、住房贷款利息、住房租金和赡养老人（选项 C）6 项专项附加扣除。注意本题的“坑”是“子女教育”，而没有“子女抚养”（选项 B）。

相关链接

专项扣除包括居民个人按照国家规定的范围和标准缴纳的基本养老保险、基本医疗保险、失业保险等（基本）社会保险费和住房公积金等，简称“三险一金”。

8. 答案 AB	本题考点 增值税的征税范围	难易程度 中

解析

（1）选项 A：房地产主管部门或者其指定机构、公积金管理中心、开发企业以及物业管理单位代收的住宅专项维修资金，不征收增值税。

（2）选项 B：被保险人获得的保险赔付，不征收增值税。

（3）选项 C：按照“金融服务——保险服务”缴纳增值税。

（4）选项 D：按照“现代服务——商务辅助服务”缴纳增值税。

相关链接

不征收增值税的情形

非经营活动	（1）行政单位收取的同时满足以下条件的政府性基金或者行政事业性收费不缴纳增值税： ①由国务院或者财政部批准设立的政府性基金，由国务院或者省级人民政府及其财政、价格主管部门批准设立的行政事业性收费 ②收取时开具省级以上（含省级）财政部门监（印）制的财政票据 ③所收款项全额上缴财政 （2）单位或者个体工商户聘用的员工为本单位或者雇主提供取得工资的服务，不缴纳增值税 （3）单位或者个体工商户为聘用的员工提供服务，不缴纳增值税
特殊业务	（1）根据国家指令无偿提供的铁路运输服务、航空运输服务，属于《营业税改征增值税试点实施办法》规定的用于公益事业的服务，不征收增值税 （2）存款利息，不征收增值税 （3）被保险人获得的保险赔付，不征收增值税 （4）房地产主管部门或者其指定机构、公积金管理中心、开发企业以及物业管理单位代收的住宅专项维修资金，不征收增值税 （5）在资产重组过程中，通过合并、分立、出售、置换等方式，将全部或者部分实物资产以及与其相关联的债权、负债和劳动力一并转让给其他单位和个人，其中涉及的货物、不动产、土地使用权转让行为，不征收增值税

9. 答案 BCD	本题考点　增值税的征税范围	难易程度　难

解析

带有“租”字的不一定属于现代服务——租赁服务，跟“道路”相关的也不一定属于交通运输服务，要具体情况具体分析。

（1）选项 A：道路通行服务（包括过路费、过桥费、过闸费等）按照“不动产经营租赁服务”缴纳增值税。

（2）选项 BCD：水路运输的程租、期租业务，航空运输的湿租业务，均按照“交通运输服务”缴纳增值税。

考点提炼

（1）交通运输服务是指利用运输工具将货物或旅客送达目的地，使其空间位置得到转移的业务活动。

（2）程租、期租、湿租都是将运输工具和操作人员一并提供出去的，并不是仅租赁运输工具，所以这样提供的是交通运输服务。

易错易混

各种“租”的税目界定

业务	税目界定
水路运输的程租、期租业务	交通运输服务
航空运输的湿租业务	
融资性售后回租	金融服务——贷款服务
将飞机、车辆等有形动产的广告位出租给其他单位或者个人用于发布广告	现代服务——租赁服务（有形动产经营租赁）
（1）将建筑物、构筑物等不动产的广告位出租给其他单位或者个人用于发布广告 （2）车辆停放服务、道路通行服务（包括过路费、过桥费、过闸费等）等	现代服务——租赁服务（不动产经营租赁）

相关链接

按照“交通运输服务”税目计缴增值税的特殊项目还包括：

（1）出租车公司向使用本公司自有出租车的出租车司机收取的管理费用，按照“陆路运输服务”缴纳增值税。

（2）无运输工具承运业务，按照“交通运输服务”缴纳增值税。

10. 答案 ABC	本题考点　财务会计报告	难易程度　易

解析

（1）选项 ABC：会计报表应当包括资产负债表、利润表、现金流量表及相关附表。

（2）选项 D：审计报告，是注册会计师根据审计准则的规定，在执行审计工作的基础上，“对被审计单位财务报表发表审计意见”的书面文件。

考点提炼

企业财务会计报告的构成	
会计报表	资产负债表
	利润表
	现金流量表及相关附表
会计报表附注	
财务情况说明书	

11. 答案 AD	本题考点 法律关系的主体	难易程度 易

解析

（1）选项 AD：13 周岁、15 周岁，不可能被视为完全民事行为能力人，精神状态无异常，属于限制民事行为能力人。

（2）选项 B：20 周岁，通常情况下是完全民事行为能力人，但不能辨认自己行为，应界定为无民事行为能力人。

（3）选项 C：7 周岁，只可能是无民事行为能力人。

考点提炼

自然人的民事行为能力	分类标准
无民事行为能力人	不满 8 周岁（<8 周岁）的未成年人
	8 周岁以上的未成年人，不能辨认自己行为的
	不能辨认自己行为的成年人
限制民事行为能力人	8 周岁以上（≥8 周岁）的未成年人
	不能完全辨认自己行为的成年人
完全民事行为能力人	18 周岁以上（≥18 周岁）的自然人
	16 周岁以上的未成年人，以自己的劳动收入为主要生活来源的，视为完全民事行为能力人

12. 答案 ABCD	本题考点 劳动合同的效力	难易程度 易

解析

无效劳动合同的法律后果：（1）无效劳动合同，从订立时起就没有法律约束力（选项 A）。（2）劳动合同部分无效，不影响其他部分效力的，其他部分仍然有效（选项 B）。（3）劳动合同被确认无效，劳动者已付出劳动的，用人单位应当向劳动者支付劳动报酬（选项 C）。（4）劳动合同被确认无效，给对方造成损害的，有过错的一方应当承担赔偿责任（选项 D）。

13. 答案 ABCD	本题考点　汇兑	难易程度　中

解析

签发汇兑凭证必须记载下列事项：（1）表明“信汇”或“电汇”的字样；（2）无条件支付的委托；（3）确定的金额（选项 D）；（4）收款人名称（选项 B）；（5）汇款人名称；（6）汇入地点、汇入行名称；（7）汇出地点、汇出行名称；（8）委托日期（选项 A）；（9）汇款人签章（选项 C）。

相关链接

单位和个人各种款项的结算，均可使用汇兑结算方式。

14. 答案 BCD	本题考点　企业所得税不得扣除项目	难易程度　中

解析

（1）选项 A：法院判决由企业承担的诉讼费属于民事性质的款项，可以据实在企业所得税税前扣除。

（2）选项 BCD：税收滞纳金、罚金和罚款不得在企业所得税税前扣除。

易错易混

企业所得税不得扣除项目“相似”对比

不得扣除的项目	“相似”对比
向投资者支付的股息、红利等权益性投资收益款项	企业取得的符合规定的股息、红利等权益性投资收益，免征企业所得税
企业所得税税款	——
税收滞纳金	违约金、诉讼费、银行罚息等，都不具有行政罚款的性质，可以据实在企业所得税前扣除
罚金、罚款和被没收财物的损失（指纳税人违反国家有关法律、法规规定，被有关部门处以的罚款，以及被司法机关处以的罚金和被没收的财物）	
超过规定标准的捐赠支出（当年不得扣除）	符合规定的公益性捐赠支出可以在税前按照规定标准扣除 用于目标脱贫地区的扶贫捐赠支出在税前据实扣除
赞助支出（指企业发生的与生产经营活动无关的各种非广告性质支出）	广告费和业务宣传费支出，可以在税前按照规定标准扣除
未经核定的准备金支出（指不符合国务院财政、税务主管部门规定的各项资产减值准备、风险准备等准备金支出）	——

续表

不得扣除的项目	“相似”对比
企业之间支付的管理费、企业内营业机构之间支付的租金和特许权使用费，以及非银行企业内营业机构之间支付的利息	银行企业内营业机构之间支付的利息，可以据实在企业所得税前扣除
与取得收入无关的其他支出	——

相关链接 个体工商户个人所得税税前不得扣除的支出与上述企业所得税不得扣除的项目有“相通性”，可对比记忆。

15. 答案 ACD	本题考点 消费税税目	难易程度 易

解析 （1）选项 ACD：在消费税中，税目“酒”包括白酒、黄酒、啤酒和其他酒（例如，果木酒、药酒、葡萄酒）。

（2）选项 B：调味料酒不征消费税。

考点提炼

消费税税目——酒 反向列举： （1）调味料酒不征消费税 （2）酒精不征消费税	（1）白酒	粮食白酒
		薯类白酒
	（2）黄酒	——
	（3）啤酒	甲类啤酒
		乙类啤酒
	（4）其他酒	土甜酒、果木酒、药酒、葡萄酒等

三、判断题

1. 答案 √	本题考点 企业银行结算账户的开立	难易程度 易

2. 答案 √	本题考点 个人银行结算账户	难易程度 易

考点提炼 存款人开立代发工资、教育、社会保障（如社保、医保、军保）、公共管理（如公共事业、拆迁、捐助、助农扶农）等特殊用途个人银行账户时，可由所在单位代理办理。

3. 答案 ×	本题考点 城镇土地使用税征收管理	难易程度 中

解析

纳税人购置新建商品房，自房屋交付使用之“次月”起缴纳城镇土地使用税。

易错易混

城镇土地使用税纳税义务发生时间

情形	纳税义务发生时间
纳税人购置新建商品房	自房屋交付使用之次月起
纳税人购置存量房	自办理房屋权属转移、变更登记手续，房地产权属登记机关签发房屋权属证书之次月起
纳税人出租、出借房产	自交付出租、出借房产之次月起
以出让或转让方式有偿取得土地使用权的	由受让方从合同约定交付土地时间的次月起；合同未约定交付土地时间的，由受让方从合同签订的次月起
纳税人新征用的耕地	自批准征用之日起满 1 年时
纳税人新征用的非耕地	自批准征用次月起

相关链接

对于纳税人占用“耕地”的，耕地占用税的纳税义务发生时间如下：

（1）耕地占用税的纳税义务发生时间为纳税人收到自然资源主管部门办理占用耕地手续的书面通知的当日。

（2）未经批准占用耕地的，耕地占用税纳税义务发生时间为自然资源主管部门认定的纳税人实际占用耕地的当日。

4. 答案 ×	本题考点 对会计人员的一般要求	难易程度 易

解析

担任单位会计机构负责人（会计主管人员）的，应当具备会计师以上专业技术职务资格或者从事会计工作 3 年以上经历。

5. 答案 ×	本题考点 增值税的征税范围	难易程度 易

解析

以货币资金投资收取的固定利润或者保底利润，按照“金融服务——贷款服务”计缴增值税。

6. 答案 ×	本题考点 民事诉讼的地域管辖	难易程度 易

解析

民事诉讼中，被告住所地与经常居住地不一致的，由“经常居住地”人民法院管辖。

7. 答案 √	本题考点 纳税申报	难易程度 易

8. 答案 √	本题考点 职工基本养老保险享受条件与待遇	难易程度 易

相关链接

（1）参加职工基本养老保险的个人，因病或者非因工死亡的，其遗属可以领取丧葬补助金和抚恤金，所需资金从基本养老保险基金中支付；（2）如果个人死亡同时符合领取职工基本养老保险丧葬补助金、工伤保险丧葬补助金和失业保险丧葬补助金条件的，其遗属只能选择领取其中的一项。

9. 答案 ×	本题考点 企业所得税收入总额	难易程度 易

解析

利息收入，按照合同约定的债务人应付利息的日期确认收入的实现。

相关链接

（1）在计算企业所得税应纳税所得额时，特许权使用费收入按照合同约定的特许权使用人应付特许权使用费的日期确认。

（2）在计算企业所得税应纳税所得额时，租金收入按照合同约定的承租人应付租金的日期确认；如果交易合同或协议中规定的租赁期限跨年度，且租金提前一次性支付的，出租人可对上述已确认的收入，在租赁期内，分期均匀计入相关年度收入。

10. 答案 √	本题考点 代理记账	难易程度 中

相关链接

代理记账机构为委托人编制的财务会计报告，经代理记账机构负责人和委托人负责人签名并盖章后，按照有关法律、法规和国家统一的会计制度的规定对外提供。

四、不定项选择题

（一）

1. 答案 A	本题考点 简易计税方法应纳增值税的计算	难易程度 中

解析

（1）选项 CD：个人将购买不足 2 年的住房对外销售的，按 5% 征收率全额缴纳增值税。

（2）选项 AB：945000 元为“含增值税收入”，所以需要进行价税分离，因此，陈某 1 月转让住房应缴纳增值税 = 945000÷（1+5%）×5% = 45000（元）。

易错易混

个人销售“自建”和“购买”住房的不同税务处理

方式	地区	时间	住房性质	税务处理
自建	不分地区	不分时间	不必区分住房性质	免征增值税
购买	北、上、广、深	个人将购买不足 2 年的住房对外销售的	不必区分住房性质	“全额”缴纳增值税
		个人将购买 2 年以上（含 2 年）的住房对外销售	非普通住房	以销售收入减去购买住房价款后的“差额”缴纳增值税
			普通住房	免征增值税
	其他城市	个人将购买不足 2 年的住房对外销售的	不必区分住房性质	“全额”缴纳增值税
		个人将购买 2 年以上（含 2 年）的住房对外销售	不必区分住房性质	免征增值税

2. 答案 B	本题考点 财产转让所得应纳个人所得税的计算	难易程度 难

解析

（1）选项 AC：个人将购买不足 2 年的住房对外销售的，按 5% 征收率全额缴纳增值税，因此，不含增值税销售收入 = 945000÷（1+5%）（结合第 1 小题）。

（2）选项 BD：陈某转让住房按“财产转让所得”缴纳个人所得税，应纳税额 =（不含增值税收入总额 − 财产原值 − 合理费用）×20% = [945000÷（1+5%）− 840000 − 5000] ×20% = 11000（元）。

3. 答案 ABD	本题考点 个人所得税的税收优惠	难易程度 中

解析

关于个人所得税的税收优惠，考试时一般采用文字表述，并且会“偷换概念”，比如偷换“级次”或者偷换“客体”等，需要学员对此进行准确辨析。

（1）选项 A：个人取得的保险赔款，免征个人所得税。

（2）选项 B：企业在向个人销售商品（产品）和提供服务的同时给予赠品（如通信企业对个人购买手机赠送话费、入网费，或者购话费赠手机等），不征收个人所得税。

（3）选项 C：个人取得“省级”人民政府、国务院部委和中国人民解放军军以上单位，以及外国组织、国际组织颁发的科学、教育、技术、文化、卫生、体育、环境保护等方面的奖金，免征个人所得税。“区（县）级”的奖金不免。

（4）选项 D：个人转让境内上市公司股票，暂不征收个人所得税。

相关链接

个人持有从公开发行和转让市场取得的上市公司股票而取得的股息红利

	具体情形	处理规则
应纳税所得额	持股期限≤1 个月	全额计入应纳税所得额
	1 个月<持股期限≤1 年	暂减按 50%计入应纳税所得额
	持股期限>1 年	暂免征收个人所得税
税率	统一适用 20%的税率	

4. 答案 C | **本题考点** 综合所得个人所得税的计算 | **难易程度** 难

解析

（1）选项 AB：劳务报酬所得和稿酬所得需要并入综合所得中一并计税，不单独适用税率计算。

（2）选项 CD：劳务报酬所得、稿酬所得、特许权使用费所得以收入减除 20%的费用后的余额为收入额；稿酬所得收入额减按 70%计算。所以应纳税所得额 = 190000 + 8000 ×（1 − 20%）+ 5000 ×（1 − 20%）× 70% − 60000 − 40000 = 99200（元），查找税率表，适用税率 10%、速算扣除数 2520；应纳税额 = 99200×10% − 2520 = 7400（元）。

	项目	计税收入额	扣除项目
居民个人综合所得	工资、薪金所得	190000	①减除费用：60000 元 ②专项扣除：40000 元 ③专项附加扣除：无 ④依法确定的其他扣除：无
	劳务报酬所得	8000×（1−20%）	
	稿酬所得	5000×（1−20%）×70%	
	特许权使用费所得	无	

考点提炼

综合所得应纳税额 = 应纳税所得额×适用税率−速算扣除数

=（每一纳税年度收入额−费用 6 万元−专项扣除−专项附加扣除−依法确定的其他扣除）×适用税率−速算扣除数

综合所得包含项目	应纳税所得额	
	计入综合所得的收入额	扣除项目
工资、薪金所得	全额计入收入额	（1）基本减除费用6万元/年 （2）专项扣除 （3）专项附加扣除 （4）依法确定的其他扣除
劳务报酬所得	收入×（1-20%）	
特许权使用费所得		
稿酬所得	收入×（1-20%）×70%	

（二）

1. 答案 A　　本题考点　增值税销项税额的计算　　难易程度　易

解析

（1）选项BC：销售货物同时收取的包装物"租金"56500元属于价外费用，应并入销售额中计税。

（2）选项AD：价款"6780000元"和价外费用"56500元"均为含税销售额，需要作价税分离处理。

2. 答案 C　　本题考点　增值税销项税额的计算　　难易程度　中

解析

（1）本题产品为"彩电"（金银首饰以外的产品），采取以旧换新销售方式时以同期新货物的不含增值税销售价格为计税销售额，不能减去每台折价316.4元。

（2）单价4520元/台为"含增值税价格"，需要进行价税分离处理，所以甲公司当月采取以旧换新方式销售N型彩电增值税销项税额＝500×4520÷（1+13%）×13%＝260000（元）。

易错易混

以旧换新增值税税务处理

货物类型	计税销售额
金银首饰	"不含增值税的差价"，即销售方实际收取的不含增值税的全部价款
其他货物	"不含增值税的新货价"，即新货物的同期（不含增值税）销售价格

3. 答案 BD　　本题考点　准予从销项税额中抵扣的进项税额　　难易程度　难

解析

进项税额的抵扣，主要考查两个方面，其一是取得的凭证是否合法，其二是用途是否合理，只有都满足的情况下才可以抵扣进项税额。

（1）选项A：凭证合法，用途不合理（购进住宿服务用于集体福利），不得抵扣进项税额。

（2）选项B：凭证合法，用途合理（购进固定资产兼用于生产经营和集体福利），其进项税额可以全部抵扣。

（3）选项C：凭证不合法（取得的是增值税“普通”发票），其进项税额不得抵扣。

（4）选项D：凭证合法，用途合理，可以抵扣进项税额。

4. 答案 ABD	本题考点 增值税的征税范围	难易程度 中

解析

（1）选项A：纳税人将货物交付其他单位代销，视同销售货物。

（2）选项B：自产货物对外投资，视同销售货物。

（3）选项C：将购进的货物用于集体福利，不视同销售货物。

（4）选项D：自产货物无偿对外赠送，视同销售货物。

考点提炼

增值税视同销售货物的情况

业务	具体内容	
代销相关	纳税人将货物交付其他单位或者个人代销	
	纳税人销售代销货物	
移送相关	设有两个以上机构并实行统一核算的纳税人，将货物从一个机构移送至其他机构用于销售，但相关机构设在同一县（市）的除外	
特定用途相关	自产或委托加工的货物	用于投资、分配、赠送等改变所有权的情形
		用于集体福利、个人消费
	外购的货物	用于投资、分配、赠送等改变所有权的情形

（三）

1. 答案 AC	本题考点 试用期	难易程度 难

解析

（1）选项AB：劳动合同期限1年以上不满3年的，试用期不得超过2个月（≤2个月）。

（2）选项C：周某的试用期工资不低于劳动合同约定工资的80%（4000元×80%=3200元），也不低于用人单位所在地的最低工资标准（2000元），合法。

（3）选项D：劳动者在试用期间“被证明不符合录用条件的”，用人单位可以随时通知解除劳动合同。

相关链接

用人单位违反规定与劳动者约定试用期的，由劳动行政部门责令改正；违法约定的试用期已经履行的，由用人单位以劳动者试用期满月工资为标准，按已经履行的超过法定试用期的期间向劳动者支付赔偿金。

2. 答案 B	本题考点　劳动合同的解除和终止	难易程度　易

解析

选项 B：用人单位未及时足额支付劳动报酬的，劳动者可“随时通知”解除劳动合同。

易错易混

劳动者单方解除劳动合同的相关规定，详见 P133 单选 22。

3. 答案 ABCD	本题考点　劳动仲裁	难易程度　中

解析

（1）选项 A：从“2017 年 9 月 30 日，因未通过公司考核，周某试用期延长 1 个月”的案情推测，甲公司对周某的“用工之日”为 2017 年 8 月 1 日，而书面劳动合同于 2017 年 9 月 15 日签订，超过了用工之日起 1 个月，甲公司应依法支付 2 倍工资。

（2）选项 D：违法约定的试用期已经履行的，由用人单位以劳动者试用期满月工资为标准，按已经履行的超过法定试用期的期间向劳动者支付赔偿金。

4. 答案 BD	本题考点　劳动仲裁	难易程度　中

解析

（1）选项 B：追索劳动报酬、工伤医疗费、经济补偿金或者赔偿金，不超过当地月最低工资标准 12 个月金额的争议，其劳动仲裁裁决为终局裁决，裁决书自“作出”之日起发生法律效力。

（2）选项 ACD：“劳动者”对劳动争议的终局裁决不服的，可以自收到仲裁裁决书之日起 15 日内向人民法院提起诉讼（对终局裁决，用人单位无权起诉）。

考点提炼

裁决类型	终局裁决	劳动者不服：可以自收到仲裁裁决书之日起 15 日内向人民法院提起诉讼
		用人单位不服：不可起诉
	非终局裁决	劳动者不服：可以自收到仲裁裁决书之日起 15 日内提起诉讼
		用人单位不服：可以自收到仲裁裁决书之日起 15 日内提起诉讼

易错易混

《仲裁法》规定的仲裁 VS 劳动仲裁，详见 P184 多选 9。

2019 年会计专业技术资格考试《经济法基础》试题（2）

参考答案及解析

扫码看答案

使用“微信”或“会计云课堂”App 扫描右侧二维码，即可查阅电子版答案及解析，“手机看答案更轻松”。

一、单项选择题

1. 答案 C	本题考点 诉讼时效	难易程度 难

解析

（1）选项 ABD：均是可依当事人主观意志而实施的行为，属于诉讼时效中断事由。

（2）选项 C：不可抗力是指不能预见、不能避免且不能克服的客观情况，属于诉讼时效中止事由。

易错易混

诉讼时效中止 VS 诉讼时效中断，详见 P135 多选 1。

2. 答案 B	本题考点 纳税申报的其他要求	难易程度 易

解析

（1）选项 AC：纳税人享受减税、免税待遇的，在减税、免税期间应当按照规定办理纳税申报。

（2）选项 D：经核准延期办理纳税申报、报送事项的，应当在纳税期内按照上期实际缴纳的税额或者税务机关核定的税额预缴税款，并在核准的延期内办理税款结算。

3. 答案 A	本题考点 偶然所得应纳税额的计算及公益性捐赠的扣除	难易程度 难

解析

（1）选项 CD：福利彩票中奖收入属于偶然所得，一次中奖收入超过 10000 元的，全额征税，不能扣除 20% 的费用。

（2）选项 AB：向农村义务教育的捐赠 5000 元，在税前“全额扣除”；张某中奖收入应缴纳个人所得税税额 = 应纳税所得额×税率 = （20000－5000）×20% = 3000（元）。

考点提炼

（1）对个人购买福利彩票、体育彩票，一次中奖收入在 1 万元以下的（含 1 万元）暂免征收个人所得税；超过 1 万元的，全额征收个人所得税。

（2）个人通过非营利的社会团体和国家机关向农村义务教育的捐赠，在计算缴纳个人所得税时，准予在税前的所得额中"全额扣除"。

（3）偶然所得应纳税额 = 应纳税所得额×适用税率 = 每次收入额×20%，没有扣除 20% 费用的规定。

易错易混

个人所得税中公益性捐赠的全额扣除 VS 限额扣除

扣除方法	具体规定
限额扣除 （≤100%）	个人将其所得通过中国境内的公益性社会组织、国家机关向教育、扶贫、济困等公益慈善事业的捐赠 限额为："应纳税所得额"×30%
全额扣除 （=100%）	（1）向红十字事业的捐赠 （2）向农村义务教育的捐赠 （3）向公益性青少年活动场所（其中包括新建）的捐赠 （4）向福利性、非营利性老年服务机构的捐赠，以及通过特定基金会用于公益救济性的捐赠

相关链接

（1）个人取得单张有奖发票奖金所得不超过 800 元的（含 800 元），暂免征收个人所得税；超过 800 元的，应全额按照"偶然所得"项目征收个人所得税。

（2）个人所得税的 9 个应税项目中，利息、股息、红利所得和偶然所得比较特殊，每次收入额就是应纳税所得额，除另有规定外，没有任何费用扣除。

4. 答案 D	本题考点　劳动合同的解除和终止	难易程度　中

解析

选项 D：甲公司依法向孙某支付的经济补偿数额 = 4000×3×5 = 60000（元）。

考点提炼

（1）经济补偿金 = 工作年限×月工资。（2）经济补偿金按劳动者在本单位工作的年限，每满 1 年支付 1 个月工资的标准向劳动者支付。6 个月以上不满 1 年的，按 1 年计算；不满 6 个月的，向劳动者支付半个月工资的经济补偿。（3）劳动者月工资高于用人单位所在直辖市、设区的市级人民政府公布的本地区上年度职工月平均工资 3 倍的，向其支付经济补偿金的标准按职工月平均工资 3 倍的数额支付，向其支付经济补偿金的年限最高不超过 12 年。

相关链接

劳动者非因本人原因从原用人单位被安排到新用人单位工作的，劳动者在原用人单位的工作年限合并计入新用人单位的工作年限。原用人单位已经向劳动者支付经济补偿的，新用人单位在依法解除、终止劳动合同计算支付经济补偿的工作年限时，不再计算劳动者在原用人单位的工作年限。

5. 答案 D	本题考点 消费税纳税义务发生时间	难易程度 易

解析

（1）选项 A：采取托收承付和委托银行收款方式的，为“发出应税消费品并办妥托收手续”的当天。

（2）选项 B：采取赊销和分期收款结算方式的，为“书面合同约定的收款日期”的当天；书面合同没有约定收款日期或者无书面合同的，为发出应税消费品的当天。

（3）选项 C：纳税人采取预收货款结算方式的，为“发出”应税消费品的当天。

易错易混

增值税纳税义务发生时间 VS 消费税纳税义务发生时间

<table>
<tr><th>方式</th><th>增值税</th><th>消费税</th></tr>
<tr><td>采取直接收款方式</td><td colspan="2">为收到销售款或者取得索取销售款凭据的当天</td></tr>
<tr><td>采取托收承付和委托银行收款方式</td><td colspan="2">为发出货物并办妥托收手续的当天</td></tr>
<tr><td>采取赊销和分期收款方式</td><td colspan="2">为书面合同约定收款日期的当天，无书面合同的或者书面合同没有约定收款日期的，为货物发出的当天</td></tr>
<tr><td rowspan="2">采取预收款方式</td><td>销售货物，为货物发出的当天，但生产销售生产工期超过 12 个月的大型机械设备、船舶、飞机等货物，为收到预收款或者书面合同约定收款日期的当天</td><td rowspan="2">发出应税消费品的当天</td></tr>
<tr><td>提供租赁服务采取预收款方式的，为收到预收款的当天</td></tr>
<tr><td>委托其他纳税人代销</td><td>收到代销单位的代销清单或者收到全部或者部分货款的当天。未收到代销清单及货款的，为发出代销货物满 180 天的当天</td><td>——</td></tr>
<tr><td>纳税人发生视同销售货物行为</td><td>为货物移送的当天（委托他人代销货物、销售代销货物除外）</td><td>移送使用的当天（自产自用）</td></tr>
<tr><td>代扣代缴/代收代缴</td><td>纳税义务发生的当天</td><td>提货的当天（委托加工）</td></tr>
<tr><td>进口货物</td><td colspan="2">报关进口的当天</td></tr>
</table>

相关链接

消费税纳税地点

（1）纳税人销售的应税消费品，以及自产自用的应税消费品，除国务院财政、税务主管部门另有规定外，应当向纳税人机构所在地或者居住地的税务机关申报纳税。

（2）委托加工的应税消费品，除受托方为个人外，由受托方向机构所在地或者居住地的税务机关解缴消费税税款；受托方为个人的，由委托方向其机构所在地税务机关申报纳税。

（3）进口的应税消费品，由进口人或者其代理人向报关地海关申报纳税。

（4）纳税人到外县（市）销售或者委托外县（市）代销自产应税消费品的，于应税消费品销售后，向机构所在地或者居住地税务机关申报纳税。

6. 答案 C	本题考点　房产税应纳税额的计算	难易程度　中

解析

关于房产税应纳税额的计算，考试的出题形式分为两种，一种为“从价计征”，一种为“从租计征”，本题是对甲公司“拥有”的房产计算房产税，应当从价计征房产税。

（1）选项 BD：“已提折旧 5000 万元”是本题的“坑”，“应税房产余值”和“应税房产原值”均不需要扣减折旧额。

（2）选项 AC：应纳税额＝应税房产余值×1.2%＝应税房产原值×（1－扣除比例）×1.2%＝8000×（1－30%）×1.2%＝67.2（万元）。

相关链接

房产税从价计征 VS 从租计征

<table>
<tr><th>项目</th><th>从价计征</th><th colspan="2">从租计征</th></tr>
<tr><td>计税依据</td><td>以房产原值（不扣减折旧额）一次减除 10%～30%后的余值为计税依据</td><td colspan="2">（1）以房屋出租取得的不含增值税租金收入为计税依据（包括货币收入和实物收入）
（2）以劳务或其他形式为报酬抵付房租收入的，应当根据“当地同类房产的租金水平”，确定一个标准租金额从租计征</td></tr>
<tr><td rowspan="2">税率</td><td rowspan="2">1.2%</td><td>一般情况</td><td>12%</td></tr>
<tr><td>个人出租住房（不区分用途）</td><td>4%</td></tr>
<tr><td>计税公式</td><td>应纳税额＝应税房产余值×1.2%
＝应税房产原值×（1－扣除比例）×1.2%</td><td colspan="2">应纳税额＝不含增值税的租金收入×12%或 4%</td></tr>
</table>

7. 答案 C	本题考点 增值税的征税范围	难易程度 中

解析

(1) 选项AB：将购进的货物用于集体福利、个人消费（纳税人的交际应酬消费属于个人消费）的，不视同销售货物。

(2) 选项C：将自产、委托加工或者购进的货物无偿赠送给其他单位或者个人，视同销售货物。

(3) 选项D：属于采购原材料的行为，如果取得了合法的扣税凭证，对应的进项税额可以抵扣。

考点提炼

视同销售货物范围中，自产货物的去向范围是大于外购货物的去向范围的，自产的用于"投、分、送、非、福、人"都视同销售，外购的只有用于"投、分、送"才视同销售，具体如下表：

货物来源	货物去向
自产或委托加工	用于投资、分配、赠送等改变所有权的情形
	用于集体福利、个人消费
外购	用于投资、分配、赠送等改变所有权的情形

8. 答案 A	本题考点 银行本票	难易程度 易

解析

(1) 选项B：持票人超过提示付款期限不获付款的，在票据权利时效内向出票银行作出说明，并提供本人身份证件或单位证明，可持银行本票向出票银行请求付款。

(2) 选项C：注明"现金"字样的银行本票可以用于支取现金。

(3) 选项D：现金银行本票不得背书转让，但转账银行本票可以背书转让。

9. 答案 C	本题考点 应纳教育费附加的计算	难易程度 易

解析

选项ABD：教育费附加以纳税人实际缴纳的增值税、消费税税额之和为计征依据；纳税人因违反增值税、消费税的有关规定而加收的滞纳金和罚款，不作为城市维护建设税、教育费附加的征收依据。

相关链接

城市维护建设税和教育费附加的计税规则：进口不征、出口不退。

10. 答案 D	本题考点　劳动报酬	难易程度　中

解析

（1）选项 BC：工作日加班，加班工资支付标准为 150%。

（2）选项 AD：周末加班且无补休，加班工资支付标准为 200%。

易错易混

加班时间、补休与加班工资的具体规定，详见 P157 单选 21。

11. 答案 C	本题考点　增值税销项税额的计算	难易程度　中

解析

选项 ABD：属于价外费用，价税分离后并入销售额。

考点提炼

判断相关款项是否计入销售额计算销项税额的“万能”做题方法：找关键字“代”，由于并入销售额计税的内容非常多，建议采用排除法解题。

下列项目不包括在销售额内：

（1）受托加工应征消费税的消费品所代收代缴的消费税。

（2）符合规定条件代为收取的政府性基金或者行政事业性收费。

（3）销售货物的同时代办保险等而向购买方收取的保险费。

（4）向购买方收取的代购买方缴纳的车辆购置税、车辆牌照费。

（5）以委托方名义开具发票代委托方收取的款项。

12. 答案 A	本题考点　财产租赁所得应纳个人所得税的计算	难易程度　中

解析

在计算财产租赁所得时，为了不加重纳税人的负担，所以国家规定可以扣除较多的费用。

（1）第 1 项是财产租赁过程中缴纳的税费（本题为 152 元）。

（2）第 2 项是实际发生的修缮费（没有发生则不扣，发生的话每月最多扣 800 元，本题为 600 元）。

（3）第 3 项是法定扣除费用，4000 元以下减除 800 元（本题属于这种情形），4000 元以上减除 20%。

因此，张某当月租金收入应缴纳个人所得税税额 =（3800－152－600－800）×10% = 224.8（元）。

13. 答案 B	本题考点 职工基本养老保险享受条件与待遇	难易程度 易

解析

选项B：参加职工基本养老保险的个人，达到法定退休年龄时累计缴费“满15年”的，按月领取基本养老金。

14. 答案 A	本题考点 会计档案的鉴定和销毁	难易程度 易

解析

选项A：会计档案鉴定工作由档案管理机构牵头，组织单位会计、审计、纪检监察等机构或人员共同进行。

15. 答案 B	本题考点 环境保护税应纳税额的计算	难易程度 难

解析

关于环境保护税应纳税额的计算，一般的出题思路是给出具体排放量，其中可能掺杂着“免税项目”，也可能掺杂着“不征税项目”，需要学员进行辨析，然后求出需要计税的排放量，进而计算应纳税额。

(1) 企业事业单位和其他生产经营者在符合国家和地方环境保护标准的设施、场所贮存或者处置固体废物的（60吨），不属于直接向环境排放污染物，不缴纳相应污染物的环境保护税。

(2) 纳税人综合利用的固体废物，符合国家和地方环境保护标准的（100吨），暂予免征环境保护税。

(3) 甲钢铁厂当月所产生炉渣应缴纳环境保护税税额＝（200－60－100）×25＝1000（元）。

易错易混

免征环境保护税VS不征环境保护税，详见P202单选19。

16. 答案 B	本题考点 税务行政复议管辖	难易程度 中

解析

选项B：对计划单列市税务局的具体行政行为不服的，向国家税务总局申请行政复议。

考点提炼

税务行政复议管辖的一般规定

情形	复议机关
对各级税务局的具体行政行为不服	向上一级税务局申请行政复议
对计划单列市税务局的具体行政行为不服	向国家税务总局申请行政复议

续表

情形	复议机关
对税务所（分局）、各级税务局的稽查局具体行政行为不服	向其所属税务局申请行政复议
对国家税务总局具体行政行为不服	（1）向国家税务总局申请行政复议 （2）对行政复议决定不服，申请人可以向人民法院提起行政诉讼，也可以向国务院申请裁决 （3）国务院的裁决为最终裁决

17. 答案 C　　本题考点　城镇土地使用税税收优惠　　难易程度　难

解析

关于城镇土地使用税税收优惠的破题关键点在于看清“地的位置”和“具体用途”。

（1）选项A：公园内非营利性质（办公自用）占用的土地免税，营利性质（附设照相馆）占用的土地照章纳税。

（2）选项B：“电厂分水火”“水电倒着免”（发电厂房，生产、办公、生活用地不免，其他用地免）。

（3）选项C：市政街道、广场、绿化地带等公共用地，免征城镇土地使用税。

（4）选项D：盐场、盐矿的生产厂房、办公、生活区用地，应照章征收城镇土地使用税；盐场的盐滩、盐矿的矿井用地，暂免征收城镇土地使用税。

易错易混

城镇土地使用税免税 VS 征税

情形	免（暂免）税	征税
盐场、盐矿用地	盐场的“盐滩”、盐矿的“矿井”用地	盐场、盐矿的生产厂房、办公、生活区用地
电力行业用地	（1）火电厂厂区围墙外的“灰场、输灰管、输油（气）管道、铁路专用线”用地	（1）火电厂厂区围墙内的用地；火电厂厂区围墙外的其他用地
	（2）水电站的其他用地	（2）水电站的发电厂房用地，生产、办公、生活用地
	（3）供电部门的“输电线路”用地、“变电站”用地	——
无偿使用的土地	免税单位无偿使用纳税单位的土地	纳税单位无偿使用免税单位的土地
企业的铁路专用线、公路等用地	厂区以外、与社会公用地段未加隔离的用地	厂区（包括生产、办公及生活区）以内的用地

续表

情形	免（暂免）税	征税
水利设施用地	“水利设施及其管护用地”，如水库库区、大坝、堤防、灌渠、泵站等用地	其他用地，如生产、办公、生活用地
民航机场用地	（1）机场飞行区（包括跑道、滑行道、停机坪、安全带、夜航灯光区）用地、“场内外”通讯导航设施用地和飞行区四周排水防洪设施用地	（1）机场工作区（包括办公、生产和维修用地及候机楼、停车场）用地、生活区用地、绿化用地
	（2）在机场道路中，“场外”道路用地	（2）在机场道路中，“场内”道路用地

18. 答案 C | 本题考点 个人所得税征收管理 | 难易程度 中

解析

纳税人取得经营所得，按年计算个人所得税，在取得所得的次年 3 月 31 日前办理汇算清缴。

相关链接

个人所得税中各项所得预缴税款的期限容易与汇算清缴的期限混淆，具体对应如下：

（1）居民个人取得综合所得，按年计算个人所得税；有扣缴义务人的，由扣缴义务人按月或者按次预扣预缴税款；需要办理汇算清缴的，应当在取得所得的次年 3 月 1 日至 6 月 30 日内办理汇算清缴。

（2）纳税人取得经营所得，按年计算个人所得税，由纳税人在月度或者季度终了后 15 日内向税务机关报送纳税申报表，并预缴税款；在取得所得的次年 3 月 31 日前办理汇算清缴。

（3）居民个人从中国境外取得所得的，应当在取得所得的次年 3 月 1 日至 6 月 30 日内申报纳税。

19. 答案 A | 本题考点 消费税应纳税额的计算 | 难易程度 中

解析

（1）将自产的应税消费品用于集体福利，视同销售计算缴纳消费税。

（2）由于“无同类高档化妆品销售价格”，所以需要组成计税价格计算。

（3）甲化妆品厂当月该笔业务应缴纳消费税税额 = 组成计税价格×消费税税率 = 成本 ×（1+成本利润率）÷（1−消费税比例税率）×消费税税率 = 34000×（1+5%）÷（1−15%）×15% = 6300（元）。

相关链接

纳税人自产自用的应税消费品，用于连续生产应税消费品的，不缴纳消费税；用于其他方面的，于移送时视同销售缴纳消费税。

用于其他方面，是指纳税人将自产的应税消费品用于生产非应税消费品、在建工程、管理部门、非生产机构、提供劳务、馈赠、赞助、集资、广告、样品、职工福利、奖励等方面。

20. 答案 B	本题考点 票据行为——背书	难易程度 难

解析

（1）选项 AC：将票据金额的一部分转让或者将票据金额分别转让给两人以上的，背书无效。

（2）选项 D：背书时附有条件的，所附条件不具有票据上的效力。

易错易混

背书效力

情形	效力
部分背书、多头背书	背书无效
记载“不得转让”字样的背书	背书有效
附条件背书	背书有效，所附条件不具有票据上的效力
背书人未签章	背书无效
未记载被背书人名称	背书无效，但持票人补记后有效
未记载背书日期	背书有效，视为到期日前背书

相关链接

背书人在票据上记载“不得转让”字样，其后手再背书转让的，原背书人对后手的被背书人不承担保证责任。

21. 答案 D	本题考点 个人所得税的税收优惠	难易程度 易

解析

（1）选项 A：国债和国家发行的金融债券的利息免征个人所得税。

（2）选项 B：军人的转业费、复员费、退役金免征个人所得税。

（3）选项 C：按照国家统一规定发给干部、职工的安家费、退职费、基本养老金或退休费、离休费、离休生活补助费，免征个人所得税。

（4）选项 D：“省级”人民政府、国务院部委和中国人民解放军军以上单位，以及外国组织、国际组织颁发的科学、教育、技术、文化、卫生、体育、环境保护等方面的奖金，免征个人所得税。“县人民政府”颁发的奖金不免。

22. 答案 C	本题考点　非全日制用工	难易程度　易

解析

选项C：非全日制用工双方当事人任何一方都可以随时通知对方终止用工；终止用工，用人单位不向劳动者支付经济补偿。

考点提炼

订立形式	双方当事人可以订立口头协议
计酬方式	（1）以小时计酬为主，劳动者在同一用人单位一般平均每日工作时间不超过4小时，每周工作时间累计不超过24小时 （2）劳动报酬结算支付周期最长不得超过15日
订立多个合同	劳动者可以与一个或者一个以上用人单位订立劳动合同；但是，后订立的劳动合同不得影响先订立的劳动合同的履行
试用期	双方当事人不得约定试用期
终止用工	双方当事人任何一方都可以随时通知对方终止用工。终止用工，用人单位不向劳动者支付经济补偿

23. 答案 C	本题考点　印花税税收优惠	难易程度　易

解析

（1）选项A：无息或者贴息借款合同、国际金融组织向我国提供优惠贷款订立的借款合同、金融机构与小型微型企业订立的借款合同，免征印花税。

（2）选项B：农民、农民专业合作社、农村集体经济组织、村民委员会购买农业生产资料或者销售自产农产品订立的买卖合同和农业保险合同，免征印花税。

（3）选项C："电网与用户之间"签订的供用电合同不征印花税，"发电厂与电网之间"签订的购售电合同，按照买卖合同缴纳印花税。

（4）选项D：委托代理合同，不属于印花税的应税合同。

24. 答案 A	本题考点　医疗期	难易程度　中

解析

选项A：实际工作年限10年以下的，在本单位工作年限5年以下的，医疗期为3个月。

易错易混

医疗期VS停工留薪期

	医疗期	停工留薪期
前提不同	因患病或非因工负伤	因工作原因受到事故伤害或患职业病（工伤）

续表

	医疗期	停工留薪期
工资福利待遇不同	病假工资或疾病救济费可以低于当地最低工资标准支付，但最低不能低于最低工资标准的 80%	原工资福利待遇不变
期限不同	根据本人实际参加工作年限和在本单位工作年限，给予 3 个月到 24 个月的医疗期	一般不超过 12 个月；伤情严重或者情况特殊，经设区的市级劳动能力鉴定委员会确认，可以适当延长，但延长不得超过 12 个月

二、多项选择题

1. 答案 ACD | **本题考点** 现行税种与征收机关 | **难易程度** 中

解析 选项 B：由海关负责征收管理。

易错易混

税务机关征收管理的税种 VS 海关征收管理的税种

税收征收管理机关	税种范围
海关	（1）关税；（2）船舶吨税 【提示】进口环节的增值税、消费税由海关代征
税务机关	（1）增值税；（2）消费税；（3）企业所得税；（4）个人所得税；（5）资源税；（6）城镇土地使用税；（7）城市维护建设税；（8）印花税；（9）土地增值税；（10）房产税；（11）车船税；（12）车辆购置税；（13）烟叶税；（14）耕地占用税；（15）契税；（16）环境保护税 【提示】非税收入（如教育费附加和地方教育附加）也由税务机关负责

2. 答案 AD | **本题考点** 会计档案的保管期限 | **难易程度** 难

解析 选项 BC：最低保管期限为10 年。

考点提炼 会计档案保管期限分为永久、定期两类。定期保管期限一般分为 10 年和 30 年。永久保管的会计档案有：年度财务会计报告、会计档案保管清册、会计档案销毁清册、会计档案鉴定意见书。

易错易混

会计档案的内容和保管期限（以企业和其他组织为例）

会计档案的类别	会计档案的内容	保管期限
会计凭证	原始凭证	30年
	记账凭证	30年
会计账簿	总账	30年
	明细账	30年
	日记账	30年
	固定资产卡片	固定资产报废清理后保管5年
	其他辅助性账簿	30年
财务会计报告	月度、季度、半年度财务会计报告	10年
	年度财务会计报告	永久
其他会计资料	银行存款余额调节表	10年
	银行对账单	10年
	纳税申报表	10年
	会计档案移交清册	30年
	会计档案保管清册	永久
	会计档案销毁清册	永久
	会计档案鉴定意见书	永久

相关链接

会计档案的保管期限从会计年度终了后的第一天算起。

3. 答案 ABCD	本题考点 失业保险待遇	难易程度 易

解析

失业人员在领取失业保险金期间有下列情形之一的，停止领取失业保险金，并同时停止享受其他失业保险待遇：（1）重新就业的（选项C）；（2）应征服兵役的（选项A）；（3）移居境外的（选项B）；（4）享受基本养老保险待遇的（选项D）；（5）被判刑收监执行的；（6）无正当理由，拒不接受当地人民政府指定部门或者机构介绍的适当工作或者提供的培训的；（7）有法律、行政法规规定的其他情形的。

4. 答案 ABCD	本题考点 劳动合同的解除和终止	难易程度 中

解析

用人单位违反规定解除或者终止劳动合同，劳动者要求继续履行劳动合同的，用人单位应当继续履行（选项C）；劳动者不要求继续履行劳动合同或者劳动合同已经不能继续履行的，用人单位应当依照《劳动合同法》规定的经济补偿金标准的2倍向劳动者支付赔偿金（选项 D）。用人单位支付了赔偿金的，不再支付经济补偿金（选项 A）。赔偿金的计算年限自用工之日起计算（选项 B）。

相关链接

劳动者违法解除劳动合同，给用人单位造成损失的，应当承担赔偿责任。

5. 答案 AC	本题考点 土地增值税征税范围	难易程度 中

解析

（1）选项 B："出让"行为的主体是国家，国家不会对自己征税，因此政府出让国有土地使用权的行为不属于土地增值税的征税范围。

（2）选项 D："出租"不动产并没有发生权属变动，所以不涉及缴纳土地增值税。

考点提炼

土地增值税征税范围

行为	是否征税
出让国有土地使用权	×
转让国有土地使用权	√ （对转让土地使用权的行为征税，也对转让地上建筑物及其附着物产权的行为征税）
买卖房屋	√
赠与土地、房屋权属	×（公益性捐赠+直系亲属或直接赡养义务人） √（除上述外其他赠与情形）
以土地、房屋权属作价投资、入股	√（其他企业改制重组时暂不征收，房地产开发企业除外）
继承土地、房屋权属	×
交换土地、房屋权属	√（个人之间互换自有居住用的房地产的，经核实可以免征）
出租房地产	×
抵押期间的房地产	×
以土地、房产抵债	√

6. 答案 AD	本题考点 票据权利时效	难易程度 难

解析

（1）选项 B：持票人对商业汇票承兑人的权利自票据到期日起 2 年。

（2）选项 C：持票人对银行汇票出票人的权利自出票日起 2 年。

易错易混 票据权利消灭时效的具体规定，详见P219单选9。

7. 答案 ABCD	本题考点 税务行政复议审查和决定	难易程度 易

解析

具体行政行为有下列情形之一的，决定撤销、变更或者确认该具体行政行为违法：

（1）主要事实不清、证据不足的（选项A）。

（2）适用依据错误的（选项B）。

（3）违反法定程序的（选项D）。

（4）超越或者滥用职权的（选项C）。

（5）具体行政行为明显不当的。

8. 答案 CD	本题考点 个人所得税应税所得项目	难易程度 易

解析

（1）选项A：属于稿酬所得。

（2）选项B：属于工资、薪金所得。

（3）选项CD：属于劳务报酬所得。

9. 答案 ACD	本题考点 增值税的税收优惠	难易程度 易

解析

选项B：无相关免税规定，应按“电信服务——基础电信服务”缴纳增值税。

10. 答案 BD	本题考点 消费税的征税范围	难易程度 易

解析

（1）选项A：服装不属于消费税的征税范围，甲服装厂生产销售服装不需要缴纳消费税。

（2）选项B：小汽车一般在“生产销售、委托加工或进口环节”缴纳消费税。

（3）选项C：烟草批发企业将卷烟销售给其他烟草批发企业，不缴纳消费税。

（4）选项D：金银首饰、铂金首饰、钻石及钻石饰品仅在“零售环节”缴纳消费税。

考点提炼

卷烟在批发环节加征一道消费税，但是批发环节指的是卷烟批发商销售给零售商的环节，批发商销售给批发商本身没有离开批发环节，不缴纳消费税。

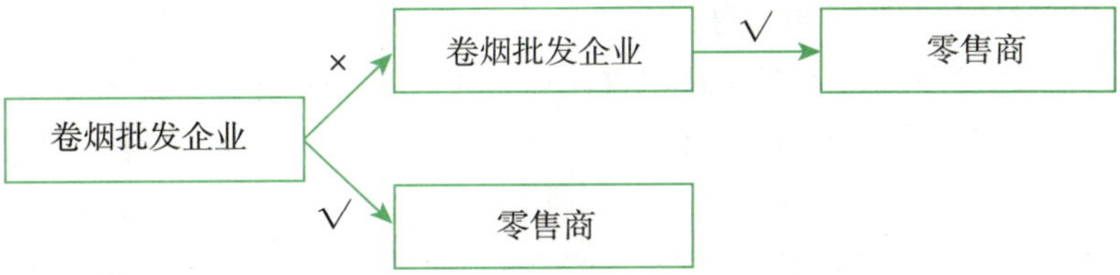

11. 答案 AC	本题考点　刑事责任	难易程度　易

解析　选项BD：属于附加刑。

考点提炼　（1）主刑是对犯罪分子适用的主要刑罚方法。主刑的种类有：管制、拘役、有期徒刑、无期徒刑、死刑。（2）附加刑是补充、辅助主刑适用的刑罚方法。附加刑的种类有：罚金、剥夺政治权利、没收财产、驱逐出境。

12. 答案 BCD	本题考点　劳动合同的解除和终止	难易程度　易

解析　裁减人员时，应当优先留用下列人员：（1）与本单位订立较长期限的固定期限劳动合同的（选项D）；（2）与本单位订立无固定期限劳动合同的（选项C）；（3）家庭无其他就业人员，有需要扶养的老人或者未成年人的（选项B）。

相关链接　经济性裁员的适用情形：（1）依照《企业破产法》规定进行重整的；（2）生产经营发生严重困难的；（3）企业转产、重大技术革新或者经营方式调整，经变更劳动合同后，仍需裁减人员的；（4）其他因劳动合同订立时所依据的客观经济情况发生重大变化，致使劳动合同无法履行的。

13. 答案 ABD	本题考点　资产的税务处理	难易程度　难

解析　关于资产的税务处理，融资租赁方式和经营租赁方式是必考点，需要学员准确辨析，看清租赁方式是“经营租赁”还是“融资租赁”，再看清是“租入”还是“租出”，二者税务处理完全相反。

（1）选项A：与经营活动“有关”的可以计算折旧在税前扣除，“无关”的不得扣除。

（2）选项B：已经足额提取折旧仍继续使用的固定资产，不得计算折旧费用在税前扣除；但如果发生了改建支出的，可以作为长期待摊费用，按照固定资产预计尚可使用年限分期摊销。

（3）选项C：未投入使用的房屋，可以计算折旧费用在计算企业所得税应纳税所得额时扣除，但房屋、建筑物以外未投入使用的固定资产（例如，未投入使用的机器设备），不得计算折旧费用在计算企业所得税应纳税所得额时扣除。
（4）选项D：以融资租赁方式租出的固定资产，不得计算折旧扣除。

考点提炼

（1）未投入使用的除房屋、建筑物以外的固定资产，一般不涉及损耗的问题，所以不需要计提折旧，但是未投入使用的房屋、建筑物，它会经过风吹日晒雨淋等，仍会有损耗问题，所以即便未投入使用，仍需要计提折旧。
（2）以融资租赁方式"租出"的固定资产，那么与资产所有权有关的风险和报酬相当于转移到了承租方，由承租方计算折旧，出租方不可以计算折旧扣除。

易错易混

可以计算折旧扣除VS不得计算折旧扣除，详见P222单选18。

14. 答案 CD	本题考点 会计工作的单位内部监督	难易程度 易

解析

选项CD：单位内部会计监督的主体是各单位的会计机构、会计人员。

易错易混

有关会计监督的具体内容，详见P139判断3。

15. 答案 BCD	本题考点 企业所得税收入总额	难易程度 易

解析

企业取得收入的货币形式，包括现金（选项D）、存款（而非存货）、应收账款（选项C）、应收票据、准备持有至到期的债券投资以及债务的豁免（选项B）等。

三、判断题

1. 答案 √	本题考点 会计账簿	难易程度 易

解析

各种账簿按页次顺序连续登记，不得跳行、隔页。

2. 答案 ×	本题考点　契税的征税范围	难易程度　易

解析　在契税法律制度中，“土地使用权转让”不包括土地承包经营权和土地经营权的转移。

3. 答案 ×	本题考点　增值税的征税范围	难易程度　易

解析　根据国家指令无偿提供的铁路运输服务、航空运输服务，不征收增值税。

4. 答案 ×	本题考点　票据行为——承兑	难易程度　易

解析　付款人承兑汇票，不能附有条件；承兑附有条件的，视为拒绝承兑。

相关链接　保证不得附条件，附条件的，不影响对票据的保证责任（保证有效）。

5. 答案 √	本题考点　企业所得税税前扣除项目	难易程度　易

6. 答案 √	本题考点　集体合同	难易程度　易

解析　集体合同中劳动报酬和劳动条件等标准不得低于当地人民政府规定的最低标准，用人单位与劳动者订立的劳动合同中劳动报酬和劳动条件等标准不得低于集体合同规定的标准。

7. 答案 ×	本题考点　银行结算账户的概念和种类	难易程度　易

解析　银行结算账户是指银行为存款人开立的办理资金收付结算的“活期”存款账户。

8. 答案 √	本题考点　代理记账	难易程度　中

相关链接

委托人的义务：（1）对本单位发生的经济业务事项，应当填制或者取得符合国家统一的会计制度规定的原始凭证；（2）应当配备专人负责日常货币收支和保管；（3）及时向代理记账机构提供真实、完整的原始凭证和其他相关资料；（4）对于代理记账机构退回的，要求按照国家统一的会计制度规定进行更正、补充的原始凭证，应当及时予以更正、补充。

9. 答案 √	本题考点　行政诉讼	难易程度　中

解析

行政机关对其工作人员作出的奖惩决定属于内部行政行为，不可议不可诉。

考点提炼

法院不受理公民、法人或者其他组织对下列事项提起的诉讼：

（1）国防、外交等国家行为；

（2）行政法规、规章或者行政机关制定、发布的具有普遍约束力的决定、命令（抽象行政行为）；

（3）行政机关对行政机关工作人员的奖惩、任免等决定（内部行政行为）；

（4）法律规定由行政机关最终裁决的具体行政行为。

易错易混

行政诉讼的适用范围

	内容
行政诉讼适用范围	公民、法人或者其他组织认为行政行为侵犯其人身权、财产权等合法权益的，可以依法向人民法院提起行政诉讼（只要行政行为侵害公民、法人或者其他组织的合法权益，又不在明确列举的“不受理案件”范围内的，即可诉）
附带审查	公民、法人或者其他组织认为行政行为所依据的国务院部门和地方人民政府及其部门制定的规范性文件（不含规章）不合法，在对行政行为提起诉讼时，可以一并请求对该规范性文件进行审查

相关链接

行政复议的排除事项：（1）当事人不服行政机关作出的行政处分或者其他人事处理决定时，不能提起行政复议。（2）当事人不服行政机关对民事纠纷的调解或其他处理，可以依法申请仲裁或者向人民法院提起民事诉讼，但不能提起行政复议。

10. 答案 √	本题考点 应纳税额的核定	难易程度 易

考点提炼

纳税人有下列情形之一的，税务机关有权核定其应纳税额：

（1）依照法律、行政法规的规定可以不设置账簿的；

（2）依照法律、行政法规的规定应当设置但未设置账簿的；

（3）擅自销毁账簿或者拒不提供纳税资料的；

（4）虽设置账簿，但账目混乱或者成本资料、收入凭证、费用凭证残缺不全，难以查账的；

（5）发生纳税义务，未按照规定的期限办理纳税申报，经税务机关责令限期申报，逾期仍不申报的；

（6）纳税人申报的计税依据明显偏低，又无正当理由的。

四、不定项选择题

（一）

1. 答案 B	本题考点 增值税销项税额的计算	难易程度 中

解析

（1）选项CD：贷款服务、直接收费金融服务，均全额计税，支付的存款利息2862万元不得减除。

（2）选项AB：题目明确交代“6360万元”“1272万元”均为含增值税价，应价税分离处理。

考点提炼

（1）不含税销售额=含税销售额÷（1+增值税税率/征收率）。

（2）贷款服务以提供贷款服务取得的全部利息及利息性质的收入为销售额。

（3）直接收费金融服务以提供直接收费金融服务收取的手续费、佣金、酬金、管理费、服务费、经手费、开户费、过户费、结算费、转托管费等各类费用为销售额。

相关链接

（1）购进贷款服务、餐饮服务、居民日常服务和娱乐服务不得抵扣进项税额。

（2）存款利息不征收增值税。

2. 答案 B	本题考点 增值税销项税额的计算	难易程度 难

解析

（1）选项AD：金融商品转让差额计税，按照卖出价扣除买入价后的余额为销售额，所以要先减去买入价2120万元。

（2）选项BC：第一季度和第二季度没有跨会计年度，所以第一季度金融商品转让出现的负差58.3万元可以在第二季度中扣除。

易错易混

营改增服务全额计税 VS 差额计税（包括但不限于）

类型	范围	销售额的确定
全额计税	贷款服务	以提供贷款服务取得的全部利息及利息性质的收入为销售额 【提示】不得减除支付的存款利息、转贷利息等，没有任何减除
	直接收费金融服务	以提供直接收费金融服务收取的手续费、佣金、酬金、管理费、服务费、经手费、开户费、过户费、结算费、转托管费等各类费用为销售额
差额计税	金融商品转让	（1）按照卖出价扣除买入价后的余额为销售额 （2）转让金融商品出现的正负差，按盈亏相抵后的余额为销售额。若相抵后出现负差，可结转下一纳税期与下期转让金融商品销售额相抵，但年末时仍出现负差的，不得转入下一个会计年度
	经纪代理服务	以取得的全部价款和价外费用，扣除向委托方收取并代为支付的政府性基金或者行政事业性收费后的余额为销售额
	航空运输企业	销售额不包括代收的机场建设费和代售其他航空运输企业客票而代收转付的价款
	一般纳税人提供客运场站服务	以其取得的全部价款和价外费用，扣除支付给承运方运费后的余额为销售额
	旅游服务（选择差额计税的）	以取得的全部价款和价外费用，扣除向旅游服务购买方收取并支付给其他单位或者个人的住宿费、餐饮费、交通费、签证费、门票费和支付给其他接团旅游企业的旅游费用后的余额为销售额

3. 答案 ABC | **本题考点** 准予从销项税额中抵扣的进项税额 | **难易程度** 中

解析

进项税额的抵扣，主要考查两个方面，其一是取得的凭证是否合法，其二是用途是否合理，只有都满足的情况下才可以抵扣进项税额。

（1）选项ABC：凭证合法，用途合理（均为办公使用），可以抵扣进项税额。

（2）选项D：凭证合法，用途不合理（购进货物用于集体福利、个人消费），对应的进项税额不得抵扣。

4. 答案 C | **本题考点** 简易计税方法应纳增值税的计算 | **难易程度** 难

解析

2003年购入的办公设备（固定资产）不得抵扣进项税额，销售时给予优惠，适用简易计税方法，应纳税额＝含税售价÷（1+3%）×2%＝10.506÷（1+3%）×2%＝0.204（万元）。

考点提炼

（1）固定资产（小汽车、摩托车、游艇除外），2009年1月1日以前购进的，不得抵扣进项税额，在出售时按照3%征收率减按2%计算应纳税额。

（2）小汽车、摩托车、游艇，2013年8月1日以前购进的，不得抵扣进项税额，在出售时按照3%征收率减按2%计算应纳税额。

易错易混

销售旧货VS销售自己使用过的物品

<table>
<tr><th colspan="2">应税行为</th><th>一般纳税人</th><th>小规模纳税人</th></tr>
<tr><td rowspan="3">销售自己使用过的物品
【提示】其他个人销售自己使用过的物品免征增值税</td><td rowspan="2">固定资产</td><td>①按规定允许抵扣进项税额的固定资产再转让
销项税额=含税销售额÷（1+税率）×税率</td><td rowspan="2">应纳税额=含税销售额÷（1+3%）×2%</td></tr>
<tr><td>②按规定不得抵扣且未抵扣过进项税额的固定资产再转让
应纳税额=含税销售额÷（1+3%）×2%</td></tr>
<tr><td>其他物品</td><td>销项税额=含税销售额÷（1+税率）×税率</td><td>应纳税额=含税销售额÷（1+3%）×3%</td></tr>
<tr><td colspan="2">销售旧货</td><td colspan="2">应纳税额=含税销售额÷（1+3%）×2%</td></tr>
</table>

相关链接

（1）旧货是自己没有使用过，是买来卖的，其经营者是商业企业。

（2）自己使用过的物品则是自己已经使用过，但还没有报废的物品，其销售者不一定是商业企业。

（二）

1. 答案 ABCD | **本题考点** 企业所得税收入总额 | **难易程度** 易

解析

	收入类型	是否计入收入总额	应/免/不征税收入	是否计入销售（营业）收入
选项A	其他收入	√	应税收入	×
选项B	租金收入	√	应税收入	√
选项C	利息收入	√	免税收入	×
选项D	利息收入	√	应税收入	×
建筑材料销售收入	销售货物收入	√	应税收入	√

2. 答案 A	本题考点 企业所得税不得扣除项目	难易程度 中

解析

(1) 选项A：除另有规定外，一般的直接捐赠不得在计算企业所得税应纳税所得额时扣除。

(2) 选项B：企业发生的合理的劳动保护支出，准予在计算企业所得税应纳税所得额时扣除。

(3) 选项C：向“金融企业”借款利息“据实扣除”，向“非金融企业”借款利息“限额扣除”。

(4) 选项D：法院判决由企业承担的诉讼费用，属于民事性质的款项，可以在计算企业所得税应纳税所得额时扣除。

易错易混

企业所得税不得扣除项目“相似”对比，详见P231多选14。

3. 答案 C	本题考点 企业所得税税收优惠及应纳税额的计算	难易程度 难

解析

关于企业所得税应纳税所得额的计算，一般结合税收优惠考查“间接法”，即在会计利润的基础上进行纳税调整，调整的是“税会差异”。

(1) 国债利息收入1.5万元税法上免税，由此产生税会差异，需要纳税调减。

(2) 直接向某大学捐赠1万元税法上不得扣除，由此产生税会差异，需要纳税调增。

(3) 企业购置并实际使用环境保护、节能节水、安全生产等专用设备，该专用设备的投资额的10%可以从企业当年的“应纳税额”中抵免，即应纳税额=应纳税所得额×25%-投资额（600万元）×10%。

考点提炼

(1) 间接法下，应纳税所得额=会计利润+纳税调增额-纳税调减额。

(2) 应纳税额=应纳税所得额×适用税率-减免税额-抵免税额。

(3) 纳税调整项目不涉及减去合理的劳动保护费支出2万元、向金融企业借款利息支出3万元，诉讼费用1.7万元，因为这些费用税会处理无差异，在计算会计利润总额时已经减过一遍了，也就是说全年利润总额2800万元是减去这些费用之后的余额。

易错易混

纳税调增VS纳税调减，详见P211不定项（一）第3题。

相关链接

直接法下，应纳税所得额=收入总额-不征税收入-免税收入-各项扣除-允许弥补的以前年度亏损。

4. 答案 AC	本题考点　企业所得税征收管理	难易程度　易

解析

（1）选项 A：除税收法律、行政法规另有规定外，居民企业以企业登记注册地（W 市）为纳税地点。

（2）选项 B：纳税年度自公历 1 月 1 日起至 12 月 31 日止。

（3）选项 C：企业应当自年度终了之日起 5 个月内，向税务机关报送年度企业所得税纳税申报表，并汇算清缴，结清应缴应退税款。

（4）选项 D：企业按季预缴（题干已经明确甲公司按季预缴企业所得税）的，应当自季度终了之日起 15 日内，向税务机关报送预缴企业所得税纳税申报表，预缴税款。

（三）

1. 答案 ABCD	本题考点　企业银行结算账户的开立，基本存款账户	难易程度　中

解析

（1）选项 A：开立银行结算账户时，银行应与存款人签订银行结算账户管理协议，明确双方的权利与义务。

（2）选项 BC：开立单位银行结算账户时，应填写“开立单位银行结算账户申请书”，并加盖单位公章和法定代表人（单位负责人）或其授权代理人的签名或者盖章。

（3）选项 D：企业法人申请开立基本存款账户，应出具企业法人营业执照。

相关链接

开户时，应出具法定代表人或单位负责人有效身份证件。法定代表人或单位负责人授权他人办理的，还应出具法定代表人或单位负责人的授权书以及被授权人的有效身份证件。

2. 答案 ABCD	本题考点　基本存款账户	难易程度　中

解析

存款人日常经营活动的资金收付（选项 BCD）及其工资、奖金和现金的支取（选项 A），应通过基本存款账户办理。

相关链接

一般存款账户用于办理存款人借款转存、借款归还和其他结算的资金收付。一般存款账户可以办理现金缴存，但不得办理现金支取。

3. 答案 BD	本题考点　银行卡的概念和分类	难易程度　中

解析

借记卡的主要功能包括消费（选项 D）、存取款、转账、代收付、外汇买卖、投资理财（选项 B）、网上支付等。

考点提炼

(1) 发卡银行应当对借记卡持卡人在 ATM 机等自助机具取款设定交易上限，每卡每日累计提款不得超过 2 万元人民币。(2) 严禁将单位的款项转入个人卡账户存储。

4. 答案 AC	本题考点　银行卡账户和交易	难易程度　中

解析

(1) 选项 ABD：单位人民币卡账户的资金一律从基本存款账户转账存入，不得存取现金，不得将销货收入存入单位卡账户。
(2) 选项 C：单位人民币卡可办理商品交易和劳务供应款项的结算。

相关链接

单位外币卡账户的资金应从其单位的外汇账户转账存入，不得在境内存取外币现钞。

2019 年会计专业技术资格考试《经济法基础》试题（3）
参考答案及解析

扫码看答案

使用“微信”或“会计云课堂”App 扫描右侧二维码，即可查阅电子版答案及解析，“手机看答案更轻松”。

一、单项选择题

1. 答案 A	本题考点 行政责任	难易程度 易

解析 选项 BCD：属于刑事责任。

易错易混 有关法律责任的种类，详见 P158 多选 1。

2. 答案 B	本题考点 民事诉讼的地域管辖	难易程度 中

解析 选项 B：因港口作业中发生纠纷提起的诉讼，由港口所在地人民法院专属管辖。

易错易混

民事诉讼的地域管辖

类型		管辖规则
一般地域管辖		“原告就被告”：由被告住所地法院管辖；被告住所地与经常居住地不一致的，由经常居住地法院管辖
特殊地域管辖	合同纠纷	（1）被告住所地法院 （2）合同履行地法院

续表

类型		管辖规则
特殊地域管辖	保险合同纠纷	(1) 被告住所地法院 (2) 保险标的物所在地法院
	票据纠纷	(1) 被告住所地法院 (2) 票据支付地法院
	公司设立、确认股东资格、分配利润、解散等纠纷	公司住所地法院
	侵权行为	(1) 被告住所地法院 (2) 侵权行为地（包括侵权行为实施地、侵权结果发生地）法院
专属管辖	不动产纠纷	不动产所在地法院
	港口作业中发生纠纷	港口所在地法院
	继承遗产纠纷	(1) 被继承人死亡时住所地法院 (2) 主要遗产所在地法院
协议管辖	合同或者其他财产权益纠纷	当事人可以书面协议选择被告住所地、合同履行地、合同签订地、原告住所地、标的物所在地等与争议有实际联系的地点的法院管辖，但不得违反《民事诉讼法》对级别管辖和专属管辖的规定
共同管辖和选择管辖		两个以上法院都有管辖权的诉讼，原告可以向其中一个法院起诉；原告向两个以上有管辖权的法院起诉的，由最先立案的法院管辖

3. 答案 A	本题考点　对会计人员的一般要求	难易程度　易

解析

选项 A：担任单位会计机构负责人（会计主管人员）的，应当具备会计师以上专业技术职务资格或者从事会计工作3 年以上经历。中级会计专业技术资格对应的会计专业职务名称即为“会计师”。

4. 答案 D	本题考点　会计档案的保管期限	难易程度　难

解析

选项 ABC：最低保管期限为 30 年。

考点提炼

保管期限为 10 年期的会计档案有：月度、季度、半年度财务会计报告，银行存款余额调节表，银行对账单，纳税申报表（月季半财报，两银纳税表）。

易错易混

会计档案的保管期限，详见 P252 多选 2。

5. 答案 A	本题考点　财务会计报告	难易程度　易

解析

企业财务会计报告包括会计报表（包括资产负债表、利润表、现金流量表及相关附表）（选项 D）、会计报表附注（选项 C）和财务情况说明书（选项 B）。

6. 答案 D	本题考点	票据行为——出票，票据行为——背书，票据行为——保证，票据行为——承兑	难易程度　中

解析

（1）选项 A：背书未记载日期的，视为在票据到期日前背书。

（2）选项 B：汇票上未记载承兑日期的，应当以收到提示承兑的汇票之日起 3 日内的最后一日为承兑日期。

（3）选项 C：保证人在票据或者粘单上未记载“保证日期”的，出票日期为保证日期。

考点提炼

情形	性质	效果
未记载出票日期	必须记载事项	票据无效
未记载背书日期	相对记载事项	视为到期日前背书
未记载承兑日期	相对记载事项	以收到提示承兑的汇票之日起 3 日内的最后一日为承兑日期
未记载保证日期	相对记载事项	出票日期为保证日期

7. 答案 A	本题考点　银行卡的概念和分类	难易程度　易

解析

选项 A：按是否具有透支功能，银行卡分为信用卡和借记卡；贷记卡就是一种信用卡。

考点提炼

银行卡的基本分类

<table>
<tr><th>分类标准</th><th colspan="3">类别</th></tr>
<tr><td rowspan="5">是否具有透支功能</td><td rowspan="3">借记卡</td><td>转账卡（含储蓄卡）</td><td rowspan="3">不能透支</td></tr>
<tr><td>专用卡</td></tr>
<tr><td>储值卡</td></tr>
<tr><td rowspan="2">信用卡</td><td>贷记卡</td><td>先透支，后还款</td></tr>
<tr><td>准贷记卡</td><td>先存入备用金，备用金不足支付时可以透支</td></tr>
<tr><td>币种不同</td><td colspan="3">人民币卡和外币卡</td></tr>
<tr><td>发行对象不同</td><td colspan="3">单位卡（商务卡）和个人卡</td></tr>
<tr><td>信息载体不同</td><td colspan="3">磁条卡和芯片（IC）卡</td></tr>
</table>

8. 答案 A	本题考点　预付卡	难易程度　难

解析

（1）选项 AD：个人一次性购买不记名预付卡 1 万元以上的，应当使用实名并向发卡机构提供有效身份证件。

（2）选项 B：个人一次性购买预付卡 5 万元以上的，应当通过银行转账等非现金结算方式购买，不得使用现金。

（3）选项 C：购卡人不得使用信用卡购买预付卡。

考点提炼

<table>
<tr><td>预付卡办理</td><td>（1）个人或单位购买记名预付卡或一次性购买不记名预付卡 1 万元以上的，应当使用实名并向发卡机构提供有效身份证件
（2）单位一次性购买预付卡 5000 元以上，个人一次性购买预付卡 5 万元以上的，应当通过非现金结算方式购买
（3）不得使用信用卡购买预付卡
（4）发卡机构应当识别购卡人、单位经办人的身份，核对有效身份证件，登记身份基本信息，并留存有效身份证件的复印件或影印件
（5）使用实名购买预付卡的，发卡机构应当登记购卡人姓名或单位名称、单位经办人姓名、有效身份证件名称和号码、联系方式、购卡数量、购卡日期、购卡总金额、预付卡卡号及金额等信息</td></tr>
</table>

易错易混

记名预付卡 VS 不记名预付卡

	记名预付卡	不记名预付卡
资金限额	单张记名预付卡资金限额不得超过 5000 元	单张不记名预付卡资金限额不得超过 1000 元

续表

	记名预付卡	不记名预付卡
挂失	可挂失	不挂失
赎回	（1）可赎回 （2）可在购卡 3 个月后办理，持卡人应当出示预付卡及持卡人和购卡人的有效身份证件 （3）他人代理赎回的，应当同时出示代理人和被代理人的有效身份证件；单位购买的记名预付卡，只能由单位办理赎回	不赎回，另有规定的除外
有效期	不得设置有效期	有效期不得低于 3 年

9. 答案 D	本题考点　临时存款账户	难易程度　易

解析

选项 D：临时存款账户有效期最长不得超过2 年。

10. 答案 A	本题考点　职工基本养老保险费的缴纳	难易程度　易

解析

选项 A：个人账户记账利率不得低于银行定期存款利率，免征利息税。

11. 答案 B	本题考点　已纳消费税的扣除	难易程度　易

解析

已纳消费税的扣除要注意两点，首先扣除消费税的大前提是缴纳过消费税，其次继续用于生产的要符合教材中列举的税目。“自制的”高档化妆品（选项 B）还没有对外销售，没有缴纳过消费税，所以不涉及抵扣已纳税款的问题。

考点提炼

外购或委托加工应税消费品已纳税款准予抵扣的范围：

（1）外购或委托加工收回的已税烟丝生产的卷烟。

（2）外购或委托加工收回的已税高档化妆品为原料生产的高档化妆品。

（3）外购或委托加工收回的已税珠宝玉石为原料生产的贵重首饰及珠宝玉石。

（4）外购或委托加工收回的已税鞭炮、焰火为原料生产的鞭炮、焰火。

（5）以外购或委托加工收回的已税杆头、杆身和握把为原料生产的高尔夫球杆。

（6）以外购或委托加工收回的已税木制一次性筷子为原料生产的木制一次性筷子。

（7）以外购或委托加工收回的已税实木地板为原料生产的实木地板。

（8）以外购或委托加工收回的已税石脑油、润滑油、燃料油为原料生产的成品油。
（9）以外购或委托加工收回的已税汽油、柴油为原料生产的汽油、柴油。

12. 答案 B	本题考点　消费税应纳税额的计算	难易程度　中

解析

（1）选项 A：卷烟采用比例税率和定额税率复合计征消费税，所以需要分别计算从价税和从量税两部分。

（2）选项 BCD：销售额 90400 元为“含增值税”价款，需要进行价税分离，甲卷烟厂当月销售 M 型卷烟应缴纳消费税税额 = 销售额×消费税比例税率 + 销售数量×定额税率 = 90400÷（1+13%）×56% + 1000×200×0. 003 = 45400（元）。

应纳消费税税额=从价税部分+从量税部分

→ 从价税部分
=不含增值税销售额 × 消费税比例税率
=90400 ÷ (1+13%) × 56%

→ 从量税部分
=销售数量 × 消费税定额税率
=1000标准条 × 200支/条 × 0.003元/支

增值税销项税额=不含增值税销售额 × 增值税税率
=90400 ÷（1+13%）× 13%

13. 答案 A	本题考点　增值税的征税范围	难易程度　易

解析

（1）选项 BC：属于“金融服务”。
（2）选项 D：属于“生活服务”。

考点提炼

现代服务可以分为：（1）研发和技术服务。（2）信息技术服务。（3）文化创意服务。（4）物流辅助服务。（5）租赁服务（包括不动产融资租赁服务、动产融资租赁服务、不动产经营租赁服务、动产经营租赁服务）。（6）鉴证咨询服务。（7）广播影视服务。（8）商务辅助服务。（9）其他现代服务。

14. 答案 C	本题考点　印花税应纳税额的计算	难易程度　难

解析

（1）“起重机总价值为 80 万元”是本题的“坑”，租赁合同应当以凭证所载租赁金额作为计税依据，与“租赁物本身的价值”无关。

（2）需要计算总租金，一共 2 台，租期共 2 个月，租期内全部租金 = 2×2×2 = 8（万元）。

（3）签订租赁合同的双方甲公司和乙公司都需要缴纳印花税，所以在计算应缴纳印花税合计时需要“乘以 2”。应税合同应纳税额 = 价款或者报酬×适用税率 = 8×10000×1‰×2 = 160（元）。

易错易混

印花税的计税依据

税目		计税依据
合同	买卖合同	支付的价款
	借款合同	借款金额
	融资租赁合同	租金
	租赁合同	
	承揽合同	支付的报酬
	建设工程合同	支付的价款
	运输合同	运输费用
	技术合同	支付的价款、报酬或者使用费
	保管合同	保管费
	仓储合同	仓储费
	财产保险合同	保险费
产权转移书据	包括土地使用权出让和转让书据；房屋等建筑物、构筑物所有权、股权（不包括上市和挂牌公司股票）、商标专用权、著作权、专利权、专有技术使用权转让书据	支付的价款
权利、许可证照	政府部门发放的不动产权证书、营业执照、商标注册证、专利证书	应税凭证件数
营业账簿	记载资金的营业账簿	实收资本（股本）、资本公积合计金额
证券交易	在依法设立的证券交易所上市交易或者在国务院批准的其他证券交易场所转让公司股票和以股票为基础发行的存托凭证	成交金额或者依法确定的计税依据

相关链接

印花税应纳税额的计算

（1）应税合同应纳税额=价款或者报酬×适用税率

（2）产权转移书据应纳税额=价款×适用税率

（3）应税营业账簿应纳税额=实收资本（股本）、资本公积合计金额×适用税率

（4）应税权利、许可证照应纳税额=应税凭证件数×5 元/件

（5）证券交易应纳税额=成交金额或者依法确定的计税依据×适用税率

15. 答案 C	本题考点 房产税应纳税额的计算	难易程度 中

解析

关于房产税应纳税额的计算，考试的出题形式分为两种，一种为“从价计征”，一种为“从租计征”，本题是对甲公司“拥有”的房产计算房产税，应当从价计征房产税。

（1）选项AB：“已提折旧400万元”是本题的“坑”，“应税房产余值”和“应税房产原值”均不需要扣减折旧额。

（2）选项CD：应纳税额=应税房产余值×1.2%=应税房产原值×（1-扣除比例）×1.2%=1000×（1-30%）×1.2%=8.4（万元）。

相关链接

房产税从价计征VS从租计征，详见P243单选6。

16. 答案 A	本题考点 关税应纳税额的计算	难易程度 中

解析

一般贸易项下进口的货物以海关审定的成交价格为基础的到岸价格作为完税价格，而货物运抵我国关境内输入地点起卸前的包装费、运费（96万元）、保险费（4万元）和其他劳务费等费用均应计入关税完税价格。因此进口环节关税应纳税额=关税完税价格×适用税率=（1100+96+4）×10%=120（万元）。

相关链接

关税完税价格的构成还会影响进口货物应纳增值税的计算，具体如下：

（1）进口非应税消费品

应纳增值税税额=组成计税价格×税率

=（关税完税价格+关税税额）×增值税税率

（2）进口应税消费品

应纳增值税税额=组成计税价格×税率

=（关税完税价格+关税税额+消费税税额）×增值税税率

17. 答案 D	本题考点 财产转让所得应纳个人所得税的计算	难易程度 易

解析

财产转让所得个人所得税计税时允许扣除财产原值（120万元）和合理费用（0.5万元），但是不能减除800元或20%的费用，财产转让所得个人所得税应纳税额=应纳税所得额×20%=（收入总额-财产原值-合理费用）×20%=（160-120-0.5）×20%。

相关链接

转让股权（股票）计税规定

（1）个人在上海、深圳证券交易所转让从上市公司公开发行和转让市场取得的股票，转让所得暂不征收个人所得税。

（2）对个人转让全国中小企业股份转让系统（新三板）挂牌公司原始股取得的所得，按照“财产转让所得”适用20%的比例税率征收个人所得税；对个人转让全国中小企业股份转让系统（新三板）挂牌公司非原始股取得的所得，暂免征收个人所得税。

18. 答案 A	本题考点 土地增值税纳税人	难易程度 中

解析

土地增值税的纳税人和契税的纳税人经常结合考查，学员非常容易混淆，记住大的原则：土地增值税是卖方税，契税是买方税。

（1）选项A：出售将导致房屋产权转移；出售方即为转让方，是土地增值税的纳税人。

（2）选项C：出租不导致房屋权属转移，不涉及土地增值税或契税的问题。

（3）选项BD：购买方即受让方，是契税的纳税人。

考点提炼

土地增值税的纳税人为转让国有土地使用权、地上建筑物及其附着物并取得收入的单位和个人。所称单位包括各类企业单位、事业单位、国家机关和社会团体及其他组织。所称个人包括个体经营者和其他个人。此外，还包括外商投资企业、外国企业、外国驻华机构及海外华侨、港澳台同胞和外国公民。

易错易混

契税 VS 土地增值税

“买方”契税	“卖方”土地增值税
我国境内“承受”（受让、购买、受赠、互换等）土地、房屋权属转移的单位和个人为纳税人	我国境内“转让”国有土地使用权、地上建筑物及其附着物并取得收入的单位和个人为纳税人

相关链接

契税和土地增值税的征税范围对比

项目	契税	土地增值税
出让土地使用权	√	×
转让土地使用权	√	√ （对转让土地使用权的行为征税，也对转让地上建筑物及其附着物产权的行为征税）
房屋买卖	√	√
赠与土地、房屋权属	√	× （公益性捐赠+直系亲属或直接赡养义务人） √ （除上述外其他赠与情形）

续表

项目	契税	土地增值税
以土地、房屋权属作价投资、入股	√	√ （其他企业改制重组时暂不征收，房地产开发企业除外）
交（互）换土地、房屋权属	√ （等价互换不需要缴纳）	√ （个人之间互换自有居住用的房地产的，经核实可以免征）
出租房地产	×	×
抵押期间的房地产	×	×
以土地、房产抵债	√	√

19. 答案 D	本题考点　个人所得税应纳税所得额的确定	难易程度　易

解析

（1）选项ABC：不得从收入总额中减除。

（2）选项D：个体工商户的生产、经营所得，以每一纳税年度的收入总额，减除成本、费用、税金、损失、其他支出以及允许弥补的以前年度亏损后的余额，为应纳税所得额。

相关链接

个体工商户经营所得不得扣除的项目：

（1）个人所得税税款。

（2）税收滞纳金。

（3）罚金、罚款和被没收财物的损失。

（4）不符合扣除规定的捐赠支出。

（5）赞助支出。

（6）用于个人和家庭的支出。

（7）与取得生产经营收入无关的其他支出。

（8）国家税务总局规定不准扣除的支出（例如，未经核准计提的各种准备金）。

20. 答案 B	本题考点　增值税销项税额的计算	难易程度　难

解析

（1）选项CD："3500元/台"是不含增值税单价，不需要进行价税分离。

（2）选项AB：由于销售额和折扣额在同一张发票的金额栏内分别注明，按折扣后的销售额计算增值税，即需要乘以（1-9%）。

考点提炼

（1）采用商业折扣方式销售，关键看折扣额的处理。

（2）销售额和折扣额在同一张发票的"金额栏"上分别注明的，可按折扣后的余额作为销售额计算销项税额。

易错易混

增值税中折扣 VS 折让

情形	原因	增值税的税务处理
销售折让	品种、质量有瑕疵	可以通过开具红字专用发票从销售额中减除
商业折扣（又称折扣销售）	购买量大等进行打折	①如果销售额和折扣额在同一张发票上的“金额”栏分别注明的，可按折扣“后”的销售额征收增值税 ②未在同一张发票“金额”栏注明折扣额，而仅在发票的“备注”栏注明折扣额的，不论其在财务上如何处理，不得从销售额中减除折扣额 ③将折扣额另开发票的，不得从销售额中减除折扣额

相关链接

企业所得税中涉及“商业折扣”的，没有“金额栏”的概念，直接按照扣除商业折扣后的金额（不含增值税）确定销售商品收入金额，学员应进行辨析。

21. 答案 A　　**本题考点**　城镇土地使用税应纳税额的计算　　**难易程度**　易

解析

（1）选项BC：甲商贸公司位于农村的仓库，占用的并非纳税区域内的土地，不论甲商贸公司自己使用，还是租给公安局使用，均无须缴纳城镇土地使用税。

（2）选项AD：甲商贸公司在市区的占地，由于不存在相关的税收优惠政策，其实际占用的5000平方米全部应当缴纳城镇土地使用税，城镇土地使用税全年应纳税额=实际占用应税土地面积（平方米）×适用税额=5000×5=25000（元）。

相关链接

城镇土地使用税的征税范围VS房产税的征税范围

（1）城镇土地使用税的征税范围为城市、县城、建制镇和工矿区（不包括农村）的土地。

（2）房产税的征税范围为城市、县城、建制镇和工矿区（不包括农村）的房屋。

22. 答案 D　　**本题考点**　税法要素　　**难易程度**　易

解析

（1）选项A：纳税环节主要是指税法规定的征税对象在从生产到消费的流转过程中应当缴纳税款的环节。

（2）选项B：税目是征税对象的具体化。

（3）选项C：税率是指应征税额与计税金额（或数量单位）之间的比例，是计算税额的尺度。

（4）选项D：征税对象是指税收法律关系中权利义务所指的对象，即对什么征税。不同的征税对象是区别不同税种的重要标志。

23. 答案 B	本题考点 账簿和凭证管理	难易程度 易

解析

关于设置账簿的具体时间，纳税人和扣缴义务人的规定不一致，容易混淆，需要学员重点辨析，可能同时出现在题目中作为迷惑项。

（1）从事生产、经营的纳税人——15 日内设置账簿。

（2）扣缴义务人——10 日内设置账簿。

24. 答案 C	本题考点 企业所得税收入总额	难易程度 难

解析

选项 C：表述过于绝对，要看安装程序是否简单。销售商品需要安装和检验的，在“购买方接受商品以及安装和检验完毕时”确认收入；如果安装程序比较简单，可在发出商品时确认收入。

易错易混

销售货物收入各种情形下收入确认时间

形式	企业所得税确认收入实现时间
采用托收承付方式的	办妥托收手续时
采用预收款方式的	发出商品时
商品需要安装和检验的	购买方接受商品以及安装和检验完毕时；如果安装程序比较简单的，可在发出商品时确认
采用支付手续费方式委托代销的	收到代销清单时
采用分期收款方式的	合同约定的收款日期
采用产品分成方式取得收入的	企业分得产品的日期

相关链接

其他各种收入确认时间

收入类型	企业所得税确认收入实现时间
提供劳务收入	（1）在各个纳税期末采用完工进度（完工百分比）法确认 （2）企业受托加工制造大型机械设备、船舶、飞机，以及从事建筑、安装、装配工程业务或者提供其他劳务等，持续时间超过 12 个月的，按照纳税年度内完工进度或者完成的工作量确认收入的实现
股息、红利等权益性投资收益	除国务院财政、税务主管部门另有规定外，被投资方作出利润分配决定的日期
利息收入	合同约定的债务人应付利息的日期
租金收入	合同约定的承租人应付租金的日期 【提示】如果交易合同或协议中规定的租赁期限跨年度，且租金提前一次性支付的，出租人可对上述已确认的收入，在租赁期内，分期均匀计入相关年度收入

续表

收入类型	企业所得税确认收入实现时间
特许权使用费收入	合同约定的特许权使用人应付特许权使用费的日期
接受捐赠收入	实际收到捐赠资产的日期

二、多项选择题

1. 答案 AB	本题考点　仲裁的适用范围	难易程度　易

解析　选项 CD：关于婚姻、收养、监护、扶养、继承的纠纷不得提请仲裁。

2. 答案 ABCD	本题考点　会计工作岗位的设置	难易程度　易

解析　出纳不得兼任（兼管）稽核（选项 B）、会计档案保管（选项 A）和收入、支出、费用、债权债务账目的登记工作（选项 CD）。

3. 答案 ABC	本题考点　会计专业职务与会计专业技术资格	难易程度　易

解析　选项 D：注册会计师是执业资格，而非会计专业职务。

考点提炼

会计专业职务级别		会计专业职务名称
初级职务		助理会计师
中级职务		会计师
高级职务	副高级	高级会计师
	正高级	正高级会计师

4. 答案 ABCD	本题考点　会计职业道德	难易程度　易

解析　会计职业道德主要包括爱岗敬业、诚实守信、廉洁自律（选项 D）、客观公正（选项 B）、坚持准则（选项 A）、提高技能、参与管理（选项 C）、强化服务等内容。

考点提炼

会计职业道德的主要内容	对会计人员的具体要求
爱岗敬业	（1）正确认识会计职业，树立职业荣誉感 （2）热爱会计工作，敬重会计职业 （3）安心工作，任劳任怨 （4）严肃认真，一丝不苟 （5）忠于职守，尽职尽责
诚实守信	（1）做老实人，说老实话，办老实事，不搞虚假 （2）保密守信，不为利益所诱惑 （3）执业谨慎，信誉至上
廉洁自律	（1）树立正确的人生观和价值观 （2）公私分明、不贪不占 （3）遵纪守法，一身正气
客观公正	（1）端正态度，依法办事 （2）实事求是，不偏不倚 （3）如实反映，保持应有的独立性
坚持准则	（1）熟悉国家法律、法规和国家统一的会计制度，始终坚持按法律、法规和国家统一的会计制度的要求进行会计核算，实施会计监督 （2）在实际工作中，应当以准则作为自己的行动指南，在发生道德冲突时，应坚持准则，维护国家利益、社会公众利益和正常的经济秩序
提高技能	（1）具有不断提高会计专业技能的意识和愿望 （2）具有勤学苦练的精神和科学的学习方法，刻苦钻研，不断进取，提高业务水平
参与管理	在做好本职工作的同时，努力钻研业务，全面熟悉本单位经营活动和业务流程，主动提出合理化建议，积极参与管理，使管理活动更有针对性和实效性
强化服务	树立服务意识，提高服务质量，努力维护和提升会计职业的良好社会形象

5. 答案 CD　|　本题考点　票据责任　|　难易程度　难

解析

（1）选项 A：银行本票自出票之日起，提示付款期限最长不得超过 2 个月。

（2）选项 B：银行汇票的提示付款期限为自出票日起 1 个月。

易错易混

票据提示付款期限的规定，详见 P190 不定项（二）第 2 题。

6. 答案 ACD	本题考点 非全日制用工	难易程度 易

解析 选项B：非全日制用工双方当事人不得约定试用期。

7. 答案 ABD	本题考点 工伤认定	难易程度 难

解析 选项C：应当认定为工伤（而非视同工伤）。

考点提炼 视同工伤，考虑“非工作原因”造成的伤亡。

易错易混

工伤的认定

<table>
<tr><td rowspan="6">应当认定工伤</td><td rowspan="2">在工作时间和工作场所内</td><td>因工作原因受到事故伤害的</td></tr>
<tr><td>因履行工作职责受到暴力等意外伤害的</td></tr>
<tr><td>工作时间前后在工作场所内</td><td>从事与工作有关的预备性或收尾性工作受到事故伤害的</td></tr>
<tr><td>因工外出期间</td><td>由于工作原因受到伤害或者发生事故下落不明的</td></tr>
<tr><td>在上下班途中</td><td>受到非本人主要责任的交通事故或者城市轨道交通、客运轮渡、火车事故伤害的</td></tr>
<tr><td colspan="2">患职业病的</td></tr>
<tr><td rowspan="3">视同工伤</td><td>在工作时间和工作岗位</td><td>突发疾病死亡或者在48小时内经抢救无效死亡的</td></tr>
<tr><td>原在军队服役</td><td>因战、因公负伤致残，已取得革命伤残军人证，到用人单位后旧伤复发的</td></tr>
<tr><td colspan="2">在抢险救灾等维护国家利益、公共利益活动中受到伤害的</td></tr>
<tr><td rowspan="3">不认定为工伤</td><td colspan="2">故意犯罪</td></tr>
<tr><td colspan="2">醉酒或者吸毒</td></tr>
<tr><td colspan="2">自残或者自杀</td></tr>
</table>

8. 答案 ABC	本题考点 企业所得税纳税人	难易程度 易

解析 企业所得税纳税人包括各类企业、事业单位、社会团体、民办非企业单位和从事经营活动的其他组织；但依照中国法律、行政法规成立的个人独资企业（选项D）、合伙企业，不适用《企业所得税法》，不属于企业所得税纳税义务人。

9. 答案 ABD	本题考点　消费税纳税人	难易程度　易

解析

白酒的消费税在生产销售环节（选项 D）、委托加工环节（选项 A）、进口环节（选项 B）征收，白酒在零售环节（选项 C）不征收消费税。

10. 答案 ABCD	本题考点　增值税的征税范围	难易程度　易

解析

金融服务，是指经营金融保险的业务活动。包括贷款服务（选项 B）、直接收费金融服务（选项 C）、保险服务（选项 D）和金融商品转让（选项 A）。

相关链接

融资性售后回租业务是指承租方以融资为目的将资产出售给经批准从事融资租赁业务的企业后，又将该项资产从该融资租赁企业租回的行为。

11. 答案 BCD	本题考点　资产的税务处理	难易程度　难

解析

关于资产的税务处理，融资租赁方式和经营租赁方式是必考点，需要学员准确辨析，看清租赁方式是“经营租赁”还是“融资租赁”，再看清是“租入”还是“租出”，二者税务处理完全相反。

（1）选项 AD：未投入使用的除房屋、建筑物以外的固定资产，一般不涉及损耗的问题，所以不需要计提折旧。但是未投入使用的房屋、建筑物，它会经过风吹日晒雨淋等，仍会有损耗问题，所以即便未投入使用，仍需要计提折旧。

（2）选项 BC：经营租赁由出租方计算折旧费用在税前扣除，融资租赁由承租方计算折旧费用在税前扣除。

易错易混

可以计算折旧扣除 VS 不得计算折旧扣除，详见 P222 单选 18。

相关链接

下列无形资产不得计算摊销费用扣除：

（1）自行开发的支出已在计算应纳税所得额时扣除的无形资产。

（2）自创商誉。

（3）与经营活动无关的无形资产。

（4）其他不得计算摊销费用扣除的无形资产。

12. 答案 ABCD	本题考点 可以选择适用简易计税方法的应税行为	难易程度 难

解析

一般纳税人可以按照税法规定选择简易计税方法计税的应税行为主要有：

（1）公共交通运输服务（选项 B），包括轮客渡、公交客运、地铁、城市轻轨、出租车、长途客运、班车；

（2）电影放映服务（选项 D）、仓储服务、装卸搬运服务（选项 A）、收派服务和文化体育服务（选项 C）。

易错易混

可选择按照 3%征收率计税情形 VS 应当按照 3%征收率计税情形

征收率	适用情形
可选择按照3%征收率	一般纳税人销售自产的下列货物，可以选择按照简易办法依照 3%征收率计算缴纳增值税： （1）县级及县级以下小型水力发电单位生产的电力 （2）建筑用和生产建筑材料所用的砂、土、石料 （3）以自己采掘的砂、土、石料或其他矿物连续生产的砖、瓦、石灰（不含粘土实心砖、瓦） （4）用微生物、微生物代谢产物、动物毒素、人或动物的血液或组织制成的生物制品 （5）自来水 （6）商品混凝土（仅限于以水泥为原料生产的水泥混凝土）
	一般纳税人为建筑工程老项目提供的建筑服务，可以选择简易办法依照 3%的征收率征收增值税
	一般纳税人发生下列应税行为可以选择适用简易计税方法计税： （1）公共交通运输服务，包括轮客渡、公交客运、地铁、城市轻轨、出租车、长途客运、班车 （2）经认定的动漫企业为开发动漫产品提供的动漫脚本编撰、形象设计、背景设计、动画设计、分镜、动画制作、摄制、描线、上色、画面合成、配音、配乐、音效合成、剪辑、字幕制作、压缩转码（面向网络动漫、手机动漫格式适配）服务，以及在境内转让动漫版权（包括动漫品牌、形象或者内容的授权及再授权） （3）电影放映服务、仓储服务、装卸搬运服务、收派服务和文化体育服务 （4）以纳入“营改增”试点之日前取得的有形动产为标的物提供的经营租赁服务 （5）在纳入“营改增”试点之日前签订的尚未执行完毕的有形动产租赁合同
应当按照3%征收率	一般纳税人销售货物属于下列情形之一的，暂按简易办法依照 3%征收率计算缴纳增值税： （1）寄售商店代销寄售物品（包括居民个人寄售的物品在内） （2）典当业销售死当物品

相关链接

一般纳税人依3%征收率减按2%征收增值税情形

征收率	适用情形
依3%征收率减按2%征收	销售自己使用过的、按照规定不得抵扣且未抵扣过进项税额的固定资产（不动产除外）
	销售旧货

13. 答案 BCD	本题考点　城市维护建设税税收优惠	难易程度　易

解析

（1）选项A：对出口货物、劳务和跨境销售服务、无形资产以及因优惠政策退还增值税、消费税的，不退还已缴纳的城市维护建设税。

（2）选项BCD：对进口货物或者境外单位和个人向境内销售劳务、服务、无形资产缴纳的增值税、消费税税额，不征收城市维护建设税。

14. 答案 AC	本题考点　个人所得税应税所得项目	难易程度　易

解析

居民个人取得工资、薪金所得（选项A），劳务报酬所得（选项C），稿酬所得，特许权使用费所得，纳入综合所得，按纳税年度合并计算个人所得税。

15. 答案 ACD	本题考点　税务行政复议受理	难易程度　易

解析

选项B：申请人申请停止执行，行政复议机关认为其要求合理，决定停止执行的，可以停止执行（申请人只有申请权，是否停止取决于行政复议机关的决定）。

考点提炼

有下列情形之一的，可以停止执行：

（1）被申请人认为需要停止执行的。

（2）行政复议机关认为需要停止执行的。

（3）申请人申请停止执行，行政复议机关认为其要求合理，决定停止执行的。

（4）法律规定停止执行的。

三、判断题

1. 答案 √	本题考点　行政诉讼	难易程度　中

易错易混

行政诉讼的适用范围，详见P258判断9。

2. 答案 √	本题考点　会计工作的禁入规定	难易程度　中

易错易混

会计工作的禁入

终身禁入	因有提供虚假财务会计报告，做假账，隐匿或者故意销毁会计凭证、会计账簿、财务会计报告，贪污，挪用公款，职务侵占等与会计职务有关的违法行为被依法追究刑事责任的人员，不得再从事会计工作
5年禁入	（1）因伪造、变造会计凭证、会计账簿，编制虚假财务会计报告，隐匿或者故意销毁依法应当保存的会计凭证、会计账簿、财务会计报告，尚不构成犯罪的，5年内不得从事会计工作 （2）会计人员具有违反国家统一的会计制度的一般违法行为，情节严重的，5年内不得从事会计工作

3. 答案 √	本题考点　会计年度	难易程度　易

4. 答案 ×	本题考点　银行卡账户和交易	难易程度　中

解析　单位外币卡账户的资金应从其单位的外汇账户转账存入，不得在境内存取外币现钞。

相关链接　销户时，单位外币卡账户的资金应当转回其相应的外汇账户，不得提取现金。

5. 答案 √	本题考点　会计凭证	难易程度　中

解析　原始凭证记载的各项内容均不得“涂改”，“更改”则需要依法进行。

考点提炼

原始凭证的更改	原始凭证记载的各项内容均不得涂改	
	原始凭证金额有错误的	应当由出具单位重开，不得在原始凭证上更正
	原始凭证上除金额以外的其他事项有错误的	应当由出具单位重开或者更正，更正处应当加盖出具单位印章

6. 答案 ×	本题考点 工伤保险费的缴纳	难易程度 易

解析 用人单位缴纳工伤保险费，职工不缴纳。

相关链接 职工基本养老保险、职工基本医疗保险和失业保险费用由用人单位和劳动者共同缴纳。

7. 答案 ×	本题考点 房产税征收管理	难易程度 易

解析 房产税应在房产所在地（Y市）缴纳。

相关链接 房产税实行按年计算、分期缴纳的征收方法，具体纳税期限由省、自治区、直辖市人民政府确定。

8. 答案 ×	本题考点 增值税的税收优惠	难易程度 中

解析 对于个人销售住房分为两种情形，要看清销售的住房是“自建的”还是“购买的”。

（1）如果是“自建自用”的，免税。

（2）如果是“购买”的，则分地区分性质依据购置时间不同分别适用不同的政策。

易错易混 个人销售“自建”和“购买”住房的不同税务处理，详见P235不定项（一）第1题。

相关链接 对于个人销售购买的住房需要纳税时，无论是“全额”纳税还是“差额”纳税，均适用5%的征收率。

9. 答案 √	本题考点 个人所得税的税收优惠	难易程度 易

10. 答案 √	本题考点　税务行政复议审查和决定	难易程度　易

相关链接

税务行政复议审查和决定具体内容

审查	方法	行政复议原则上采用书面审查的方法
	工作人员	行政复议机构审理行政复议案件，应当由2名以上行政复议工作人员参加
	听证	（1）对重大、复杂的案件，申请人提出要求或者行政复议机构认为必要时，可以采取听证的方式审理 （2）听证应当公开举行，但是涉及国家秘密、商业秘密或者个人隐私的除外 （3）行政复议听证人员不得少于2人，听证主持人由行政复议机构指定
决定	期限	（1）行政复议机关应当自受理申请之日起60日内作出行政复议决定 （2）情况复杂，不能在规定期限内作出行政复议决定的，经行政复议机关的负责人批准，可以适当延期，并告知申请人和被申请人，但延期不得超过30日

四、不定项选择题

（一）

1. 答案 ACD	本题考点　试用期，保守商业秘密和竞业限制	难易程度　易

解析

（1）选项AB：同一用人单位与同一劳动者只能约定一次试用期。

（2）选项CD：竞业限制约定是劳动合同法律制度准许的，但最长期限不得超过2年。

2. 答案 C	本题考点　医疗期	难易程度　中

解析

选项C：实际工作年限10年以上的，在本单位工作年限5年以下的，医疗期为6个月。

考点提炼

医疗期的计算方法

实际工作年限	在本单位工作年限	医疗期期间	计算方法
<10年	<5年	3个月	6个月
	≥5年	6个月	12个月
≥10年	<5年		
	5年≤Y<10年	9个月	15个月
	10年≤Y<15年	12个月	18个月
	15年≤Y<20年	18个月	24个月
	≥20年	24个月	30个月

3. 答案 BD	本题考点 医疗期	难易程度 中

解析

医疗期内不得无过失性辞退或经济性裁员解除劳动合同，如医疗期内遇合同期满，则合同必须续延至医疗期满（选项 B），职工在此期间仍然享受医疗期内待遇（例如，领取病假工资）（选项 D）。

相关链接

对医疗期满尚未痊愈者，或者医疗期满后，不能从事原工作，也不能从事用人单位另行安排的工作，被解除劳动合同的，用人单位需按经济补偿金规定给予其经济补偿金。

4. 答案 BC	本题考点 保守商业秘密和竞业限制，劳动合同的解除和终止	难易程度 中

解析

（1）选项 AB：甲公司拒绝支付竞业限制的补偿金，而孙某同意，视为竞业限制协议已经解除，孙某进入丙公司从事与甲公司业务相竞争的工作，不违反其与甲公司的竞业限制协议。

（2）选项 CD：劳动合同期满终止固定期限劳动合同的，用人单位应当向劳动者支付经济补偿，用人单位维持或者提高劳动合同约定条件续订劳动合同，劳动者不同意续订的除外。

考点提炼

情形		是否支付经济补偿金
劳动合同期满	用人单位维持或提高原条件续订而劳动者拒绝	×
	用人单位决定不续订或降低条件续订	√
劳动者开始依法享受基本养老保险待遇的		×
劳动者达到法定退休年龄的		×
劳动者死亡，或者被人民法院宣告死亡或者宣告失踪的		×
用人单位被依法宣告破产的		√
用人单位被吊销营业执照、责令关闭、撤销或者用人单位决定提前解散的		√

（二）

1. 答案 D	本题考点 偶然所得应纳个人所得税的计算	难易程度 易

解析

（1）选项 AC：购买体育彩票的支出（700 元）不得扣除。

（2）选项 BD：福利彩票、体育彩票中奖收入“10000 元”以下（含 10000 元）免税，超过的，全额征税，杨某 1 月体育彩票中奖收入应纳个人所得税税额 = 每次收入额×20% = 20000×20% = 4000（元）。

2. 答案 ABCD	本题考点　个人所得税的税收优惠	难易程度　中

解析

“不缴纳”个人所得税包含“不征收”和“免征”两种情况，学员应注意区分。

（1）选项 A：房屋产权所有人将房屋产权无偿赠与配偶、父母、子女、祖父母、外祖父母、孙子女、外孙子女、兄弟姐妹，对当事双方不征收个人所得税。

（2）选项 B：储蓄存款利息所得暂免征收个人所得税。

（3）选项 C：企业在向个人销售商品（产品）和提供服务的同时给予赠品，不征收个人所得税。

（4）选项 D：企业对累积消费达到一定额度的个人按消费积分反馈礼品，不征收个人所得税。

相关链接

房屋产权所有人将房屋产权无偿赠与他人

具体情形	税务处理
房屋产权所有人将房屋产权无偿赠与配偶、父母、子女、祖父母、外祖父母、孙子女、外孙子女、兄弟姐妹	对当事双方不征收个人所得税
房屋产权所有人将房屋产权无偿赠与对其承担直接抚养或者赡养义务的抚养人或者赡养人	
房屋产权所有人死亡，依法取得房屋产权的法定继承人、遗嘱继承人或者受遗赠人	
除上述三项情形外的房屋产权所有人将房屋产权无偿赠与他人	受赠人因无偿受赠房屋取得的受赠收入，按照“偶然所得”项目计算缴纳个人所得税

3. 答案 B	本题考点　财产租赁所得应纳个人所得税的计算	难易程度　中

解析

在计算财产租赁所得时，为了不加重纳税人的负担，所以国家规定可以扣除较多的费用。

（1）第 1 项是财产租赁过程中缴纳的税费（本题为 720 元）。

（2）第 2 项是实际发生的修缮费（没有发生则不扣，本题没有实际发生，不需要考虑）。

（3）第 3 项是法定扣除费用，4000 元以下减除 800 元，4000 元以上减除 20%（本题属于这种情形）。

因此，杨某 4 月出租商铺应缴纳个人所得税税额 =（6000 − 720）×（1 − 20%）× 20% = 844.8（元）。

4. 答案 C	本题考点 综合所得个人所得税的计算	难易程度 难

解析

综合所得应纳税额的计算，这一知识点比较综合，考试时以计算为主，需要学员准确掌握综合所得的四项内容及各个扣除项目。考试时一般给出许多干扰项，需要学员进行辨别。

（1）应纳税所得额=105600-60000-20250-12000×50%=19350（元），查找税率表，适用税率 3%、速算扣除数 0。

（2）应纳税额=19350×3%-0=580.5（元）。

	项目	计税收入额	扣除项目
居民个人综合所得	工资、薪金所得	105600 元	①减除费用：60000 元 ②专项扣除：20250 元 ③专项附加扣除：12000 元×50% ④依法确定的其他扣除：无
	劳务报酬所得	无	
	稿酬所得	无	
	特许权使用费所得	无	

考点提炼

综合所得应纳税额的计算

综合所得包含项目	应纳税所得额		计税公式
	计入综合所得的收入额	扣除项目	
工资、薪金所得	全额计入收入额	（1）基本减除费用 6 万元/年 （2）专项扣除 （3）专项附加扣除 （4）依法确定的其他扣除	应纳税额=（全年收入额-60000 元-专项扣除-专项附加扣除-依法确定的其他扣除）×适用税率-速算扣除数
劳务报酬所得	收入×（1-20%）		
特许权使用费所得	收入×（1-20%）		
稿酬所得	收入×（1-20%）×70%		

（三）

1. 答案 C	本题考点 消费税应纳税额的计算	难易程度 易

解析

（1）选项 AB：题目明确交代“203 万元”不含增值税，无须价税分离。

（2）销售货物同时收取的包装费属于价外费用，应价税分离后并入销售额。

2. 答案 D	本题考点 增值税销项税额的计算	难易程度 中

解析

（1）自产产品对外赠送，增值税视同销售计算销项税额。

（2）由于甲企业存在“同类化妆品的平均销售价格”，无须组成计税价格计算。

（3）甲企业当月赠送自产 Y 型高档化妆品增值税销项税额=不含增值税的同类化妆品平均销售价格（17 万元）×增值税税率（13%）=2.21（万元）。

3. 答案 B	本题考点 简易计税方法应纳增值税的计算	难易程度 中

解析

（1）选项 AC：纳税人提供租赁服务采取预收款方式的，增值税纳税义务发生时间为“收到预收款的当天”；因此，预收的全年租金 37.8 万元（而非 3.15 万元）均应在本月申报缴纳增值税。

（2）选项 BD：租金收入题目明确交代为含增值税租金，应价税分离处理。

相关链接

含税 VS 不含税，详见 P126 单选 7。

4. 答案 CD	本题考点 不得从销项税额中抵扣的进项税额	难易程度 中

解析

进项税额的抵扣，主要考查两个方面，其一是取得的凭证是否合法，其二是用途是否合理，只有都满足的情况下才可以抵扣进项税额。

（1）选项 AB：凭证合法，用途合理，可以抵扣进项税额。

（2）选项 C：凭证不合法（取得的是增值税“普通”发票），用途不合理（纳税人的交际应酬消费属于个人消费，购进服务用于个人消费），不可以抵扣进项税额。

（3）选项 D：凭证合法，用途不合理（购进货物用于集体福利），不可以抵扣进项税额。

2018 年会计专业技术资格考试《经济法基础》试题（1）

参考答案及解析

扫码看答案

使用“微信”或“会计云课堂”App 扫描右侧二维码，即可查阅电子版答案及解析，“手机看答案更轻松”。

一、单项选择题

1. 答案 A	本题考点 消费税的征税范围	难易程度 易

解析

（1）选项 A：注意题目问的是“加征”，而不是“征收”。超豪华小汽车在零售环节“加征”一道消费税，“金银铂钻”在零售环节征收消费税。

（2）选项 BCD：游艇、电池、高档手表在生产销售环节、委托加工环节或进口环节征收消费税。

易错易混

消费税各征税环节，详见 P152 单选 9。

相关链接

在消费税的征税范围中，只有卷烟和超豪华小汽车是双环节征收消费税的：卷烟在“批发环节”加征一道消费税；超豪华小汽车在“零售环节”加征一道消费税。

2. 答案 C	本题考点 税款征收的方式	难易程度 中

解析

“零星分散、流动性大”——查验征收。

易错易混

税款征收方式

征收的方式	适用范围
查账征收	适用于财务会计制度健全，能够如实核算和提供生产经营情况，并能正确计算应纳税款和如实履行纳税义务的纳税人
查定征收	适用于生产经营规模较小、产品零星、税源分散、会计账册不健全，但能控制原材料或进销货的小型厂矿和作坊
查验征收	适用于纳税人财务制度不健全，生产经营不固定，零星分散、流动性大的税源
定期定额征收	适用于经主管税务机关认定和县以上税务机关（含县级）批准的生产、经营规模小，达不到规定设置账簿标准，难以查账征收，不能准确计算计税依据的个体工商户（包括个人独资企业）

相关链接

与“税款征收的方式”比较相似的知识点为“纳税申报的方式”，具体有以下几种：(1) 自行申报。(2) 邮寄申报。(3) 数据电文申报。(4) 其他方式（简易申报、简并征期等）。

3. 答案 B	本题考点　职工基本养老保险享受条件与待遇	难易程度　易

解析

选项 B：参加职工基本养老保险的个人，达到法定退休年龄时累计缴费“满 15 年”的，按月领取基本养老金。

4. 答案 A	本题考点　行政责任	难易程度　易

解析

选项 A：属于行政处罚。

易错易混

有关法律责任的种类，详见 P158 多选 1。

5. 答案 A	本题考点　企业银行结算账户的开立	难易程度　中

解析

预算单位专用存款账户（选项 A）、合格境外机构投资者在境内从事证券投资开立的人民币特殊账户和人民币结算资金账户，以及企业法人、非法人企业和个体工商户以外的其他单位开立基本存款账户、临时存款账户（因注册验资和增资验资开立的除外），仍实行核准制，其存款人持有相应账户的开户许可证。

相关链接

企业开立基本存款账户、临时存款账户、一般存款账户、专用存款账户（另有规定除外），个人开立个人银行结算账户，实行备案制。

6. 答案 D	本题考点 企业所得税征收管理	难易程度 易

解析

企业应当自纳税年度终了之日起5 个月内，向税务机关报送年度企业所得税纳税申报表，并汇算清缴，结清应缴应退税款。

相关链接

（1）企业应当自月份或者季度终了之日起 15 日内，向税务机关报送预缴企业所得税纳税申报表，预缴税款。

（2）企业在年度中间终止经营活动的，应当自实际经营终止之日起 60 日内，向税务机关办理当期企业所得税汇算清缴。

7. 答案 D	本题考点 印花税征税范围	难易程度 中

解析

现行印花税税目采取正列举形式，考试的出题点往往着眼于教材中给出的“特例”，目的在于让学员清楚辨析“征收”与“不征收”印花税的项目。

（1）选项 A：看清主体，发电厂和电网签订的购售电合同，正常交税；电网和用户签订的供用电合同，不征收印花税。

（2）选项 B：对纳税人以电子形式签订的各类应税凭证按规定征收印花税。

（3）选项 C：建设工程合同，包括勘察、设计、建筑、安装工程合同的总包合同、分包合同和转包合同。

（4）选项 D：企业与主管部门签订的租赁承包合同，不属于租赁合同，不征收印花税。

相关链接

印花税“应税合同”的特殊规定，详见 P178 单选 18。

8. 答案 C	本题考点 关税应纳税额的计算	难易程度 易

解析

滑准税是指关税的税率随着进口商品价格的变动而反方向变动的一种税率形式，即价格越高，税率越低，税率为比例税率。

相关链接

关税应纳税额的计算

计算方法	计算公式
从价税 ［一般的进（出）口货物］	应纳税额＝应税进（出）口货物数量×单位完税价格×适用税率

续表

计算方法	计算公式
从量税 （进口啤酒、原油等）	应纳税额＝应税进口货物数量×关税单位税额
复合税 （进口广播用录像机、放像机、摄像机等）	应纳税额＝应税进口货物数量×关税单位税额＋应税进口货物数量×单位完税价格×适用税率
滑准税 （进口规定适用滑准税的货物）	应纳税额＝应税进口货物数量×单位完税价格×适用税率 进口商品价格越高，（比例）税率越低

9. 答案 B	本题考点　增值税销项税额的计算	难易程度　中

解析

（1）自产货物用于职工福利，视同销售缴纳增值税。

（2）由于是新型羽绒服，题目亦未提及“同类价”，只能推定此羽绒服没有同类价，应按组成计税价格计算。

（3）羽绒服并非应税消费品，组成计税价格＝成本×（1+成本利润率），应纳税额＝组成计税价格×增值税税率＝成本×（1+成本利润率）×增值税税率＝100×1130×（1+10%）×13%＝16159（元）。

（4）如果改为适用比例税率计征的应税消费品（比如高档化妆品），那么组成计税价格＝成本×（1+成本利润率）÷（1−消费税税率）。

10. 答案 A	本题考点　企业所得税收入总额	难易程度　中

解析

（1）企业为促进商品销售而在商品价格上给予的价格折扣属于商业折扣，商品销售涉及商业折扣的，企业所得税上按照扣除商业折扣后的金额（不含增值税）确定销售商品收入金额。

（2）题干给出的 45.2 万元为含增值税价格，所以需要进行价税分离处理，甲电子公司在计算企业所得税应纳税所得额时应确认的产品销售收入＝45.2÷（1+13%）×90%＝36（万元）。

易错易混

企业所得税商业折扣 VS 现金折扣 VS 折让

销售方式	定义	企业所得税具体规定
商业折扣方式销售	企业为促进商品销售而在商品价格上给予的价格扣除	按照扣除商业折扣后的金额确定销售商品收入金额
现金折扣方式销售	债权人为鼓励债务人在规定的期限内付款而向债务人提供的债务扣除	按照扣除现金折扣前的金额确定销售商品收入金额 现金折扣在实际发生时作为财务费用扣除

续表

销售方式	定义	企业所得税具体规定
折让方式销售	企业因售出商品的质量不合格等原因而在售价上给予的减让	企业已经确认销售收入的售出商品发生销售折让，应当在发生当期冲减当期销售商品收入

相关链接

企业所得税其他特殊销售方式下销售收入的确认

销售方式	企业所得税具体规定
采用售后回购方式销售	销售的商品按售价确认收入，回购的商品作为购进商品处理 有证据表明不符合销售收入确认条件的，如以销售商品方式进行融资，收到的款项应确认为负债，回购价格大于原售价的，差额应在回购期间确认为利息费用
以旧换新方式销售	销售商品应当按照销售商品收入确认条件确认收入，回收的商品作为购进商品处理

11. 答案 B	本题考点　企业所得税不得扣除项目	难易程度　易

解析

（1）选项AC：在企业所得税税前据实扣除。

（2）选项B：注意“非广告性质赞助支出”与“广告费”不是同一概念。前者企业所得税税前不得扣除，后者企业所得税税前按规定限额内扣除。

（3）选项D：属于与应税收入对应的成本、费用，在企业所得税税前据实扣除。

易错易混

企业所得税不得扣除项目“相似”对比，详见P231多选14。

12. 答案 B	本题考点　劳动合同的解除和终止	难易程度　中

解析

选项B：属于“既不得无过失性辞退或经济性裁员解除劳动合同，也不得终止劳动合同”的情形之一。劳动者在医疗期内遇合同期满，合同必须续延至医疗期满，职工在此期间仍然享受医疗期内待遇。

考点提炼

既不得无过失性辞退或经济性裁员解除劳动合同，也不得终止劳动合同的情形	
病	从事接触职业病危害作业的劳动者未进行离岗前职业健康检查，或者疑似职业病患者在诊断或者医学观察期间的
	在本单位患职业病或者因工负伤并被确认丧失或者部分丧失劳动能力的
	患病或者非因工负伤，在规定的医疗期内的
女	女职工在孕期、产期、哺乳期的
老	在本单位连续工作满 15 年，且距法定退休年龄不足 5 年的

13. 答案 A | **本题考点** 企业所得税税额抵免及应纳税额的计算 | **难易程度** 难

解析

（1）境外所得的抵免限额＝境外所得 300×我国税率 25%＝75（万元），抵免限额（75 万元）>在境外已缴纳的所得税税额（60 万元），取“较小者”扣除，允许抵免的境外已纳税额为 60 万元。

（2）甲公司 2020 年度应缴纳的企业所得税＝境内外总所得应纳税额－允许抵免的境外已纳税额＝（1000+300）×25%－60＝265（万元）。

易错易混

抵免限额 VS 境外已纳税额，详见 P129 单选 13。

相关链接

企业可以选择按国（地区）别分别计算，或者不按国（地区）别汇总计算其来源于境外的应纳税所得额，并按照税法规定的税率，分别计算其可抵免境外所得税税额和抵免限额。上述方式一经选择，5 年内不得改变。

14. 答案 C | **本题考点** 资源税征税范围 | **难易程度** 易

解析

选项 C：在中华人民共和国领域和中华人民共和国管辖的其他海域“开发”应税资源的单位和个人，为资源税的纳税人，进口行为不需要缴纳资源税，同时人造石油也不属于资源税征税范围。

15. 答案 C | **本题考点** 法律关系的主体 | **难易程度** 易

解析

选项 C：“视为完全民事行为能力人”应同时满足 2 个条件：（1）16 周岁以上（≥16 周岁）的未成年人（<18 周岁）；（2）以自己的劳动收入为主要生活来源。在本题中，赵某的年龄未落入 16 至 18 周岁区间，仍属于限制民事行为能力人。

考点提炼

自然人的民事行为能力	分类标准
无民事行为能力人	不满 8 周岁（<8 周岁）的未成年人
	8 周岁以上的未成年人不能辨认自己行为的
	不能辨认自己行为的成年人
限制民事行为能力人	8 周岁以上（≥8 周岁）的未成年人
	不能完全辨认自己行为的成年人
完全民事行为能力人	18 周岁以上（≥18 周岁）的自然人
	16 周岁以上的未成年人，以自己的劳动收入为主要生活来源的，视为完全民事行为能力人

16. 答案 B	本题考点　商业汇票概述	难易程度　易

解析

选项 B：电子承兑汇票期限自出票日至到期日不超过1 年。

相关链接

纸质商业汇票的付款期限（自出票日至到期日），最长不得超过 6 个月。

17. 答案 B	本题考点　消费税应纳税额的计算	难易程度　难

解析

（1）白酒实行从价定率和从量定额复合方法计征消费税。

（2）关于白酒消费税的单位换算，1 千克 = 2×500 克 = 2 斤；1 吨 = 1000 千克 = 2000 斤；白酒消费税定额税率是 0.5 元/斤，所以每吨定额税率是 2000 × 0.5 = 1000（元）。

（3）“从量定额”计征部分 = 销售数量×定额税率 = 50×2000×0.5。

（4）“从价定率”计征部分应当使用不含增值税的销售额计算，所以需要对“含税”销售额 3390000 元进行价税分离，“从价定率”计征部分 = 不含税销售额×消费税比例税率 = 3390000÷（1+13%）×20%。

（5）甲酒厂当月应缴纳消费税税额 = 从量定额计征部分+从价定率计征部分 = 50×2000×0.5+3390000÷（1+13%）×20%。

易错易混

从价VS从量VS复合

税率及计税形式	适用项目	计税公式
定额税率（从量计征）	啤酒、黄酒、成品油	应纳税额=销售数量（移送使用数量、交货数量、进口数量）×定额税率
比例税率和定额税率并用（复合计征）	卷烟、白酒	应纳税额=销售数量（移送使用数量、交货数量、进口数量）×定额税率+不含税销售额（同类消费品售价、组成计税价格）×消费税比例税率
比例税率（从价计征）	除上述以外的其他项目	应纳税额=不含税销售额（同类消费品售价、组成计税价格）×消费税比例税率

18. 答案 B	本题考点 商业汇票的贴现	难易程度 中

解析

承兑、贴现是远期商业汇票特有的制度。见票即付的票据（选项ACD）无须、也不能办理贴现。

考点提炼

贴现是指票据持票人在票据“未到期”前为获得现金向银行贴付一定利息而发生的票据转让行为。

19. 答案 C	本题考点 契税的征税范围	难易程度 易

解析

土地、房屋的典当（选项A）、分拆（分割）、出租（选项B）和抵押（选项D），不属于契税的征税范围。

20. 答案 C	本题考点 车辆购置税税收优惠	难易程度 易

解析

（1）选项ABD：没有免税的规定，应该照章纳税。

（2）选项C：依照法律规定应当予以免税的外国驻华使馆、领事馆和国际组织驻华机构及其有关人员自用的车辆免征车辆购置税。

21. 答案 C	本题考点 增值税征收管理	难易程度 中

解析

选项C：纳税人采取托收承付和委托银行收款方式销售货物，为“发出货物并办妥托收手续”的当天。

相关链接

增值税纳税义务发生时间，详见 P147 不定项（三）第 3 题。

22. 答案 C	本题考点 劳动仲裁	难易程度 易

解析

选项 C：劳动关系存续期间因拖欠劳动报酬发生争议的，劳动者申请仲裁不受 1 年仲裁时效期间的限制；但是，劳动关系终止的，应当自劳动关系终止之日起 1 年内提出。

23. 答案 C	本题考点 税款征收措施	难易程度 易

解析

加收滞纳金的起止时间：自税款法定缴纳期限届满次日（5 月 16 日）起至纳税人、扣缴义务人实际缴纳或者解缴税款之日（7 月 14 日）止。

相关链接

滞纳金的加收标准：从滞纳税款之日起，按日加收滞纳税款万分之五的滞纳金。

24. 答案 D	本题考点 带薪年休假	难易程度 中

解析

选项 D：职工累计工作已满 1 年不满 10 年的，年休假 5 天。

考点提炼

累计工作年限	年休假的天数	不得享受当年年休假的情形	
		请病假累计	其他情形
1 年≤X<10 年	5 天	≥2 个月	（1）请事假累计≥20 天且单位不扣工资 （2）享受寒暑假的天数多于年休假天数
10 年≤X<20 年	10 天	≥3 个月	
X≥20 年	15 天	≥4 个月	

二、多项选择题

1. 答案 CD	本题考点 税款征收措施	难易程度 难

解析

（1）选项 A：“拍卖”属于税收强制执行措施。

（2）选项 B：“责令提供纳税担保”和“税收保全措施”均属于税款征收措施。

（3）选项 CD："冻结"和"扣押、查封"均为税收保全措施。

考点提炼

税务机关责令具有税法规定情形的纳税人提供纳税担保而纳税人拒绝提供纳税担保或无力提供纳税担保的，经县以上税务局（分局）局长批准，税务机关可以采取下列税收保全措施：

（1）书面通知纳税人开户银行或者其他金融机构冻结纳税人的金额相当于应纳税款的存款；

（2）扣押、查封纳税人的价值相当于应纳税款的商品、货物或者其他财产。

相关链接

税款征收措施：
- （1）责令缴纳
- （2）责令提供纳税担保
- （3）采取税收保全措施
- （4）采取强制执行措施
- （5）阻止出境

2. 答案 BCD	本题考点　票据权利时效	难易程度　难

解析

（1）选项 B：持票人对前手的追索权，自被拒绝承兑或者被拒绝付款之日起"6个月"。

（2）选项 C：持票人对支票出票人的权利，自出票日起"6个月"。

（3）选项 D：持票人对票据承兑人的权利自票据到期日起"2年"。

易错易混

票据权利消灭时效的具体规定，详见 P219 单选 9。

3. 答案 ABCD	本题考点　进项税额合法扣税凭证	难易程度　易

解析

增值税合法扣税凭证的种类：

（1）增值税专用发票（含税控机动车销售统一发票）（选项 D）。

（2）海关进口增值税专用缴款书（选项 C）。

（3）农产品收购发票。

（4）农产品销售发票（选项 A）。

（5）代扣代缴税款的完税凭证。

（6）符合规定的国内旅客运输发票等（选项 B）。

4. 答案 CD	本题考点 个人所得税应税所得项目	难易程度 中

解析

(1) 选项 AB：按照“工资、薪金所得”计缴个人所得税。

(2) 选项 CD：按照“劳务报酬所得”计缴个人所得税。

考点提炼

(1) 工资、薪金所得，是指个人因任职或者受雇取得的工资、薪金、奖金、年终加薪、劳动分红、津贴、补贴以及与任职或者受雇有关的其他所得。

(2) 劳务报酬所得，是指个人独立从事非雇佣的各种劳务取得的所得，包括从事设计、装潢、安装、制图、化验、测试、医疗、法律、会计、咨询、讲学、翻译、审稿、书画、雕刻、影视、录音、录像、演出、表演、广告、展览、技术服务、介绍服务、经纪服务、代办服务以及其他劳务取得的所得。

易错易混

工资薪金所得 VS 劳务报酬所得

	工资薪金所得	劳务报酬所得
特点	非独立、雇佣	独立、非雇佣
包含/不包含	下列项目不属于工资、薪金性质的补贴、津贴，不予征收个人所得税： ①独生子女补贴 ②执行公务员工资制度未纳入基本工资总额的补贴、津贴差额和家属成员的副食补贴 ③托儿补助费 ④差旅费津贴、误餐补助	下列项目属于劳务报酬所得： ①个人兼职取得的收入 ②律师以个人名义再聘请其他人员为其工作而支付的报酬 ③保险营销员、证券经纪人取得的佣金收入

相关链接

(1) 稿酬所得，是指个人因其作品以图书、报刊等形式出版、发表而取得的所得。

(2) 特许权使用费所得，是指个人提供专利权、商标权、著作权、非专利技术以及其他特许权的使用权取得的所得。

5. 答案 ABCD	本题考点 环境保护税征税范围	难易程度 易

解析

环境保护税的征税范围是法定的大气污染物（选项 C）、水污染物（选项 D）、固体废物（选项 B）和噪声（选项 A）等应税污染物。

6. 答案 AC	本题考点 企业所得税税收优惠	难易程度 难

解析

(1) 选项 AC：企业所得税“加计扣除”优惠有两个项目：①研究开发费用；②安置残疾人员所支付的工资。

（2）选项 B：广告费和业务宣传费超过法定扣除限额的部分，准予在以后纳税年度“结转扣除”（而非加计扣除）。

（3）选项 D：企业购置并实际使用规定的环保专用设备的投资额的 10%可以从企业当年的应纳税额中抵免。

相关链接

企业所得税税收优惠常见的考查内容

分类	具体规定
减半征收	花卉、茶以及其他饮料作物和香料作物的种植；海水养殖、内陆养殖
免税	蔬菜、谷物、薯类、油料、豆类、棉花、麻类、糖料、水果、坚果的种植；农作物新品种的选育；中药材的种植；林木的培育和种植；牲畜、家禽的饲养；林产品的采集；灌溉、农产品初加工、兽医、农技推广、农机作业和维修等农、林、牧、渔服务业项目；远洋捕捞
符合条件的技术转让所得	年度所得不超过 500 万元的部分免税
	超过 500 万元的部分减半征收
减计收入	（1）企业以《资源综合利用企业所得税优惠目录》规定的资源作为主要原材料，生产国家非限制和禁止并符合国家和行业相关标准的产品取得的收入，减按 90%计入收入总额 （2）自 2019 年 6 月 1 日起至 2025 年 12 月 31 日，社区提供养老、托育、家政等服务的机构，提供社区养老、托育、家政服务取得的收入，在计算应纳税所得额时，减按 90%计入收入总额
加计扣除	（1）研究开发费用 （2）安置残疾人员所支付的工资
抵扣应纳税所得额	创业投资企业采取股权投资方式投资于未上市的中小高新技术企业 2 年以上的，可以按照其投资额的 70%在股权持有满 2 年的当年抵扣该创业投资企业的应纳税所得额
抵免应纳税额	企业购置并实际使用规定的环境保护、节能节水、安全生产等专用设备的投资额的 10%抵免应纳税额

7. 答案 ABCD | **本题考点** 劳动合同的效力 | **难易程度** 易

解析

无效劳动合同的法律后果：（1）无效劳动合同，从订立时起就没有法律约束力（选项 A）。（2）劳动合同部分无效，不影响其他部分效力的，其他部分仍然有效（选项 B）。（3）劳动合同被确认无效，劳动者已付出劳动的，用人单位应当向劳动者支付劳动报酬（选项 C）。（4）劳动合同被确认无效，给对方造成损害的，有过错的一方应当承担赔偿责任（选项 D）。

8. 答案 ABCD	本题考点 增值税的税收优惠	难易程度 易

解析

选项ABCD：均属于营改增试点过渡政策中免征增值税的规定。

考点提炼

增值税的税收优惠内容较多，学员可分类掌握，涉及“专项民生服务”的一般可以享受免税待遇，具体如下：

（1）托儿所、幼儿园提供的保育和教育服务。

（2）养老机构提供的养老服务。

（3）残疾人福利机构提供的育养服务。

（4）婚姻介绍服务。

（5）殡葬服务。

（6）医疗机构提供的医疗服务。

（7）家政服务企业由员工制家政服务员提供家政服务取得的收入。

（8）学生勤工俭学提供的服务。

9. 答案 ABCD	本题考点 诉讼时效	难易程度 难

解析

在诉讼时效期间的最后6个月内，因下列障碍，不能行使请求权的，诉讼时效中止：（1）不可抗力（选项B）；（2）无民事行为能力人或者限制民事行为能力人没有法定代理人，或者法定代理人死亡、丧失民事行为能力、丧失代理权（选项CD）；（3）继承开始后未确定继承人或者遗产管理人（选项A）；（4）权利人被义务人或者其他人控制；（5）其他导致权利人不能行使请求权的障碍。

易错易混

诉讼时效中止VS诉讼时效中断，详见P135多选1。

10. 答案 ABD	本题考点 劳动合同的解除和终止	难易程度 中

解析

选项C：劳动合同期满，如果用人单位维持或者提高劳动合同约定条件续订劳动合同而劳动者不同意续订，用人单位不需支付经济补偿金；其他情形下，因劳动合同期满终止固定期限劳动合同的，用人单位应当向劳动者支付经济补偿金。

考点提炼

情形	是否支付经济补偿金
劳动者符合随时通知解除和不需要事先通知即可解除劳动合同规定情形而解除劳动合同的	√
由用人单位提出解除劳动合同并与劳动者协商一致而解除劳动合同的	
用人单位符合提前30日以书面形式通知劳动者本人或者额外支付劳动者1个月工资后，可以解除劳动合同规定情形而解除劳动合同的	
用人单位符合可裁减人员规定而解除劳动合同的	
除用人单位维持或者提高劳动合同约定条件续订劳动合同，劳动者不同意续订的情形外，劳动合同期满终止固定期限劳动合同的	
用人单位被依法宣告破产或者被吊销营业执照、责令关闭、撤销或者用人单位决定提前解散而终止劳动合同的	
以完成一定工作任务为期限的劳动合同因任务完成而终止的	
劳动者主动辞职而与用人单位协商一致解除劳动合同的	×
劳动者提前通知解除劳动合同的	
因劳动者过错解除劳动合同的	
劳动合同期满，用人单位维持或提高原条件续订而劳动者拒绝的	
劳动者开始依法享受基本养老保险待遇的	
劳动者达到法定退休年龄的	
劳动者死亡，或者被人民法院宣告死亡或者宣告失踪的	
地方各级人民政府及县级以上人民政府有关部门为安置就业困难人员提供的给予岗位补贴和社会保险补贴的公益性岗位，其劳动合同不适用劳动合同法有关支付经济补偿的规定的	

11. 答案 ABCD　　**本题考点**　工伤保险费的缴纳　　**难易程度**　易

解析

中华人民共和国境内的企业（选项B）、事业单位（选项C）、社会团体、民办非企业单位（选项D）、基金会、律师事务所、会计师事务所等组织的职工和个体工商户的雇工（选项A），均有依照规定享受工伤保险待遇的权利。

12. 答案 BCD	本题考点 汇兑	难易程度 中

解析

选项A：汇款回单只能作为汇出银行受理汇款的依据，不能作为该笔汇款已转入收款人账户的证明。

易错易混

汇款回单与收账通知

	汇款回单	收账通知
使用情形	汇出银行受理汇款人签发的汇兑凭证，经审查无误后，应及时向汇入银行办理汇款，并向汇款人签发汇款回单	汇入银行对开立存款账户的收款人，应将汇入款项直接转入收款人账户，并向其发出收账通知
功能	只能作为汇出银行受理汇款的依据，不能作为该笔汇款已转入收款人账户的证明	是银行将款项确已收入收款人账户的凭据

13. 答案 ABD	本题考点 支付结算概述	难易程度 易

解析

选项C：票据的出票日期必须使用中文大写。

考点提炼

- 支付结算基本要求
  - 必须使用统一规定印制的凭证
  - 记载内容应当真实，不得伪造、变造
  - 填写规范
    - 收款人名称应当记载全称或者规范化简称
    - 出票日期必须使用中文大写
    - 金额以中文大写和阿拉伯数码同时记载，二者必须一致
  - 签章为签名、盖章或者签名加盖章

14. 答案 ABD	本题考点 资产的税务处理	难易程度 难

解析

如果是“取得”时能确定支出的，则按照通俗理解确定即可，比如自行开发的，那么是能准确记录开发支出是多少的，不需要用到公允价值。如果是“取得”时不能确定支出的，则需要考虑公允价值，比如接受捐赠是“白得的”，所以要以该资产的公允价值和支付的相关税费为计税基础。

（1）选项ABD：通过捐赠、投资、非货币性资产交换、债务重组等方式取得的无形

资产，以该资产的公允价值和支付的相关税费为计税基础。
（2）选项 C：自行开发的无形资产，以开发过程中该资产符合资本化条件后至达到预定用途前发生的支出为计税基础。

考点提炼

无形资产的计税基础

取得方式	计税基础
外购的无形资产	购买价款和支付的相关税费，以及直接归属于使该资产达到预定用途发生的其他支出
自行开发的无形资产	开发过程中该资产符合资本化条件后至达到预定用途前发生的支出
通过捐赠、投资、非货币性资产交换、债务重组等方式取得的无形资产	该资产的公允价值和支付的相关税费

15. 答案 ABCD	本题考点 消费税的征税范围	难易程度 易

解析

对于此类消费税征税范围的题目，做题时先看是否属于消费税应税消费品，再看与具体的征税环节是否对应。
（1）选项 B：金银首饰在零售环节缴纳消费税。
（2）选项 ACD：高档化妆品、高档手表、白酒在生产销售、委托加工或进口环节缴纳消费税。

三、判断题

1. 答案 ×	本题考点 试用期	难易程度 易

解析

劳动合同仅约定试用期的，试用期不成立，该期限为劳动合同期限（劳动合同仍然是有效的）。

2. 答案 √	本题考点 民事诉讼程序	难易程度 易

解析

对终审判决，当事人不得上诉；如果发现确有错误，可以通过审判监督程序（也称“再审程序”）予以纠正。

相关链接

当事人不服地方人民法院第一审民事判决的，有权在判决书送达之日起 15 日内向上一级法院提起上诉。

3. 答案 √	本题考点 增值税的税收优惠	难易程度 易

考点提炼

（1）个人包括个体工商户和其他个人（自然人）。

（2）登记为一般纳税人的个体工商户不适用起征点的规定，登记为小规模纳税人的个体工商户适用起征点的规定。.

4. 答案 ×	本题考点 个人所得税纳税人	难易程度 中

解析

约翰在中国境内无住所，需要看其在中国境内累计居住时间。2019 年度，其 3 月 1 日入境，12 月 31 日离境，很明显在中国境内累计居住时间已经超过了 183 天，所以属于居民个人。

考点提炼

（1）在中国境内有住所，或者无住所而一个纳税年度内在中国境内居住累计满 183 天的个人，为居民个人。

（2）在中国境内无住所又不居住，或者无住所而一个纳税年度内在中国境内居住累计不满 183 天的个人，为非居民个人。

（3）纳税年度，自公历 1 月 1 日起至 12 月 31 日止。

易错易混

居民个人 VS 非居民个人，详见 P200 单选 15。

相关链接

（1）居民个人负有无限纳税义务，其所取得的所得，无论是来源于中国境内还是中国境外，都要在中国缴纳个人所得税。

（2）非居民个人承担有限纳税义务，只就其来源于中国境内的所得，向中国缴纳个人所得税。

5. 答案 ×	本题考点 税务行政复议管辖	难易程度 中

解析

对国家税务总局作出的具体行政行为不服的，向“国家税务总局”申请行政复议；对其“行政复议决定”不服，申请人可以向人民法院提起行政诉讼，也可以向国务院申请裁决；国务院的裁决为最终裁决。

相关链接

税务行政复议管辖的特殊规定

情形	复议机关
对两个以上税务机关以共同的名义作出的具体行政行为不服	向共同上一级税务机关申请行政复议
对税务机关与其他行政机关以共同的名义作出的具体行政行为不服	向共同上一级行政机关申请行政复议
对被撤销的税务机关在撤销以前所作出的具体行政行为不服	向继续行使其职权的税务机关的上一级税务机关申请行政复议
对税务机关作出逾期不缴纳罚款加处罚款的决定不服	向作出行政处罚决定的税务机关申请行政复议
对已处罚款和加处罚款都不服	向作出行政处罚决定的税务机关的上一级税务机关申请行政复议

6. 答案 ×	本题考点　房产税纳税人	难易程度　易

解析　产权未确定、租典纠纷未解决的，以房产代管人或者使用人为房产税纳税人。

7. 答案 √	本题考点　土地增值税税收优惠	难易程度　易

解析　纳税人建造普通标准住宅出售，增值额未超过扣除项目金额 20%的，予以免税；超过 20%的，应按全部增值额缴纳土地增值税，不是仅针对“超过部分”纳税。

相关链接　企事业单位、社会团体以及其他组织转让旧房作为公共租赁住房房源且增值额未超过扣除项目金额 20%的，免征土地增值税。

8. 答案 √	本题考点　银行卡计息与收费	难易程度　易

解析　发卡机构对向持卡人收取的违约金和年费、取现手续费、货币兑换费等服务费用不得计收利息。

考点提炼

信用卡相关款项

	是否计息	具体规定
准贷记卡存款	√	按照中国人民银行规定的同期同档次存款利率及计息办法计付利息（法定）
信用卡透支的款项	√	对信用卡透支利率实行上限和下限管理，透支利率上限为日利率万分之五，透支利率下限为日利率万分之五的0.7倍（法定）
信用卡溢缴款	是否计付利息及其利率标准，由发卡机构自主确定	
违约金和服务费用	×	——

9. 答案 ×	本题考点　企业银行结算账户的撤销	难易程度　易

解析

存款人尚未清偿其开户银行债务的，不得申请撤销该银行结算账户。

相关链接

应当撤销账户的情形：（1）被撤并、解散、宣告破产或关闭的；（2）注销、被吊销营业执照的；（3）因迁址需要变更开户银行的；（4）其他原因需要撤销银行结算账户的。

10. 答案 ×	本题考点　仲裁裁决	难易程度　易

解析

仲裁不实行级别管辖和地域管辖，仲裁委员会由当事人协议选定。

易错易混

经济仲裁VS民事诉讼

		经济仲裁	民事诉讼
提起的前提条件		存在有效仲裁协议	没有仲裁协议 仲裁协议无效 放弃仲裁协议
适用范围	人身关系纠纷	×	√
	劳动争议纠纷	×	√
	行政争议纠纷	×	×
	农村土地承包经营纠纷	×	√
审级制度		一裁终局	两审终审

续表

	经济仲裁	民事诉讼
管辖	由当事人选定仲裁委员会，不适用级别或地域管辖	严格的级别和地域管辖制度
是否公开审理	原则上不公开审理	原则上公开审理
是否开庭审理	√	√
强制执行机关	人民法院	

四、不定项选择题

（一）

1. 答案 AD | **本题考点** 增值税的征税范围 | **难易程度** 易

解析

选项 BC：属于“生活服务”。

考点提炼

现代服务和生活服务

现代服务	生活服务
围绕“制造业、文化产业、现代物流产业”提供技术性、知识性服务	满足“居民日常生活需求”提供的各类服务
（1）研发和技术服务 （2）信息技术服务 （3）文化创意服务 （4）物流辅助服务 （5）租赁服务（包括不动产、动产融资租赁服务和不动产、动产经营租赁服务） （6）鉴证咨询服务 （7）广播影视服务 （8）商务辅助服务 （9）其他现代服务	（1）文化体育服务 （2）教育医疗服务 （3）旅游娱乐服务 （4）餐饮住宿服务 （5）居民日常服务（例如，家政、婚庆、美容美发） （6）其他生活服务

2. 答案 ABD | **本题考点** 准予从销项税额中抵扣的进项税额 | **难易程度** 中

解析

进项税额的抵扣，主要考查两个方面，其一是取得的凭证是否合法，其二是用途是否合理，只有都满足的情况下才可以抵扣进项税额。

（1）选项 ABD：凭证合法，用途合理，可以抵扣进项税额。

（2）选项 C：纳税人购进的贷款服务、餐饮服务、居民日常服务和娱乐服务，不得抵扣进项税额。

3. 答案 ABCD	本题考点 增值税销项税额的计算	难易程度 难

解析

销项税额的计算，主要考查两个方面，其一是销售额是否含税、是否需要价税分离；其二是不同销售额各自的适用税率。考试时一般将适用税率作为已知条件给出，但是销售额具体是哪个税目需要学员自行判断。本题涉及的全部收入均为含税收入，均应价税分离处理。

（1）选项 A：餐饮设备出租属于现代服务—有形动产租赁服务（餐饮设备能随便移动，是有形动产），适用税率 13%。

（2）选项 B：餐饮、住宿属于生活服务，适用税率 6%。

（3）选项 C：车辆停放属于现代服务—不动产租赁服务（停车位不能随便移动，是不动产），适用税率 9%。

（4）选项 D：房屋出租属于现代服务—不动产租赁服务（房屋不能随便移动，是不动产），适用税率 9%。

4. 答案 B	本题考点 准予从销项税额中抵扣的进项税额	难易程度 易

解析

（1）选项 AC：纳税人购进的贷款服务、餐饮服务、居民日常服务和娱乐服务，不得抵扣进项税额。

（2）选项 BD：购进免税农产品，取得农产品销售发票的，准予抵扣进项税额。购进农产品用于餐饮服务，按照买价乘以9%的扣除率计算进项税额（100×9%）。

（二）

1. 答案 ABCD	本题考点 个人所得税应税所得项目	难易程度 易

解析

“工资、薪金所得”是指个人因任职或者受雇而取得的工资（选项 B）、薪金、奖金（选项 AC）、年终加薪、劳动分红、津贴、补贴（选项 D）以及与任职或者受雇有关的其他所得。

2. 答案 A	本题考点 个人所得税应纳税所得额的确定	难易程度 中

解析

综合所得中包含四项，其中劳务报酬所得和特许权使用费所得计入综合所得收入额的计算方法一致，即减除 20% 的费用，本题的“坑”在于劳务报酬所得不能减去相关支出（200 元）。居民个人计入综合所得应纳税所得额的劳务报酬所得的收入额 =

收入×（1-20%）= 1500×（1-20%）。

相关链接

劳务报酬所得在预扣预缴税款时，需要和 4000 元比较大小：

（1）每次收入不超过 4000 元的：

预扣预缴应纳税所得额 = 每次收入 -800

（2）每次收入 4000 元以上的：

预扣预缴应纳税所得额 = 每次收入×（1-20%）

3. 答案 B	本题考点 个人所得税应纳税所得额的确定	难易程度 中

解析

综合所得中包含四项，其中稿酬所得计入综合所得的收入额是在劳务报酬所得和特许权使用费所得计算方法的基础上再减按 70% 计算的。居民个人计入综合所得应纳税所得额的稿酬所得的收入额 = 收入×（1-20%）×70% = 5000×（1-20%）×70%。

考点提炼

综合所得包含项目	计入综合所得的收入额
工资、薪金所得	全额计入收入额
劳务报酬所得	收入×（1-20%）
特许权使用费所得	
稿酬所得	收入×（1-20%）×70%

相关链接

稿酬所得在预扣预缴税款时，需要和 4000 元比较大小：

（1）每次收入不超过 4000 元的：

预扣预缴税额 = 预扣预缴应纳税所得额×预扣率 =（每次收入 -800）×70%×20%

（2）每次收入在 4000 元以上的：

预扣预缴税额 = 预扣预缴应纳税所得额×预扣率 = 每次收入×（1-20%）×70%×20%

4. 答案 D	本题考点 利息、股息、红利所得应纳个人所得税的计算	难易程度 中

解析

（1）选项 AB：股息红利所得没有费用扣除规定，所以不能“×（1-20%）”。

（2）选项 CD：个人持有上市公司股票，持股时间在 1 个月以上至 1 年（含 1 年）的，股息红利所得暂减按 50% 计入应纳税所得额。

考点提炼

个人持有从公开发行和转让市场取得的上市公司股票而取得的股息红利所得的税务处理：

具体情形	处理规则
持股期限≤1 个月	全额计入应纳税所得额
1 个月<持股期限≤1 年	暂减按 50% 计入应纳税所得额
持股期限>1 年	暂免征收个人所得税

相关链接

自 2019 年 7 月 1 日起至 2024 年 6 月 30 日，个人持有全国中小企业股份转让系统挂牌公司的股票，股息红利所得的税务处理规则与上述处理规则完全一致。

（三）

1. 答案 ABD | **本题考点 会计档案的鉴定和销毁** | **难易程度 难**

解析

“单位负责人（选项 B）、档案管理机构负责人（选项 A）、会计管理机构负责人（选项 C）、档案管理机构经办人、会计管理机构经办人”均应在会计档案销毁清册上签署意见。

考点提炼

会计档案销毁清册

事项	具体规定	
编制	单位档案管理机构	
签署意见	（1）单位负责人 （2）档案管理机构负责人、会计管理机构负责人 （3）档案管理机构经办人、会计管理机构经办人	
监销人 核对、签章	纸质会计档案	单位档案管理机构、会计管理机构共同派员监销
	电子会计档案	单位档案管理机构、会计管理机构和信息系统管理机构共同派员监销

相关链接

会计档案的鉴定

鉴定时间	单位应当定期对已到保管期限的会计档案进行鉴定，并形成“会计档案鉴定意见书” 【提示】会计档案鉴定意见书应永久保存
鉴定结果	（1）经鉴定，仍需继续保存的会计档案，应当重新划定保管期限 （2）对保管期满，确无保存价值的会计档案，可以销毁
牵头机构	会计档案鉴定工作应当由单位档案管理机构牵头，组织单位会计、审计、纪检监察等机构或人员共同进行

2. 答案 ABC	本题考点 会计工作交接	难易程度 中

解析

（1）选项 A：移交人员在办理移交时，要按移交清册逐项移交；接替人员要逐项核对点收。

（2）选项 B：一般会计人员办理交接手续，由会计机构负责人（会计主管人员）监交。

（3）选项 C：交接完毕后，交接双方和监交人应当在移交清册上签名或盖章。

（4）选项 D：接替人员应当继续使用移交的会计账簿，不得自行另立新账，以保持会计记录的连续性。

相关链接

移交人员对所移交的会计凭证、会计账簿、会计报表和其他有关资料的合法性、真实性承担法律责任。

3. 答案 BCD	本题考点 财务会计报告	难易程度 中

解析

（1）选项 A：并非所有公司的财务会计报告都必须经过审计，有关法律、行政法规规定会计报表、会计报表附注和财务情况说明书须经注册会计师审计的，注册会计师及其所在的会计师事务所出具的审计报告应当随同财务会计报告一并提供。

（2）选项 BCD：财务会计报告应当由单位负责人和主管会计工作的负责人、会计机构负责人（会计主管人员）签名并盖章；设置总会计师的单位，还须由总会计师签名并盖章。

4. 答案 ABC	本题考点 违反会计法律制度的法律责任	难易程度 难

解析

编制虚假财务会计报告构成犯罪的，依法追究刑事责任；尚不构成犯罪的：（1）由县级以上人民政府财政部门予以通报，可以对单位并处5000 元以上 10 万元以下的罚款；（2）对其直接负责的主管人员和其他直接责任人员，可以处3000 元以上 5 万元以下的罚款（选项 A）；（3）属于国家工作人员的，还应当由其所在单位或者有关单位依法给予撤职直至开除的行政处分；（4）其中的会计人员，5 年内不得从事会计工作(选项 C)。

易错易混

有关违法行为的法律责任，详见 P169 不定项（三）第 4 题。

2018年会计专业技术资格考试《经济法基础》试题（2）

参考答案及解析

扫码看答案

使用“微信”或“会计云课堂”App扫描右侧二维码，即可查阅电子版答案及解析，“手机看答案更轻松”。

一、单项选择题

1. 答案 A	本题考点　增值税销项税额的计算	难易程度　易

解析

（1）选项BD：取得的奖金（5.3万元）属于价外费用，应当并入销售额计税。

（2）选项AC：收入318万元题干明确为“含税”收入，价外费用也默认含税，所以均需要进行价税分离处理，该业务应计算的销项税额＝（318+5.3）/（1+6%）×6%＝18.3（万元）。

相关链接

增值税价外费用，包括价外向购买方收取的手续费、补贴、基金、集资费、返还利润、奖励费、违约金、滞纳金、延期付款利息、赔偿金、代收款项、代垫款项、包装费、包装物租金、储备费、优质费、运输装卸费以及其他各种性质的价外收费。

2. 答案 C	本题考点　增值税的征税范围	难易程度　中

解析

（1）选项A：单位或者个体工商户聘用的员工为本单位或者雇主提供加工、修理修配劳务，不征收增值税。

（2）选项B：属于“销售建筑服务”。

（3）选项D：属于“销售交通运输服务”。

考点提炼

“销售加工、修理修配劳务”具体规定：

（1）加工，是指受托加工货物，即委托方提供原料及主要材料，受托方按照委托方的要求，制造货物并收取加工费的业务。

（2）修理修配，是指受托对损伤和丧失功能的货物进行修复，使其恢复原状和功能的业务。

相关链接

修理修配 VS 修缮服务

修理修配——有形动产(对象一般为货物)。

修缮服务——不动产(对象一般为建筑物、构筑物)。

3. 答案 A	本题考点　增值税的税收优惠	难易程度　易

解析

增值税的税收优惠考点比较常规，但是出题形式一般为“偷换概念”，比如偷换主体或者偷换客体，需要学员准确记忆。

(1) 选项 A：免征增值税。

(2) 选项 B：装修公司提供的装饰服务，应按“建筑服务”计缴增值税。

(3) 选项 C：注意主体，个人(而非“企业”）转让著作权免征增值税。

(4) 选项 D：注意客体，福利彩票、体育彩票的“发行”收入免征增值税；而代销手续费收入应按“现代服务——商务辅助服务”计缴增值税。

4. 答案 D	本题考点　消费税税目	难易程度　易

解析

(1) 选项 ABC：消费税税目中的酒，包括白酒、黄酒、啤酒和其他酒。其他酒包括糠麸白酒、其他原料白酒、果木酒、药酒、葡萄酒等。

(2) 选项 D：调味料酒不征收消费税。

相关链接

(1) 酒精不属于消费税应税消费品，不征收消费税。

(2) 对饮食业、商业、娱乐业举办的啤酒屋（啤酒坊）利用啤酒生产设备生产的啤酒，应当征收消费税。

5. 答案 A	本题考点　消费税应纳税额的计算	难易程度　中

解析

消费税的计税依据只有销售额和销售数量两种，想要准确判断不同应税消费品的计税依据必然需要判断是从价计税、从量计税还是复合计税。

(1) 选项 BC：啤酒、黄酒、成品油，从量定额计征消费税，计税依据是“销售数量”，与“销售额”没有关系。

(2) 选项 AD：纳税人销售应税消费品的，计税依据为应税消费品的“销售数量”(而非生产数量)。

考点提炼

“销售数量”确定的基本规则

情形	具体规定
销售应税消费品的	应税消费品的销售数量
自产自用应税消费品的	应税消费品的移送使用数量

续表

情形	具体规定
委托加工应税消费品的	纳税人收回的应税消费品数量
进口应税消费品的	海关核定的应税消费品进口征税数量

6. 答案 C	本题考点　企业所得税纳税人	难易程度　易

解析

企业所得税纳税人包括各类企业（选项AD）、事业单位（选项B）、社会团体、民办非企业单位和从事经营活动的其他组织；但依照中国法律、行政法规成立的个人独资企业（选项C）、合伙企业，不适用《企业所得税法》，不属于企业所得税纳税义务人。

7. 答案 D	本题考点　企业所得税不征税收入	难易程度　中

解析

关于不征税收入，一般和免税收入一起考查，考查学员对二者的辨析，从法理角度掌握即可解题，不征税收入不属于企业所得税的征税范围，这是因为不征税收入一般不以营利活动为目的。而免税收入属于企业所得税的征税范围，只是国家给予了税收优惠。

（1）选项A：属于免税收入。

（2）选项B：属于应税收入。

（3）选项C：股息收入如果符合免税条件，属于免税收入，否则属于应税收入。

（4）选项D：属于不征税收入。

易错易混

不征税收入VS免税收入

	不征税收入	免税收入
具体项目	（1）财政拨款 （2）依法收取并纳入财政管理的行政事业性收费、政府性基金 （3）企业取得的由国务院财政、税务主管部门规定专项用途并经国务院批准的财政性资金 （4）县级以上人民政府将国有资产无偿划入企业，凡指定专门用途并按规定进行管理的，企业可作为不征税收入进行企业所得税处理 （5）全国社会保障基金理事会及基本养老保险基金投资管理机构在国务院批准的投资范围内，运用养老基金投资取得的归属于养老基金的投资收入 （6）全国社会保障基金取得的直接股权投资收益、股权投资基金收益	（1）国债利息收入 （2）符合条件的居民企业之间的股息、红利等权益性投资收益 （3）在中国境内设立机构、场所的非居民企业从居民企业取得与该机构、场所有实际联系的股息、红利等权益性投资收益 （4）符合条件的非营利组织的收入

续表

	不征税收入	免税收入
区别	不征税收入是收入本身不属于征税范围 免税收入则是属于征税范围，但国家给予了税收优惠	
联系	不征税收入和免税收入均应计入企业收入总额，但在计算企业所得税应纳税所得额时应予以扣除	

相关链接

（1）不论是应税收入、免税收入、还是不征税收入，均应计入收入总额。

（2）企业的不征税收入用于支出所形成的费用，不得在计算应纳税所得额时扣除；企业的不征税收入用于支出所形成的资产，其计算的折旧、摊销不得在计算应纳税所得额时扣除。

8. 答案 B	本题考点	税务管理相对人实施税收违法行为的法律责任	难易程度　难

解析

“逃欠抗骗”是非常容易混淆的点，考试中可能考查各自的违法手段，也可能考查各自的法律责任，需要学员首先从字面意思上进行辨析。

（1）选项A：属于抗税行为。

（2）选项B：属于逃税行为。

（3）选项C：属于违反税务管理基本规定的行为。

（4）选项D：属于骗税行为。

易错易混

逃税 VS 欠税 VS 抗税 VS 骗税

行为	违法手段	法律责任
逃税	（1）纳税人伪造、变造、隐匿、擅自销毁账簿、记账凭证 （2）在账簿上多列支出或者不列、少列收入 （3）经税务机关通知申报而拒不申报 （4）经税务机关通知申报而进行虚假的纳税申报	由税务机关追缴其不缴或少缴的税款、滞纳金，并处不缴或者少缴的税款“50%以上5倍以下”的罚款；构成犯罪的，依法追究刑事责任
欠税	采取“转移或者隐匿”财产的手段，妨碍税务机关追缴欠缴税款	由税务机关追缴欠缴的税款、滞纳金，并处欠缴税款“50%以上5倍以下”的罚款；构成犯罪的，依法追究刑事责任

续表

行为	违法手段	法律责任
抗税	纳税人、扣缴义务人以“暴力、威胁”方法拒不缴纳税款	除由税务机关追缴其拒缴的税款、滞纳金外，依法追究刑事责任；情节轻微、未构成犯罪的，由税务机关追缴其拒缴的税款、滞纳金，并处拒缴税款“1 倍以上 5 倍以下”的罚款
骗税	以假报出口或其他欺骗手段骗取出口退税款	由税务机关追缴其骗取的退税款，并处骗取税款“1 倍以上 5 倍以下”的罚款；构成犯罪的，依法追究刑事责任

相关链接

有逃税行为，经税务机关依法下达追缴通知后，补缴应纳税款，缴纳滞纳金，已受行政处罚的，不予追究刑事责任；但是，5 年内因逃避缴纳税款受过刑事处罚或者被税务机关给予2 次以上行政处罚的除外。

9. 答案 D	本题考点　资产的税务处理	难易程度　易

解析

林木类生产性生物资产，计算折旧的最低年限为10 年。记忆口诀：“三年畜、十年木”。

相关链接

生产性生物资产的计税基础：

（1）外购的生产性生物资产，以购买价款和支付的相关税费为计税基础。

（2）通过捐赠、投资、非货币性资产交换、债务重组等方式取得的生产性生物资产，以该资产的公允价值和支付的相关税费为计税基础。

10. 答案 D	本题考点　资产的税务处理	难易程度　难

解析

关于资产的税务处理，融资租赁方式和经营租赁方式是必考点，需要学员准确辨析，看清租赁方式是“经营租赁”还是“融资租赁”，再看清是“租入”还是“租出”，二者税务处理完全相反。

（1）选项 AB：经营租赁由出租方计算折旧费用在税前扣除，融资租赁由承租方计算折旧费用在税前扣除。

（2）选项 C：已经足额提取折旧仍继续使用的固定资产，不得计算折旧费用在税前扣除；但如果发生了改建支出的，可以作为长期待摊费用，按照固定资产预计尚可使用年限分期摊销。

（3）选项 D：未投入使用的除房屋、建筑物以外的固定资产，一般不涉及损耗的问题，所以不需要计提折旧。但是未投入使用的房屋、建筑物（本题为厂房），它会经过风吹日晒雨淋等，仍会有损耗问题，所以即便未投入使用，仍需要计提折旧。

易错易混

可以计算折旧扣除 VS 不得计算折旧扣除，详见P222单选18。

11. 答案 B	本题考点　烟叶税纳税人	难易程度　易

解析

（1）选项CD：香烟不属于烟叶税的征税范围。

（2）选项AB：因为我国实行烟草专卖制度，烟叶税的纳税人具有特定性，一般是有权收购烟叶的烟草公司或者受其委托收购烟叶的“单位”，不能是个人。

12. 答案 C	本题考点　消费税税目	难易程度　易

解析

电脑不属于消费税的征税范围。

考点提炼

消费税的15个税目

税目	征税范围
烟	（1）包括卷烟（复合计税）、雪茄烟、烟丝 （2）不包括烟叶
酒	（1）包括白酒（复合计税）、黄酒（从量定额）、啤酒（从量定额）、其他酒 （2）不包括调味料酒
高档化妆品	包括高档美容、修饰类化妆品、高档护肤类化妆品和成套化妆品
贵重首饰及珠宝玉石	（1）包括金银首饰、铂金首饰和钻石及钻石饰品（零售环节征税） （2）包括其他贵重首饰和珠宝玉石 （3）宝石坯是经采掘、打磨、初级加工的珠宝玉石半成品，对宝石坯按规定征收消费税
鞭炮、焰火	（1）包括各种鞭炮、焰火 （2）不包括体育上用的发令纸、鞭炮药引线
成品油	包括汽油、柴油、石脑油、溶剂油、航空煤油、润滑油、燃料油
摩托车	（1）包括气缸容量在250毫升（含）以上的 （2）不包括气缸容量在250毫升以下的
小汽车	（1）包括乘用车、中轻型商用客车、超豪华小汽车 （2）不包括电动汽车、沙滩车、雪地车、卡丁车、高尔夫车

续表

税目	征税范围
高尔夫球及球具	包括高尔夫球、高尔夫球杆及高尔夫球包（袋）、高尔夫球杆的杆头、杆身和握把
高档手表	销售价格（不含增值税）每只在10000元（含）以上的各类手表
游艇	（1）包括机动艇 （2）不包括无动力艇、帆艇
木制一次性筷子	（1）包括木制一次性筷子和未经打磨、倒角的木制一次性筷子 （2）不包括竹制一次性筷子
实木地板	包括各类规格的实木地板、实木指接地板、实木复合地板及用于装饰墙壁、天棚的实木装饰板以及未经涂饰的素板
电池	（1）对锂原电池、太阳能电池、燃料电池等免征消费税 （2）自2016年1月1日起，对铅蓄电池按4%税率征收消费税
涂料	对施工状态下挥发性有机物（VOC）含量低于420克/升（含）的涂料免征消费税

13. 答案 C | **本题考点** 城镇土地使用税应纳税额的计算 | **难易程度** 难

解析

（1）选项BD：甲贸易公司位于农村的仓库，占用的并非纳税区域内的土地，无须缴纳城镇土地使用税。

（2）选项AC：纳税主体是甲贸易公司，对其办公区或者生活区占地不存在免征或减征城镇土地使用税的规定，因此，甲贸易公司的全部市区占地（共计5000平方米）均应缴纳城镇土地使用税。

考点提炼

（1）凡在“城市、县城、建制镇、工矿区范围内”（不包括农村）的土地，不论是属于国家所有的土地，还是集体所有的土地，都属于城镇土地使用税的征税范围。

（2）年应纳税额=实际占用应税土地面积（平方米）×适用税额

易错易混

房产税VS城镇土地使用税

要素	城镇土地使用税	房产税
纳税人	土地使用权拥有人、代管人或实际使用人	房屋产权所有人、承典人、房产代管人或使用人
征税范围	城市、县城、建制镇、工矿区的“土地”（不包括农村）	城市、县城、建制镇、工矿区的“房屋”（不包括农村）

续表

要素	城镇土地使用税	房产税
税率	定额税率	比例税率
计税依据	按实际占用的土地面积从量计征	从价按房产余值计征；从租按不含税租金计征
纳税期限	按年计算、分期缴纳	

相关链接

城镇土地使用税的计税依据是纳税人实际占用的土地面积，具体按以下办法确定：

（1）凡由省级人民政府确定的单位组织测定土地面积的，以测定的土地面积为准。

（2）尚未组织测定，但纳税人持有政府部门核发的土地使用证书的，以证书确定的土地面积为准。

（3）尚未核发土地使用证书的，应当由纳税人据实申报土地面积，并据以纳税，待核发土地使用证书后再作调整。

14. 答案 B	本题考点　房产税征税范围	难易程度　易

解析

房产税的征税范围为城市、县城、建制镇、工矿区（不包括农村）的“房屋”。

15. 答案 C	本题考点　关税税率	难易程度　难

解析

对原产于与我国签订含有特殊关税优惠条款的贸易协定的国家或地区的进口货物，按“特惠税率”征收关税。

考点提炼

（1）关税的税率分为进口税率和出口税率两种。

（2）进口税率又分为普通税率、最惠国税率、协定税率、特惠税率、关税配额税率和暂定税率。

易错易混

关税税率的种类

普通税率	（1）原产于未与我国共同适用最惠国条款的世界贸易组织成员国或地区，未与我国订有相互给予最惠国待遇、关税优惠条款贸易协定和特殊关税优惠条款贸易协定的国家或者地区的进口货物 （2）原产地不明的货物
最惠国税率	（1）原产于与我国共同适用最惠国条款的世界贸易组织成员国或地区的进口货物 （2）原产于与我国签订含有相互给予最惠国待遇的双边贸易协定的国家或者地区的进口货物 （3）原产于我国的进口货物

续表

协定税率	原产于与我国签订含有关税优惠条款的区域性贸易协定的国家或地区的进口货物
特惠税率	原产于与我国签订含有特殊关税优惠条款的贸易协定的国家或地区的进口货物
关税配额税率	关税配额是进口国限制进口货物数量的措施，把征收关税和进口配额相结合以限制进口；对于在配额内进口的货物可以适用较低的关税配额税率，对于配额之外的则适用较高税率
暂定税率	在最惠国税率的基础上，对于一些国内需要降低进口关税的货物，以及出于国际双边关系的考虑需要个别安排的进口货物

相关链接

进口货物适用何种关税税率是以进口货物的原产地为标准的。

16. 答案 D	本题考点 会计专业职务与会计专业技术资格	难易程度 中

解析

选项D：总会计师是主管本单位会计工作的行政领导，是单位行政领导成员，协助单位主要行政领导人工作，直接对单位主要行政领导人负责。

考点提炼

会计人员职称层级分为初级、中级、副高级和正高级。初级职称只设助理级，高级职称分设副高级和正高级，形成初级、中级、高级层次清晰、相互衔接、体系完整的会计人员职称评价体系。初级、中级、副高级和正高级职称名称依次为助理会计师、会计师、高级会计师和正高级会计师。

17. 答案 D	本题考点 工伤保险待遇	难易程度 易

解析

选项D：一次性工亡补助金，标准为上一年度全国城镇居民人均可支配收入的20倍。

相关链接

（1）丧葬补助金，为6个月的统筹地区上年度职工月平均工资；（2）供养亲属抚恤金，按照职工本人工资的一定比例发放给由因工死亡职工生前提供主要生活来源、无劳动能力的亲属。

18. 答案 A	本题考点 财务会计报告	难易程度 易

解析

选项A：审计报告，是注册会计师根据审计准则的规定，在执行审计工作的基础上，“对被审计单位财务报表发表审计意见”的书面文件。

考点提炼

企业财务会计报告包括会计报表（包括资产负债表、利润表、现金流量表及相关附表）、会计报表附注和财务情况说明书。

19. 答案 B	本题考点　账务核对	难易程度　中

解析

各单位应当定期对会计账簿记录的有关数字与库存实物、货币资金、有价证券、往来单位或者个人等进行相互核对，保证账证相符、账账相符、账实相符。

（1）选项 A：属于账实相符。

（2）选项 C：属于账账相符。

（3）选项 D：属于账证相符。

考点提炼

（1）账证核对：核对会计账簿记录与原始凭证、记账凭证的时间、凭证字号、内容、金额是否一致，记账方向是否相符。

（2）账账核对：核对不同会计账簿之间的账簿记录是否相符。包括总账有关账户的余额核对，总账与明细账核对，总账与日记账核对，会计部门的财产物资明细账与财产物资保管和使用部门的有关明细账核对等。

（3）账实核对：核对会计账簿记录与财产等实有数额是否相符。包括现金日记账账面余额与现金实际库存数相核对，银行存款日记账账面余额定期与银行对账单相核对，各种财物明细账账面余额与财物实存数额相核对，各种应收、应付款明细账账面余额与有关债务、债权单位或者个人核对等。

20. 答案 C	本题考点　法律事实	难易程度　难

解析

选项 ABD：属于法律事件。

易错易混

法律事件 VS 法律行为，详见 P123 单选 1。

21. 答案 B	本题考点　劳动仲裁	难易程度　中

解析

（1）选项 A：另一方当事人可以向人民法院（而非劳动仲裁委员会）申请执行。

（2）选项 C：对终局裁决不服，用人单位不能提起劳动诉讼，但劳动者可以向人民法院提起劳动诉讼。

（3）选项 D：用人单位有证据证明终局裁决"有法定情形"的，可以自收到仲裁裁决书之日起 30 日内向仲裁委员会所在地的"中级"人民法院申请撤销裁决。

相关链接

用人单位有证据证明劳动争议仲裁终局裁决有下列情形之一，可以自收到仲裁裁决书之日起30日内向劳动争议仲裁委员会所在地的中级人民法院申请撤销裁决：（1）适用法律、法规确有错误的；（2）劳动争议仲裁委员会无管辖权的；（3）违反法定程序的；（4）裁决所根据的证据是伪造的；（5）对方当事人隐瞒了足以影响公正裁决的证据的；（6）仲裁员在仲裁该案件时有索贿受贿、徇私舞弊、枉法裁决行为的。

22. 答案 C	本题考点 带薪年休假	难易程度 中

解析

选项C：职工累计工作已满10年不满20年的，年休假10天，罗某可享受剩余年休假的天数=10-3=7（天）。

相关链接

职工新进用人单位且符合享受带薪年休假条件的，当年度年休假天数按照在本单位剩余日历天数折算确定，折算后不足1整天的部分不享受年休假。

23. 答案 D	本题考点 劳动合同的解除和终止	难易程度 难

解析

（1）选项ABC：均属于劳动者一方无过错的情形，用人单位应当依法支付经济补偿金。

（2）选项D：属于用人单位可以“随时通知解除劳动合同”（劳动者一方存在一定程度过错）的情形，用人单位无须向劳动者支付经济补偿金。

考点提炼

（1）因劳动者存在问题而解除劳动合同的，用人单位无须向劳动者支付经济补偿。

（2）因用人单位犯错在先，劳动者据此解除劳动合同的，用人单位需向劳动者支付经济补偿。

相关链接

用人单位单方解除劳动合同的相关规定，详见P133单选22。

24. 答案 B	本题考点 会计档案的保管期限	难易程度 难

解析

选项B：企业和其他组织的会计凭证、会计账簿（固定资产卡片除外）和会计档案移交清册，自会计年度终了后第一天算起保管30年。

易错易混

会计档案的保管期限，详见P252多选2。

二、多项选择题

1. 答案 ABD	本题考点　环境保护税计税依据	难易程度　中

解析

选项 C：应税固体废物的计税依据按照固体废物的排放量确定。

考点提炼

税目	计税依据
大气污染物	污染物排放量折合的污染当量数
水污染物	污染物排放量折合的污染当量数
固体废物	固体废物的排放量
工业噪声	超过国家规定标准的分贝数

2. 答案 ABD	本题考点　增值税专用发票使用规定	难易程度　易

解析

商业企业一般纳税人零售的烟、酒、食品、服装、鞋帽（不含劳保专用部分）、化妆品等消费品不得开具增值税专用发票。

3. 答案 ACD	本题考点　消费税销售额的确定	难易程度　中

解析

（1）选项 ACD：纳税人用于换取生产资料和消费资料，投资入股和抵偿债务等方面（简称“换、投、抵”）的应税消费品，应当以纳税人同类应税消费品的最高销售价格作为计税依据计算消费税。

（2）选项 B：自产应税消费品用于对外捐赠要用平均价格作为消费税计税依据。

相关链接

增值税计税依据 VS 消费税计税依据

自产应税消费品用途		计税依据	
		增值税	消费税
连续生产	应税消费品	×	×
	非应税消费品	×	（1）纳税人最近时期同类应税消费品的销售价格 （2）组成计税价格 = 成本 + 利润+消费税

续表

<table>
<tr><th colspan="2" rowspan="2">自产应税消费品用途</th><th colspan="2">计税依据</th></tr>
<tr><th>增值税</th><th>消费税</th></tr>
<tr><td rowspan="2">其他方面</td><td>（1）换取生产资料和消费资料
（2）抵偿债务
（3）对外投资</td><td rowspan="2">（1）纳税人最近时期同类应税消费品的平均价
（2）其他纳税人最近时期同类应税消费品平均价
（3）组成计税价格＝成本+利润+消费税</td><td>最高价</td></tr>
<tr><td>（1）赞助、无偿赠送
（2）职工福利及奖励等</td><td>（1）纳税人最近时期同类应税消费品的销售价格
（2）组成计税价格＝成本+利润+消费税</td></tr>
</table>

4. 答案 ABCD | **本题考点** 资产的税务处理 | **难易程度** 易

解析

生产性生物资产，包括经济林（选项 D）、薪炭林（选项 A）、产畜（选项 B）和役畜（选项 C）等。

相关链接

生产性生物资产最低折旧年限：（记忆口诀：三年畜、十年木）

（1）林木类生产性生物资产，计算折旧的最低年限为 10 年。

（2）畜类生产性生物资产，计算折旧的最低年限为 3 年。

5. 答案 ABCD | **本题考点** 企业所得税收入总额 | **难易程度** 中

解析

关于企业所得税收入总额，考查的“坑”在于要将不同税种的视同销售情形明确区分开来，企业所得税视同销售的关键点在于“所有权发生转移”。

根据企业所得税法律制度的规定，企业发生非货币性资产交换，以及将货物、财产、劳务用于捐赠（选项 C）、偿债（选项 B）、赞助（选项 A）、集资、广告（选项 D）、样品、职工福利或者利润分配等用途的，应当视同销售货物、转让财产或者提供劳务，但国务院财政、税务主管部门另有规定的除外。

6. 答案 ABC | **本题考点** 城市维护建设税征收管理 | **难易程度** 易

解析

选项 D：城市维护建设税实行按月或者按季计征的，纳税人应当于月度或者季度终了之日起15 日内申报并缴纳税款。

相关链接

城市维护建设税计税规则：“进口不征、出口不退”。

7. 答案 AD	本题考点 烟叶税征税范围	难易程度 易

解析

（1）选项 AD：烟叶税顾名思义是对“烟叶”征税，烟叶税的征税范围包括晾晒烟叶、烤烟叶。

（2）选项 BC：烟丝是由烟叶等加工而成，卷烟是由烟丝等加工而成，烟丝和卷烟属于“消费税”的征税范围。

8. 答案 BC	本题考点 税务行政复议范围	难易程度 难

解析

（1）选项 AD：属于税务机关作出的征税行为，应当“先议后诉”（复议前置）。

（2）选项 BC：属于税务机关作出的征税行为以外的其他具体行政行为，“可议可诉”。

考点提炼

（1）申请人对复议范围中征税行为不服的，应当先向复议机关申请行政复议，对行政复议决定不服的，可以再向人民法院提起行政诉讼。

（2）申请人对复议范围中税务机关作出的征税行为以外的其他具体行政行为不服的，可以申请行政复议，也可以直接向人民法院提起行政诉讼。

易错易混

“先议后诉”VS“可议可诉”，详见 P195 单选 3。

相关链接

征税行为具体包括：

（1）税务机关作出的确认纳税主体、征税对象、征税范围、减税、免税、退税、抵扣税款、适用税率、计税依据、纳税环节、纳税期限、纳税地点以及税款征收方式等具体行政行为。

（2）税务机关作出的征收税款、加收滞纳金的决定。

（3）扣缴义务人、受税务机关委托的单位和个人作出的代扣代缴、代收代缴、代征行为等。

9. 答案 ABCD	本题考点 违反支付结算法律制度的法律责任	难易程度 易

解析

可能涉及刑事责任的信用卡诈骗活动包括：（1）使用伪造的信用卡（选项 A），或者使用以虚假的身份证明骗领信用卡的；（2）使用作废的信用卡的（选项 B）；（3）冒用他人信用卡的（选项 C）；（4）恶意透支的（选项 D）。

相关链接

发卡银行通过下列途径追偿透支款项和诈骗款项：（1）扣减持卡人保证金、依法处理抵押物和质物；（2）向保证人追索透支款项；（3）通过司法机关的诉讼程序进行追偿。

10. 答案 ABCD	本题考点 基本存款账户	难易程度 易

解析

下列存款人，可以申请开立基本存款账户：（1）企业法人（选项A）；（2）非法人企业（选项C）；（3）机关、事业单位（选项B）；（4）团级（含）以上军队、武警部队及分散执勤的支（分）队；（5）社会团体；（6）民办非企业组织；（7）异地常设机构；（8）外国驻华机构；（9）个体工商户（选项D）；（10）居民委员会、村民委员会、社区委员会；（11）单位设立的独立核算的附属机构，包括食堂、招待所、幼儿园；（12）其他组织（如业主委员会、村民小组等）。

11. 答案 BC	本题考点 支票的出票	难易程度 易

解析

支票的金额（选项B）、收款人名称（选项C），可以由出票人授权补记，未补记前不得背书转让和提示付款。

相关链接

签发支票必须记载的事项：表明“支票”的字样；无条件支付的委托；确定的金额；出票日期；付款人名称；出票人签章。

12. 答案 CD	本题考点 商业汇票的提示付款	难易程度 易

解析

银行承兑汇票的出票人于汇票到期日未能足额交存票款时，承兑银行除凭票向持票人无条件付款外（选项C），对出票人尚未支付的汇票金额按照每天万分之五计收利息（选项D）。

13. 答案 AB	本题考点 总会计师	难易程度 中

解析

总会计师是主管本单位会计工作的行政领导（选项B），是单位行政领导成员，协助单位主要行政领导人工作，直接对单位主要行政领导人负责（选项A）。

易错易混

会计机构负责人 VS 总会计师

会计机构负责人（会计主管人员）	（1）各单位应当根据会计业务的需要，设置会计机构或者在有关机构中设置会计人员并指定会计主管人员；不具备设置条件的，应当委托经批准从事会计代理记账业务的中介机构代理记账 （2）会计机构负责人（会计主管人员）是在一个单位内具体负责会计工作的中层领导人员 （3）担任单位会计机构负责人（会计主管人员）的，应当具备会计师以上专业技术职务资格或者从事会计工作3年以上经历
总会计师	（1）总会计师是主管本单位会计工作的行政领导，是单位行政领导成员，协助单位主要行政领导人工作，直接对单位主要行政领导人负责。凡设置总会计师的单位，在单位行政领导成员中，不设与总会计师职权重叠的副职 （2）总会计师组织领导本单位的财务管理、成本管理、预算管理、会计核算和会计监督等方面的工作、参与本单位重要经济问题的分析和决策 （3）《会计法》规定，国有的和国有资产占控股地位或者主导地位的大、中型企业必须设置总会计师。《会计基础工作规范》要求，大、中型企业、事业单位、业务主管部门应当根据法律和国家有关规定设置总会计师。《总会计师条例》规定，事业单位和业务主管部门根据需要，经批准可设置总会计师。其他单位可以根据业务需要，自行决定是否设置总会计师

14. 答案 BCD	本题考点　工伤保险费的缴纳	难易程度　易

解析

选项A：工伤保险费由用人单位缴纳，职工不需要缴纳工伤保险费。

15. 答案 ABCD	本题考点　民事诉讼程序	难易程度　易

解析

（1）选项A：离婚案件、涉及商业秘密的案件，当事人申请不公开审理的，可以不公开审理。

（2）选项B：公开审判包括审判过程公开和审判结果公开两项内容，不论案件是否公开审理，一律公开宣告判决。

（3）选项CD：法院审理民事案件，除涉及国家秘密、个人隐私或者法律另有规定的以外，应当公开进行。

三、判断题

1. 答案 ×	本题考点 个人所得税应税所得项目	难易程度 易

解析 误餐补助不属于工资、薪金性质的补贴、津贴，不予征收个人所得税。

相关链接 下列项目不属于工资、薪金性质的补贴、津贴，不予征收个人所得税：

（1）独生子女补贴。

（2）执行公务员工资制度未纳入基本工资总额的补贴、津贴差额和家属成员的副食补贴。

（3）托儿补助费。

（4）差旅费津贴、误餐补助。

2. 答案 ×	本题考点 纳税申报	难易程度 易

解析 纳税人在纳税期内没有应纳税款的，也应当按照规定办理纳税申报。

3. 答案 √	本题考点 土地增值税征税范围	难易程度 中

解析 看清是“企业”交换还是“个人”交换。企业之间交换房产，需要缴纳土地增值税；对个人之间互换自有居住用房地产的，经当地税务机关核实，可以免征土地增值税。

4. 答案 √	本题考点 增值税纳税人和扣缴义务人	难易程度 易

解析 其他个人是现实中“你、我、她（他）”一样的自然人，不属于增值税一般纳税人。

5. 答案 √	本题考点 增值税征收率	难易程度 中

相关链接

适用 5%征收率的情形

一般纳税人	小规模纳税人
一般纳税人转让其 2016 年 4 月 30 日前取得的不动产，选择简易方法计税的	小规模纳税人转让其取得的不动产

续表

一般纳税人	小规模纳税人
一般纳税人出租其2016年4月30日前取得的不动产，选择简易计税方法计税的	小规模纳税人出租其取得的不动产（不含个人出租住房）
房地产开发企业（一般纳税人）销售自行开发的2016年4月30日前开工建设的房地产项目（老项目），选择简易计税方法计税的	房地产开发企业（小规模纳税人）销售自行开发的房地产项目
纳税人提供劳务派遣服务，选择差额纳税的	

6. 答案 ×	本题考点　国内信用证	难易程度　易

相关链接　国内信用证只限于转账结算，不得支取现金。

7. 答案 √	本题考点　特殊情况下的会计档案处置	难易程度　易

相关链接　单位合并后原各单位仍存续的，其会计档案仍应当由原各单位保管。

8. 答案 √	本题考点　支付结算概述	难易程度　易

相关链接　票据金额以中文大写和阿拉伯数码同时记载，二者必须一致，二者不一致的票据无效。

9. 答案 ×	本题考点　会计档案的鉴定和销毁	难易程度　难

解析　单位档案管理机构负责组织会计档案销毁工作，并与会计管理机构共同派员监销。监销人在会计档案销毁前应当按照会计档案销毁清册所列内容进行清点核对；在会计档案销毁后，应当在会计档案销毁清册上签名“或”盖章。

相关链接　会计工作交接完毕后，交接双方和监交人在移交清册上签名或盖章。

10. 答案 ×	本题考点 违反支付结算法律制度的法律责任	难易程度 易

解析 单位或个人签发空头支票，不以骗取财物为目的的，由中国人民银行处以票面金额5%但不低于 1000 元的罚款。

相关链接 单位或个人签发空头支票，不以骗取财物为目的的，持票人有权要求出票人赔偿支票金额 2%的赔偿金。

四、不定项选择题

（一）

1. 答案 ABCD	本题考点 准予从销项税额中抵扣的进项税额	难易程度 中

解析 进项税额的抵扣，主要考查两个方面，其一是取得的凭证是否合法，其二是用途是否合理，只有都满足的情况下才可以抵扣进项税额。

（1）选项 A：上期留抵增值税税额是指上月准予抵扣的进项税额大于销项税额的部分，可以在本期继续抵扣。

（2）选项 BCD：凭证合法，用途合理，均可以抵扣进项税额。

2. 答案 D	本题考点 增值税销项税额的计算	难易程度 中

解析 （1）选项 B：销售 W 品牌葡萄酒收取的优质费（113000 元）属于价外费用，应当并入销售额计税。

（2）选项 ACD：价外费用默认含税，同时题目明确交代“5085000 元”为含增值税价款，所以均需要作价税分离处理。

3. 答案 AD	本题考点 消费税的征税范围	难易程度 中

解析 （1）选项 A：纳税人自产自用的应税消费品，用于连续生产应税消费品以外的其他方面（例如，用于职工福利）的，于移送使用时征收消费税。

（2）选项 BC：购进广告服务、进口设备均不征收消费税。

（3）选项 D：葡萄酒在生产销售、委托加工或进口环节缴纳消费税。

考点提炼 纳税人自产自用的应税消费品，用于连续生产应税消费品的，不缴纳消费税；用于其他方面的，于移送时缴纳消费税。

用于其他方面，是指纳税人将自产的应税消费品用于生产非应税消费品、在建工程、管理部门、非生产机构、提供劳务、馈赠、赞助、集资、广告、样品、职工福利、奖励等方面。

4. 答案 C	本题考点 消费税应纳税额的计算	难易程度 难

解析

（1）选项 ABD：视同销售行为有纳税人最近时期同类应税消费品的销售价格，不需要组价。本题两项销售业务交代的均为“售价”（而非成本），不需要组成计税价格，不存在“÷（1-10%）”的问题。

（2）选项 C：优质费（113000 元）属于价外费用，需要并入销售额中；同时默认含着增值税，在计算消费税时需要和本题给定的“含税销售额”一样价税分离后计税。

考点提炼

消费税是价内税，税金包含在价格之内，如果有销售价格的话，不需要组价，直接换算为不含增值税的金额计税即可，也不需要除以（1-消费税税率）将消费税税金包含在内。

（二）

1. 答案 ABCD	本题考点 企业所得税收入总额	难易程度 中

解析

不论应税收入、免税收入，还是不征税收入，均应计入收入总额。

	收入类型	是否计入收入总额	应/免/不征税收入	是否计入销售（营业）收入
选项 A	租金收入	√	应税收入	√
选项 B	利息收入	√	免税收入	×
选项 C	销售货物收入	√	应税收入	√
选项 D	利息收入或财产转让收入或股息、红利等权益性投资收益	√	应税收入	×

2. 答案 A	本题考点 企业所得税税前扣除标准	难易程度 难

解析

关于企业所得税税前扣除项目，一般考查限额在税前扣除的内容，广告费和业务宣传费单限额在税前扣除，业务招待费双限额在税前扣除，都受“销售（营业）收入”的影响，因此准确判断各项收入是否计入销售（营业）收入是关键。

（1）本题销售（营业）收入为（8000+500）万元（参考第 1 小题解析）。

（2）广告费支出的扣除限额 =（8000+500）×15% = 1275（万元）<实际发生额 1500 万元。计算的限额是税法上允许扣除的最大金额，即如果实际发生额小于限额，那

么按照实际发生额扣除；如果实际发生额大于限额，那么按照限额扣除。总之，记住“谁小扣谁” 。故准予扣除的广告费的金额为 1275 万元。

易错易混

销售（营业）收入的确认，详见 P212 不定项（一）第 4 题。

相关链接

企业发生的与生产经营活动有关的业务招待费支出，采用双限额扣除方式，按照发生额的 60% 扣除，但最高不得超过当年销售（营业）收入的 5‰。

3. 答案 CD	本题考点 企业所得税不得扣除项目	难易程度 中

解析

（1）选项 A：银行属于金融机构，向金融机构借款的利息支出据实扣除。

（2）选项 B：向客户支付违约金属于承担民事责任支出，可以扣除。

（3）选项 C：“计提”的坏账准备金属于没有实际发生的损失，不得扣除。

（4）选项 D：要注意与“广告费”进行区分，非广告性赞助支出不得税前扣除。

易错易混

企业所得税不得扣除项目“相似”对比，详见 P231 多选 14。

4. 答案 B	本题考点 企业所得税应纳税所得额的计算	难易程度 难

解析

关于企业所得税应纳税所得额的计算，一般结合税收优惠考查“间接法”，即在会计利润的基础上进行纳税调整，调整的是“税会差异”。

（1）国债利息收入 50 万元税法上免税，由此产生税会差异，需要纳税调减。

（2）实际发生的广告费支出超过税法上的扣除限额，税法上只能按照限额扣除，由此产生税会差异，超过部分（1500-1275）在本年度应当纳税调增。

（3）非广告性赞助支出 80 万元、计提的坏账准备金 8 万元税法上不得扣除，由此产生税会差异，需要纳税调增。

易错易混

纳税调增 VS 纳税调减，详见 P211 不定项（一）第 3 题。

相关链接

直接法下，应纳税所得额 = 收入总额 - 不征税收入 - 免税收入 - 各项扣除 - 允许弥补的以前年度亏损。

（三）

1. 答案 ABCD	本题考点 劳务派遣	难易程度 易

解析 劳务派遣协议应当约定：（1）派遣岗位和人员数量（选项 AC）；（2）派遣期限（选项 B）；（3）劳动报酬和社会保险费的数额与支付方式（选项 D）；（4）违反协议的责任。

2. 答案 CD	本题考点 劳务派遣	难易程度 易

解析 选项 CD：被派遣劳动者在无工作期间，劳务派遣单位（甲公司）应当按照所在地人民政府规定的最低工资标准，向其按月支付报酬。

考点提炼

用工单位的主要义务	（1）用工单位应当根据工作岗位的实际需要与劳务派遣单位确定派遣期限，不得将连续用工期限分割订立数个短期劳务派遣协议 （2）用工单位不得向被派遣劳动者收取费用
劳务派遣单位（用人单位）的主要义务	（1）劳务派遣单位与被派遣劳动者订立的劳动合同，除应当载明劳动合同必备的条款外，还应当载明被派遣劳动者的用工单位以及派遣期限、工作岗位等情况 （2）劳务派遣单位应当与被派遣劳动者订立 2 年以上固定期限劳动合同 （3）劳务派遣单位应当按月向劳动者支付报酬；被派遣劳动者在无工作期间，劳务派遣单位应当按照所在地人民政府规定的最低工资标准，向其按月支付报酬 （4）劳务派遣单位应当将劳务派遣协议的内容告知被派遣劳动者，不得克扣用工单位按劳务派遣协议支付给被派遣劳动者的劳动报酬 （5）劳务派遣单位不得向被派遣劳动者收取费用

3. 答案 B	本题考点 劳动合同的解除和终止	难易程度 中

解析 选项 B：用人单位未依法为劳动者缴纳社会保险费的，劳动者可随时通知用人单位解除劳动合同。

4. 答案 B	本题考点 劳动合同的解除和终止	难易程度 中

解析 （1）选项 AB：本题劳动者张某对劳动合同的解除不存在过错，甲公司应当依法支付经济补偿金。

（2）选项 CD：劳动合同法律制度认可的违约金限于竞业限制违约金和服务期违约

金，本题既不涉及竞业限制，也不涉及服务期，不存在违约金的支付问题。

易错易混

经济补偿金VS违约金VS赔偿金

	经济补偿金	违约金	赔偿金
产生原因	法定	约定	法定
适用情形	劳动合同解除或终止，而劳动者无过错	劳动者违反服务期或者竞业限制的约定	由于自己过错给对方造成损害
支付方	用人单位	劳动者	过错方，可能是用人单位，也可能是劳动者

2018 年会计专业技术资格考试《经济法基础》试题（3）
参考答案及解析

扫码看答案

使用“微信”或“会计云课堂”App 扫描右侧二维码，即可查阅电子版答案及解析，“手机看答案更轻松”。

一、单项选择题

1. 答案 B	本题考点 消费税纳税义务发生时间	难易程度 中

解析 选项 B：纳税人采取托收承付和委托银行收款方式销售应税消费品的，纳税义务发生时间为发出应税消费品并办妥托收手续的当天。

易错易混 增值税纳税义务发生时间 VS 消费税纳税义务发生时间，详见 P242 单选 5。

2. 答案 D	本题考点 现行税种与征收机关	难易程度 易

解析 关于现行税种与征收机关，由海关负责征管的和由税务机关负责征管的一般同时出现在选项中，由海关负责征收和管理的一般都与“进口”行为有关，即从“境外进入境内”。

（1）选项 ABC：由税务机关负责征收管理。

（2）选项 D：关税、船舶吨税以及代征进口环节的增值税、消费税由海关负责征收管理。

易错易混 税务机关征收管理的税种 VS 海关征收管理的税种，详见 P251 多选 1。

3. 答案 B	本题考点 消费税的征税范围	难易程度 中

解析

对于此类考查消费税征税范围的题目首先看清四个选项给出的“客体”是否都是消费税的应税消费品；其次看清各选项的应税消费品与对应的征税环节是否匹配。

（1）选项A：超豪华小汽车在零售环节加征一道消费税。

（2）选项B：钻石饰品在零售环节缴纳消费税，进口环节不缴纳消费税。

（3）选项CD：白酒和烟丝在生产销售、委托加工或进口环节缴纳消费税。

易错易混

消费税各征税环节，详见P152单选9。

4. 答案 D	本题考点 财产租赁所得应纳个人所得税的计算	难易程度 难

解析

在计算财产租赁所得时，为了不加重纳税人的负担，所以国家规定可以扣除较多的费用。

（1）第1项是财产租赁过程中缴纳的税费（本题为240元）。

（2）第2项是实际发生的修缮费（没有发生则不扣，发生最多每月扣800元，剩余部分结转以后月份扣除，扣完为止。本题为1000元，所以当月最多扣800元，剩余200元可以结转下月扣除）。

（3）第3项是法定扣除费用，4000元以下减除800元，4000元以上减除20%（本题属于这种情形）。

因此，王某当月出租住房应缴纳个人所得税税额＝（6000－240－800）×（1－20%）×10%＝396.8（元）。

易错易混

财产租赁所得应纳税所得额和应纳税额的计算

应纳税所得额的计算	每次（月）收入≤4000元	每次（月）收入额-财产租赁过程中缴纳的税费-由纳税人负担的租赁财产实际开支的修缮费用（800元为限）-800元
	每次（月）收入>4000元	［每次（月）收入额-财产租赁过程中缴纳的税费-由纳税人负担的租赁财产实际开支的修缮费用（800元为限）］×（1-20%）
	【提示】应以减除相关费用后的余额与4000元进行比较，进而确定是减除800元还是20%	
应纳税额的计算	应纳税所得额×20%（或者10%）	

相关链接

个人取得的房屋转租收入，属于财产租赁所得的征税范围。向房屋出租方支付的租金及增值税税额，在计算转租所得时予以扣除。

5. 答案 C	本题考点　企业所得税税收优惠	难易程度　易

解析

下列行业不适用税前加计扣除政策：

（1）烟草制造业（选项 A）。

（2）住宿和餐饮业。

（3）批发和零售业。

（4）房地产业（选项 D）。

（5）租赁和商务服务业。

（6）娱乐业（选项 B）。

（7）财政部和国家税务总局规定的其他行业。

相关链接

企业为开发新技术、新产品、新工艺发生的研究开发费用，未形成无形资产计入当期损益的，在按照规定据实扣除的基础上，在 2018 年 1 月 1 日至 2020 年 12 月 31 日期间，再按照实际发生额的75%在税前加计扣除；形成无形资产的，在上述期间按照无形资产成本的 175%在税前摊销。

6. 答案 B	本题考点　企业所得税收入总额	难易程度　易

解析

销售商品采用预收款方式的，在发出商品时(9 月 20 日）确认收入。

易错易混

销售货物收入各种情形下收入确认时间，详见 P276 单选 24。

7. 答案 C	本题考点　个人所得税的税收优惠	难易程度　易

解析

（1）选项 AD：国债和国家发行的金融债券的利息免征个人所得税。

（2）选项 B：军人的转业费、复员费、退役金免征个人所得税。

（3）选项 C：按“财产租赁所得”依法缴纳个人所得税。

相关链接

个人所得税中免税（暂免征税）的利息分为三类：

（1）国债利息（同时免征企业所得税）。

（2）国家发行的金融债券利息。

（3）个人储蓄存款利息。

8. 答案 B	本题考点　个人所得税纳税人	难易程度　易

解析

“一人有限责任公司”并不代表只有一个人，其主体也不是个人，而是法人企业，应该缴纳企业所得税，并不是个人所得税。

9. 答案 A	本题考点　城镇土地使用税税收优惠	难易程度　难

解析

城镇土地使用税税收优惠的内容非常多且杂，考试时可单独考查文字表述，也可与税额计算相结合，出题形式一般将“免税土地”和“应税土地”同时出现，需要学员分清“内外”。

（1）选项 A：港口的码头用地，免征城镇土地使用税（港口免码头）。

（2）选项 B：对盐场、盐矿的生产厂房、办公、生活区用地，应照章征收城镇土地使用税；盐场的盐滩、盐矿的矿井用地，暂免征收城镇土地使用税。

（3）选项 C：“电厂分水火”“水电倒着免”（发电厂房，生产、办公、生活用地并不免，其他用地免）。

（4）选项 D：“火灰分内外”［针对灰场、输灰管、输油（气）管道、铁路专用线用地：围墙内不免，围墙外免］。

易错易混

城镇土地使用税免税 VS 征税，详见 P247 单选 17。

10. 答案 B	本题考点　城市维护建设税应纳税额的计算	难易程度　易

解析

（1）选项 CD：纳税人所在地区为市区的，城市维护建设税的税率为7%。

（2）选项 AB：城市维护建设税的计税依据，是纳税人“实际缴纳”的增值税、消费税税额（6000+4000），而不是“应该缴纳”的增值税和消费税。

考点提炼

城市维护建设税实行地区差别比例税率，共三档，具体为：

纳税人所在地	税率
市区	7%
县城、镇	5%
不在市区、县城或者镇	1%

续表

纳税人所在地	税率
由受托方代扣代缴、代收代缴增值税、消费税的单位和个人，其代扣代缴、代收代缴的城市维护建设税按受托方所在地适用税率执行 流动经营等无固定纳税地点的单位和个人，在经营地缴纳增值税、消费税的，其城市维护建设税的缴纳按经营地适用税率执行	

11. 答案 B | 本题考点 车船税税目 | 难易程度 中

解析

专用作业车、轮式专用机械车属于车船税征税范围中的“其他车辆”，但不包括拖拉机。

考点提炼

车船税的税目分为 6 大类，包括乘用车、商用车、挂车、其他车辆、摩托车和船舶。其中船舶包含机动船舶和游艇。

易错易混

车辆购置税 VS 车船税，详见 P131 单选 16。

12. 答案 B | 本题考点 资源税征收管理 | 难易程度 易

解析

选项 B：纳税人按月或者按季申报缴纳的，应当自月度或者季度终了之日起15 日内，向税务机关办理纳税申报并缴纳税款。

13. 答案 D | 本题考点 土地增值税计税依据 | 难易程度 难

解析

（1）选项 A：属于与转让房地产有关的税金，计算土地增值税计税依据时允许扣除。

（2）选项 B：属于取得土地使用权所支付的金额，计算土地增值税计税依据时允许扣除。

（3）选项 C：属于房地产开发成本，计算土地增值税计税依据时允许扣除。

（4）选项 D：对于超过贷款期限的利息部分在计算土地增值税时不允许扣除。

易错易混

新建房扣除项目 VS 存量房扣除项目

<table>
<tr><th></th><th>新建房</th><th>存量房</th></tr>
<tr><td rowspan="2">扣除项目</td><td colspan="2">取得土地使用权所支付的金额</td></tr>
<tr><td>（1）房地产开发成本
（2）房地产开发费用
（3）与转让房地产有关的税金
（4）加计扣除项目（房地产开发企业适用）</td><td>（1）按评估价格扣除。在转让时，由政府批准设立的房地产评估机构评定的重置成本价乘以成新度折扣率后的价格
【提示】纳税人转让旧房及建筑物，凡不能取得评估价格，但能提供购房发票的，经当地税务部门确认，按发票所载金额并从购买年度起至转让年度止，每年加计5%计算扣除的金额
（2）转让环节缴纳的税金，包括城市维护建设税及教育费附加、印花税、购房时缴纳的契税（仅适用于按发票金额每年加计5%计算扣除且能提供契税完税凭证的情况）</td></tr>
</table>

相关链接

土地增值税各扣除项目具体规定

<table>
<tr><th>扣除项目</th><th colspan="2">具体规定</th></tr>
<tr><td>取得土地使用权所支付的金额</td><td colspan="2">纳税人为取得土地使用权所支付的地价款，取得时按国家统一规定缴纳的有关费用和税金（登记、过户手续费和契税）</td></tr>
<tr><td>房地产开发成本</td><td colspan="2">是指纳税人开发房地产项目实际发生的成本，包括土地的征用及拆迁补偿费（含耕地占用税）、前期工程费、建筑安装工程费、基础设施费、公共配套设施费、开发间接费用等</td></tr>
<tr><td>房地产开发费用</td><td colspan="2">（1）纳税人能够按转让房地产项目计算分摊利息支出并能提供金融机构贷款证明的：
允许扣除的房地产开发费用=利息+（取得土地使用权所支付的金额+房地产开发成本）×5%以内
（2）纳税人不能按转让房地产项目计算分摊利息支出或不能提供金融机构贷款证明的：
允许扣除的房地产开发费用=（取得土地使用权所支付的金额+房地产开发成本）×10%以内
（3）①利息的上浮幅度按国家的有关规定执行，超过上浮幅度的部分不允许扣除；②对于超过贷款期限的利息部分和加罚的利息不允许扣除</td></tr>
<tr><td>与转让房地产有关的税金</td><td colspan="2">是指在转让房地产时缴纳的城市维护建设税、教育费附加等</td></tr>
<tr><td>财政部确定的其他扣除项目（加计扣除项目）</td><td colspan="2">加计扣除额 =（取得土地使用权所支付的金额+房地产开发成本）×20%（房地产开发企业转让新建房适用）</td></tr>
<tr><td>旧房及建筑物的扣除金额</td><td>（1）按评估价格扣除</td><td>（2）按购房发票金额计算扣除</td></tr>
</table>

14. 答案 D	本题考点　税款征收措施	难易程度　易

解析

（1）选项ABC：纳税担保的方式包括保证、抵押、质押。

（2）选项D："扣押、查封""冻结存款"属于税收保全措施。

15. 答案 B	本题考点　票据责任	难易程度　难

解析

（1）选项A：支票的提示付款期限为自出票日起10日。

（2）选项C：远期商业汇票的提示付款期限为自汇票到期日起10日。

（3）选项D：银行本票的提示付款期限，自出票日起最长不得超过2个月。

易错易混

票据提示付款期限的规定，详见P190不定项（二）第2题。

16. 答案 D	本题考点　法律关系的主体	难易程度　易

解析

（1）选项AC：属于非营利法人。

（2）选项B：属于营利法人。

易错易混

法律关系主体的种类，详见P194单选1。

17. 答案 B	本题考点　保守商业秘密和竞业限制	难易程度　易

解析

选项B：在解除或者终止劳动合同后，竞业限制人员到与本单位生产或者经营同类产品、从事同类业务的有竞争关系的其他用人单位工作，或者自己开业生产或者经营同类产品、从事同类业务的竞业限制期限，不得超过"2年"。

18. 答案 B	本题考点　带薪年休假	难易程度　中

解析

选项B：职工累计工作（而非在本单位工作）已满10年不满20年的，年休假10天。

相关链接

机关、团体、企业、事业单位、民办非企业单位、有雇工的个体工商户等单位的职工连续工作1年以上的，享受带薪年休假。

19. 答案 B	本题考点　会计档案的保管期限	难易程度　难

解析

选项 B：企业和其他组织的会计凭证、会计账簿（固定资产卡片除外）和会计档案移交清册，自会计年度终了后第一天算起保管30 年。

易错易混

会计档案的保管期限，详见 P252 多选 2。

20. 答案 B	本题考点　劳动合同的订立	难易程度　中

解析

选项 B：用人单位自用工之日起超过 1 个月不满 1 年未与劳动者订立书面劳动合同的（甲公司与李某补订合同时距用工之日起已满 2 个月），应当自用工之日起满 1 个月的次日至补订书面劳动合同的前 1 日（8 月 1 日~8 月 31 日），向劳动者每月支付 2 倍的工资（1 倍正常工资+1 倍工资补偿）。在本题中，李某已经按月领取正常工资，因此，甲公司还需要向李某支付 8 月 1 日~8 月 31 日的工资补偿 3000 元。

易错易混

书面劳动合同的签订的规定，详见 P180 单选 20。

21. 答案 B	本题考点　劳动合同的解除和终止	难易程度　难

解析

选项 ACD：属于劳动者“没法干”，劳动者可“随时通知”解除劳动合同的情形。

易错易混

劳动者单方解除劳动合同的相关规定，详见 P133 单选 22。

22. 答案 B	本题考点　违反会计法律制度的法律责任	难易程度　难

解析

伪造、变造会计凭证、会计账簿，编制虚假财务会计报告，尚不构成犯罪的，由县级以上人民政府财政部门予以通报，可以对单位并处“5000 元以上 10 万元以下”的罚款；对其直接负责的主管人员和其他直接责任人员，可以处“3000 元以上 5 万元以下”的罚款（选项 B）；属于国家工作人员的，还应当由其所在单位或者有关单位依法给予撤职直至开除的行政处分；其中的会计人员，5 年内不得从事会计工作。

易错易混　有关违法行为的法律责任，详见 P169 不定项（三）第 4 题。

23. 答案 A	本题考点　行政责任	难易程度　易

解析　选项 BCD：属于民事责任。

易错易混　有关法律责任的种类，详见 P158 多选 1。

24. 答案 D	本题考点　银行汇票	难易程度　易

解析　选项 D：现金银行汇票的申请人和收款人必须均为个人。

二、多项选择题

1. 答案 AB	本题考点　增值税税率和征收率	难易程度　难

解析　选项 CD：没有选择按照简易计税方法计算增值税的规定。

考点提炼　一般纳税人销售自产的下列货物，可以选择按照简易办法依照 3% 征收率计算缴纳增值税：

（1）县级及县级以下小型水力发电单位生产的电力。

（2）建筑用和生产建筑材料所用的砂、土、石料。

（3）以自己采掘的砂、土、石料或其他矿物连续生产的砖、瓦、石灰（不含粘土实心砖、瓦）。

（4）用微生物、微生物代谢产物、动物毒素、人或动物的血液或组织制成的生物制品。

（5）自来水。

（6）商品混凝土（仅限于以水泥为原料生产的水泥混凝土）。

易错易混

不同主体下“自来水”的税率及征收率

<table>
<tr><th>纳税人性质</th><th>企业性质</th><th colspan="2">具体规定</th></tr>
<tr><td rowspan="3">一般纳税人</td><td>自来水厂
（主要是生产自来水的）</td><td>可以选择</td><td>按照简易计税方法适用 3% 的征收率计算应纳税额或者按照一般计税方法适用 9% 的低税率计算增值税销项税额</td></tr>
<tr><td>自来水公司
（自来水一般是外购的）</td><td>必须选择</td><td>按照简易计税方法适用 3% 的征收率计算应纳税额</td></tr>
<tr><td>除上述两个单位以外的单位</td><td colspan="2">按照一般计税方法适用 9% 的低税率计算增值税销项税额</td></tr>
<tr><td>小规模纳税人</td><td>不区分性质</td><td colspan="2">按照简易计税方法适用 3% 的征收率计算应纳税额</td></tr>
</table>

相关链接

一般纳税人发生下列应税行为可以选择适用简易计税方法计税：

（1）公共交通运输服务，包括轮客渡、公交客运、地铁、城市轻轨、出租车、长途客运、班车。

（2）电影放映服务、仓储服务、装卸搬运服务、收派服务和文化体育服务。

（3）以纳入“营改增”试点之日前取得的有形动产为标的物提供的经营租赁服务。

（4）在纳入“营改增”试点之日前签订的尚未执行完毕的有形动产租赁合同。

2. 答案 ABC	本题考点 增值税征收管理	难易程度 易

解析

固定业户应当向其“机构所在地”税务机关申报纳税。

相关链接

（1）非固定业户销售货物或者劳务，应当向销售地或者劳务发生地的税务机关申报纳税；未向销售地或者劳务发生地的税务机关申报纳税的，由其机构所在地或者居住地的税务机关补征税款。

（2）其他个人提供建筑服务，销售或者租赁不动产，转让自然资源使用权，应向建筑服务发生地、不动产所在地、自然资源所在地税务机关申报纳税。

（3）进口货物，应当向报关地海关申报纳税。

（4）扣缴义务人应当向其机构所在地或者居住地的税务机关申报缴纳其扣缴的税款。

3. 答案 CD	本题考点 消费税税率	难易程度 易

解析

（1）选项A：除复合计征和从量定额计征以外的其他应税消费品（例如雪茄烟），实行从价定率办法计征消费税。

（2）选项B：实行从量定额办法计征消费税的，限于啤酒、黄酒、成品油。

（3）选项CD：实行从量定额与从价定率相结合的复合计征办法征收消费税的，限于卷烟、白酒。

4. 答案 BCD	本题考点 企业所得税税前扣除项目	难易程度 难

解析

（1）选项A：企业缴纳的增值税税款、企业所得税税款不得在税前扣除。

（2）选项BCD：可以通过计入税金及附加的方式在税前扣除。

考点提炼

企业发生的除企业所得税和允许抵扣的增值税以外的各项税金及附加准予在税前扣除。即纳税人按照规定缴纳的消费税、资源税、土地增值税、关税、城市维护建设税、教育费附加及房产税、车船税、城镇土地使用税、印花税等准予扣除。

易错易混

企业所得税税金的扣除，详见P164不定项（一）第2题。

相关链接

个人所得税可对比记忆，即个体工商户在生产经营活动中发生的除个人所得税和允许抵扣的增值税以外的各项税金及附加准予在税前扣除。

5. 答案 ABD	本题考点 个人所得税应纳税所得额的确定	难易程度 中

解析

（1）选项A："从业人员"工资薪金可以税前扣除，"业主"工资薪金不得税前扣除。

（2）选项B：个人所得税和允许抵扣的增值税不得税前扣除。

（3）选项C：经营所得应纳税所得额计算时可以扣除的损失，是指生产、经营活动中发生的固定资产和存货的盘亏、毁损、报废损失，转让财产损失，坏账损失，自然灾害等不可抗力因素造成的损失以及其他损失。

（4）选项D：税收滞纳金带有惩罚性质，在计算个人所得税应纳税所得额时，不得扣除。

6. 答案 ABD	本题考点 企业所得税征税对象	难易程度 易

解析

（1）选项 AC：提供劳务所得，按照劳务发生地确定所得来源地。

（2）选项 B：权益性投资资产转让所得，按照被投资企业所在地确定所得来源地。

（3）选项 D：销售货物所得，按照交易活动发生地确定所得来源地。

相关链接

企业所得税所得来源地的确定

所得类型	来源地的确定
销售货物所得	按照交易活动发生地确定
提供劳务所得	按照劳务发生地确定
不动产转让所得	按照不动产所在地确定
动产转让所得	按照转让动产的企业或者机构、场所所在地确定
权益性投资“资产转让”所得	按照被投资企业所在地确定
股息、红利等权益性“投资”所得	按照分配所得的企业所在地确定
利息所得	（1）按照负担、支付所得的企业或者机构、场所所在地确定 （2）按照负担、支付所得的个人的住所地确定
租金所得	
特许权使用费所得	

7. 答案 BD	本题考点 契税的征税范围	难易程度 中

解析

（1）选项 AC：都是出租行为，所有权没有发生转移，不属于契税征税范围。

（2）选项 BD：都是出售行为，所有权发生转移，属于契税征税范围，这与主体是“企业”还是“个人”没有关系。

相关链接

（1）房产税、城镇土地使用税适用于房地权属未发生变动的情形。

（2）契税、土地增值税适用于房地权属发生变动的情形。

（3）契税由承受方缴纳，土地增值税由转让方缴纳。

8. 答案 ABCD	本题考点 税务行政复议审查和决定	难易程度 易

解析

具体行政行为有下列情形之一的，决定撤销、变更或者确认该具体行政行为违法：

（1）主要事实不清、证据不足的（选项 AB）。

（2）适用依据错误的。

（3）违反法定程序的（选项 C）。

（4）超越或者滥用职权的。

（5）具体行政行为明显不当的（选项 D）。

9. 答案 ABCD	本题考点　法律关系的客体	难易程度　易

解析

法律关系的客体主要包括物（选项 AB）、人身和人格、精神产品（选项 D）、行为（选项 C）等几类。

考点提炼

类别			举例
物	分类 1	自然物	土地、矿藏、水流、森林等
		人造物	建筑、机器、各种产品等
		货币及有价证券	——
	分类 2	有体物	可以是固定形态的，也可以是没有固定形态的（如天然气、电力等）
		无体物	如权利、数据信息、网络虚拟财产
人身、人格			（1）人的整体只能是法律关系的主体，不能作为法律关系的客体 （2）当人的头发、血液、骨髓、精子和其他器官从身体中分离出去，成为与身体相分的外部之物时，在某些情况下也可视为法律上的“物”，成为法律关系的客体
精神产品			（1）也称智力成果，如作品，发明、实用新型、外观设计，商标等 （2）精神产品是一种精神形态的客体，是一种思想或者技术方案，不是物，但通常有物质载体（如书籍、图册、录音、录像等）
行为			生产经营行为、经济管理行为、完成一定工作的行为、提供一定劳务的行为等

10. 答案 ABCD	本题考点　劳动合同的解除和终止	难易程度　难

解析

（1）选项 A：非全日制用工双方当事人任何一方都可以随时通知对方终止用工，终止用工的，用人单位不向劳动者支付经济补偿金。

（2）选项 B：自用工之日起 1 个月内，经用人单位书面通知后，劳动者不与用人单位订立书面劳动合同的，用人单位应当书面通知劳动者终止劳动关系，无须向劳动者支付经济补偿，但应当依法向劳动者支付其实际工作时间的劳动报酬。

（3）选项 C：在劳动合同终止的情形中，用人单位无须支付经济补偿金的有：①劳动合同期满，用人单位维持或者提高原条件续订而劳动者拒绝的；②劳动者开始依法享受基本养老保险待遇的；③劳动者达到法定退休年龄的；④劳动者死亡，或者被人民法院宣告死亡或者宣告失踪的。
（4）选项D：用人单位可以随时通知劳动者解除合同，无须支付经济补偿金。

相关链接

用人单位单方解除劳动合同的相关规定，详见P133单选22。

11. 答案 ABC	本题考点　非全日制用工	难易程度　易

解析

选项ABC：用人单位可以按小时、日或周为单位结算工资，但非全日制用工劳动报酬结算支付周期最长不得超过15日。

12. 答案 BCD	本题考点　社会保险费征缴与管理	难易程度　中

解析

（1）选项A：未在用人单位参加社会保险的非全日制从业人员以及其他灵活就业人员，可以直接向社会保险费征收机构缴纳社会保险费。
（2）选项BD：职工应当缴纳的社会保险费由用人单位代扣代缴，用人单位应当按月将缴纳社会保险费的明细情况告知本人。
（3）选项C：用人单位应当自用工之日起30日内为其职工向社会保险经办机构申请办理社会保险登记。

相关链接

用人单位应当自行申报、按时足额缴纳社会保险费，非因不可抗力等法定事由不得缓缴、减免。

13. 答案 CD	本题考点　法律关系的主体	难易程度　易

解析

（1）选项A：属于限制民事行为能力人。
（2）选项B：7周岁（年龄是硬伤）的王某，无论能否辨认自己的行为，均属于无民事行为能力人。

考点提炼

自然人的民事行为能力	分类标准
无民事行为能力人	不满8周岁（<8周岁）的未成年人
	8周岁以上的未成年人，不能辨认自己行为的
	不能辨认自己行为的成年人
限制民事行为能力人	8周岁以上（≥8周岁）的未成年人
	不能完全辨认自己行为的成年人

续表

自然人的民事行为能力	分类标准
完全民事行为能力人	18周岁以上（≥18周岁）的自然人
	16周岁以上的未成年人，以自己的劳动收入为主要生活来源的，视为完全民事行为能力人

14. 答案 ABC	本题考点　会计核算	难易程度　难

解析

选项D：合同的审核和签订本身不存在办理会计手续、进行会计核算的问题。

考点提炼

款项和有价证券的收付	（1）款项的收付主要包括：货币资金的收入、转存、付出、结存等 （2）有价证券的收付主要包括： ①有价证券的购入、无偿取得、债务重组取得 ②有价证券的有偿转让、抵债、对外投资、捐赠 ③有价证券的利息和股利、溢价与折价的摊销 ④有价证券的期末结存、减值
财物的收发、增减和使用	包括存货、固定资产、投资、无形资产等的购入、自行建造、无偿取得、债务重组取得、融资租入、接受捐赠、出售、转让、抵债、无偿调出、捐赠、减值
债权债务的发生和结算	（1）债权的发生和结算主要包括债权的收回及孳息、债务重组、债权减值 （2）债务的发生和结算主要包括债权人变更、债务的偿还及孳息、债务重组及免偿
资本、基金的增减	主要包括实收资本（股本）、资本公积、盈余公积、基金等的增减变动。如： （1）实收资本（股本）的取得和企业增资、减资 （2）资本公积的形成、转增资本 （3）基金的提取、转入、使用和给付
收入、支出、费用、成本的计算	（1）收入的计算： ①商品销售收入、提供劳务收入、让渡资产使用权收入等主营业务收入 ②材料销售收入，代购、代销、代加工、代管、代修收入，出租收入等其他业务收入 ③投资收益，补贴收入，固定资产盘盈、处置固定资产净收益、出售无形资产收益、罚款收益等营业外收入 ④以前年度损益调整等的确认与结转 （2）支出、费用、成本的计算： ①生产成本的汇集、分配与结转 ②销售费用、管理费用和财务费用等的汇集与结转 ③主营业务税金及附加、出售无形资产损失、债务重组损失、计提的固定资产减值准备、捐赠支出等的确认与结转

续表

财务成果的计算和处理	(1) 将收入和相配比的成本、费用、支出转入本年利润，计算利润总额；将所得税转入本年利润，计算净利润 (2) 年终结转本年利润 (3) 所得税的计提、缴纳、返还和余额结转，递延税款的余额调整

相关链接 各单位必须根据实际发生的经济业务事项进行会计核算，填制会计凭证，登记会计账簿，编制财务会计报告。

15. 答案 BC	本题考点 仲裁的适用范围	难易程度 易

解析 婚姻（选项D）、收养、监护、扶养、继承（选项A）纠纷，依法应当由行政机关处理的行政争议纠纷不能提请仲裁。

三、判断题

1. 答案 √	本题考点 增值税纳税人和扣缴义务人	难易程度 易

解析 中华人民共和国境外单位或者个人在境内销售劳务，在境内未设有经营机构的，以其境内代理人为扣缴义务人；在境内没有代理人的，以购买方为增值税扣缴义务人。

2. 答案 ×	本题考点 企业所得税征税对象	难易程度 难

解析

(1) 企业类型：①非居民企业；②在境内有机构、场所。

(2) 此类企业需要向中国政府纳税的所得：①来源于境内；②虽来源于境外，但与所设机构、场所有实际联系。

考点提炼

(1) 非居民企业在中国境内设立机构、场所的，应当就其所设机构、场所取得的来源于中国境内的所得，以及发生在中国境外但与其所设机构、场所有实际联系的所得缴纳企业所得税。

(2) 非居民企业在中国境内未设立机构、场所的，或者虽设立机构、场所但取得的所得与其所设机构、场所没有实际联系的，应当就其来源于中国境内的所得缴纳企业所得税。

易错易混

居民企业VS非居民企业

<table>
<tr><th>纳税人</th><th colspan="2">判定标准</th><th>征税对象</th></tr>
<tr><td rowspan="2">居民企业</td><td colspan="2">（1）依照中国法律、法规在我国境内设立</td><td rowspan="2">境内所得+境外所得</td></tr>
<tr><td colspan="2">（2）依照外国（地区）法律成立但实际管理机构在中国境内</td></tr>
<tr><td rowspan="3">非居民企业</td><td rowspan="2">依照外国（地区）法律成立且实际管理机构不在中国境内，但在中国境内设立机构场所</td><td>取得的所得与境内所设机构场所有实际联系的</td><td>境内所得+发生在境外但与所设机构场所有实际联系的所得</td></tr>
<tr><td>取得的所得与境内所设机构场所没有实际联系的</td><td rowspan="2">境内所得</td></tr>
<tr><td colspan="2">依照外国（地区）法律成立且实际管理机构不在中国境内，且在境内未设立机构场所</td></tr>
</table>

相关链接

企业所得税纳税人包括各类企业、事业单位、社会团体、民办非企业单位和从事经营活动的其他组织；但依照中国法律、行政法规成立的个人独资企业、合伙企业，不适用《企业所得税法》，不属于企业所得税纳税义务人。

3. 答案 ×	本题考点　环境保护税纳税人	难易程度　易

解析

环境保护税的纳税人为在中华人民共和国领域和中华人民共和国管辖的其他海域，直接向环境排放应税污染物的企业事业单位和其他生产经营者（不包括个人）。

4. 答案 √	本题考点　契税税收优惠	难易程度　易

5. 答案 ×	本题考点　总会计师	难易程度　中

解析

大、中型企业，事业单位，业务主管部门应当根据法律和国家有关规定设置总会计师；其他单位可以根据业务需要，自行决定是否设置总会计师。

6. 答案 ×	本题考点　基本存款账户	难易程度　易

解析

基本存款账户是存款人的主办账户，一个单位只能开立“一个”基本存款账户。

7. 答案 √	本题考点 票据行为——背书	难易程度 易

相关链接

背书未记载日期的，视为在票据到期日前背书。

8. 答案 √	本题考点 会计工作管理体制	难易程度 易

相关链接

国务院财政部门主管全国的会计工作。

9. 答案 ×	本题考点 劳动仲裁	难易程度 中

解析

“劳动者”对劳动争议的终局裁决不服的，可以自收到仲裁裁决书之日起15日内向人民法院提起诉讼；“用人单位”有证据证明终局裁决存在法定撤销情形的，可以自收到仲裁裁决书之日起30日内向仲裁委员会所在地的中级人民法院申请撤销裁决。

相关链接

下列劳动争议，除法律另有规定的外，仲裁裁决为终局裁决，裁决书自作出之日起发生法律效力：（1）追索劳动报酬、工伤医疗费、经济补偿金或者赔偿金，不超过当地月最低工资标准12个月金额的争议；（2）因执行国家的劳动标准在工作时间、休息休假、社会保险等方面发生的争议。

10. 答案 ×	本题考点 我国法的主要形式	难易程度 中

解析

国务院在法定职权范围内为实施宪法和法律而制定、发布的规范性文件属于“行政法规”。

易错易混

法的制定机关与效力等级，详见P148单选1。

四、不定项选择题

（一）

1. 答案 ABD	本题考点　增值税的征税范围	难易程度　易

解析

（1）选项 ABD："金融服务——直接收费金融服务"，是指为货币资金融通及其他金融业务提供相关服务并且收取费用的业务活动。包括提供货币兑换、账户管理、电子银行、信用卡、信用证、财务担保、资产管理、信托管理、基金管理、金融交易场所（平台）管理、资金结算、资金清算、金融支付等服务。

（2）选项 C：属于"金融服务——贷款服务"。

2. 答案 C	本题考点　增值税销项税额的计算	难易程度　中

解析

（1）选项 ABD：贷款服务，以提供贷款服务取得的全部利息及利息性质的收入为销售额，即"全额计税"，并无可以减除的支出项目，因此，题目提及的"存款利息"支出（1590 万元）、"转贷利息"支出（477 万元），均不得从销售额中减除。

（2）选项 C：题目明确交代"6360 万元""530 万元"均为含增值税价，应价税分离处理。

相关链接

（1）购进贷款服务、餐饮服务、居民日常服务和娱乐服务不得抵扣进项税额。

（2）存款利息不征收增值税。

3. 答案 D	本题考点　增值税销项税额的计算	难易程度　难

解析

金融商品转让，按照卖出价（805.6 万元）扣除买入价（795 万元）后的余额为销售额。有考生纠结于本题的"805.6 万元"和"795 万元"是否含税，解题时应结合题目选项判断，本题选项并未提供不对"805.6−795"作价税分离处理的选择；如果提供了不对"805.6−795"作价税分离处理的相关选项，题目理应明确交代"805.6 万元"和"795 万元"是否含税。

易错易混

营改增服务全额计税 VS 差额计税，详见 P260 不定项（一）第 2 题。

4. 答案 C	本题考点　准予从销项税额中抵扣的进项税额	难易程度　中

解析

进项税额的抵扣，主要考查两个方面，其一是取得的凭证是否合法，其二是用途是否合理，只有都满足的情况下才可以抵扣进项税额。

相关链接

（1）用于简易计税方法计税项目、免征增值税项目、集体福利或者个人消费（包括纳税人的交际应酬消费）的购进货物、加工修理修配劳务、服务、无形资产和不动产，不得抵扣进项税额。其中涉及固定资产、无形资产（不包括其他权益性无形资产）、不动产的，仅指专用于上述项目的固定资产、无形资产、不动产；如果既用于上述项目，又用于可抵扣项目的，该进项税额准予全部抵扣。

（2）纳税人租入固定资产、不动产，既用于一般计税方法计税项目，又用于简易计税方法计税项目、免征增值税项目、集体福利或者个人消费的，其进项税额准予从销项税额中全额抵扣。

（二）

1. 答案 B	本题考点　企业所得税税收优惠	难易程度　中

解析

（1）选项 B：属于免税收入。

（2）选项 ACD：属于应税收入。

考点提炼

企业的免税收入主要包括：

（1）国债利息收入；

（2）符合条件的居民企业之间的股息、红利等权益性投资收益；

（3）在中国境内设立机构、场所的非居民企业从居民企业取得与该机构、场所有实际联系的股息、红利等权益性投资收益；

（4）符合条件的非营利组织的收入。

2. 答案 ABCD	本题考点　企业所得税收入总额	难易程度　中

解析

关于企业所得税收入总额，考查的“坑”在于要将不同税种的视同销售情形明确区分开来，企业所得税视同销售的关键点在于“所有权发生转移”。

根据企业所得税法律制度的规定，企业发生非货币性资产交换（选项 B），以及将货物、财产、劳务用于捐赠（选项 C）、偿债（选项 A）、赞助、集资、广告、样品、职工福利（选项 D）或者利润分配等用途的，应当视同销售货物、转让财产或者提供劳务，但国务院财政、税务主管部门另有规定的除外。

3. 答案 A	本题考点　企业所得税税前扣除标准	难易程度　中

解析

（1）除另有规定外，直接的捐赠不得税前扣除，所以直接向丁中学捐赠3万元不得扣除。

（2）公益性捐赠限额扣除，准予税前扣除的金额 = 190×12% = 22.8（万元）<实际发生额24万元，所以只能按照限额扣除22.8万元。

4. 答案 ABCD	本题考点　企业所得税不得扣除项目	难易程度　易

解析

（1）选项A：行政性质的罚款不得税前扣除。

（2）选项B：预缴的企业所得税税款从"应纳税额"中扣除，而不是从"应纳税所得额"中扣除。

（3）选项C：税收滞纳金属于一种惩罚性措施，不得税前扣除。

（4）选项D："非广告性赞助支出"注意与"广告费"进行区分，前者不得税前扣除，后者限额在税前扣除。

易错易混

企业所得税不得扣除项目"相似"对比，详见P231多选14。

（三）

1. 答案 B	本题考点　支付结算概述	难易程度　中

解析

（1）选项A："拾壹日"前如果不加"壹"，很容易被变造为"贰拾壹日"。

（2）选项CD："壹月"前如果不加"零"，很容易被变造为"壹拾壹月"，故应当加"零"。

考点提炼

在填写月、日时，月为"壹""贰"和"壹拾"的，日为"壹"至"玖"和"壹拾""贰拾"和"叁拾"的，应当在其前加"零"；日为"拾壹"至"拾玖"的，应当在其前加"壹"。

2. 答案 C	本题考点　支票的出票	难易程度　易

解析

选项C：支票上的出票人的签章，出票人为单位的，为与该单位在银行预留签章一致的财务专用章或者公章加其法定代表人或者其授权的代理人的签名或者盖章。在本题中，甲公司预留签章为公司单位公章加会计机构负责人刘某的个人名章，因此，刘某签发支票时，拟在支票上的签章为甲公司单位公章加刘某的个人名章。

相关链接

个人在票据和结算凭证上的签章，应为该个人本人的签名或盖章。

3. 答案 BD	本题考点　支票的出票	难易程度　易

解析

选项 BD：支票的金额、收款人名称，可以由出票人授权补记，未补记前不得背书转让和提示付款，只要出票人授权的相对人补记了金额，支票即为有效支票。

易错易混

支票的记载事项

必须记载事项	出票行为的必须记载事项不记载的，票据无效	
	表明“支票”的字样；无条件支付的委托；确定的金额；出票日期；付款人名称；出票人签章	
授权补记事项	支票的金额、收款人名称，可以由出票人授权补记，未补记前不得背书转让和提示付款	
相对记载事项	相对记载事项未记载的，适用法律推定，不影响票据行为的效力	
	支票上未记载付款地的	付款人的营业场所为付款地
	支票上未记载出票地的	出票人的营业场所、住所或者经常居住地为出票地

4. 答案 ABCD	本题考点　支票的付款	难易程度　中

解析

持票人委托开户银行收款时，应作委托收款背书（在支票背面背书人签章栏签章、记载“委托收款”字样、背书日期，在被背书人栏记载开户银行名称）（选项 ABD），并将支票和填制的进账单（选项 C）送交开户银行。

❖保定市中画美凯印刷有限